60TH ANNIVERSARY OF
INSTITUTE OF LAW, CASS

法治国情与法治指数丛书

主　编／田　禾　吕艳滨

中国政府法治
（2002~2016）

田　禾　吕艳滨／主编

Rule of Law Government in China

(2002-2016)

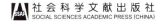
社会科学文献出版社
SOCIAL SCIENCES ACADEMIC PRESS (CHINA)

法治国情与法治指数丛书
编辑委员会

编委会主任　李　林　陈　甦

主　　　编　田　禾　吕艳滨

编委会委员　（按照姓氏汉字笔画排序）

马　可　王小梅　王祎茗　田　禾　田纯才

吕艳滨　刘雁鹏　李　林　李　霞　陈　甦

周　婧　赵建文　胡昌明　姚　佳　栗燕杰

夏小雄　徐　斌　焦旭鹏　谢鸿飞

丛书序

　　2018 年是中国社会科学院法学研究所建所 60 周年。时光如白驹过隙，一个甲子转瞬即逝。在此期间，我们有幸成为法学研究所的一员，在这个平台上耕耘收获，见证了法学研究所的风雨历程。2003 年，法学研究所第一次推出了"法治蓝皮书"，这是一本盘点当年中国法治发展成效、总结存在问题的学术图书，至 2017 年已经出版了 15 本。为纪念法学研究所建所 60 周年，让更多的人认识和了解"法治蓝皮书"，蓝皮书工作室特推出"法治蓝皮书"精选本 12 卷，以飨读者。

　　"法治蓝皮书"是社会科学文献出版社皮书系列大家庭中的一员，是法学研究成果传播的重要平台。它忠实记录了中国法治的发展，为中国乃至世界提供了一个了解中国法治的渠道，也为法学研究者、法律工作者提供了一个展示其观点的平台。"法治蓝皮书"发展到今天，以其强大的影响力推动着中国法治方方面面的进步。

　　"法治蓝皮书"是一个新生事物，并无可资借鉴的经验和道路。创刊以来，在历任主编的不懈努力下，"法治蓝皮书"希冀找到一条最为合适的道路，最终，它成功地从数百本皮书中脱颖而出，成为最具影响力的皮书之一。

　　回顾"法治蓝皮书"走过的道路，令人唏嘘。如何充分发挥法学研究所的作用，用蓝皮书这样一种传播方式，指点江山、挥斥方遒，用学术力量影响和改变中国一直困扰着我们。2006 年，我正在日本早稻田大学比较法研究所访学时，收到李林所长的一封邮件，大意为征询我是否有兴趣来做蓝皮书的工作。做蓝皮书需要奉献，是公益性的，接下这个工作不仅要付出大量的时间和精力，且其不在学术评价体系之内，成败难料，可我鬼使神差，却接下了这个艰巨的任务，我想李林所长当时一定也大大地松了口气。

作为一本法学专业图书，"法治蓝皮书"受众有限。说它权威吧，不如全国人大、最高人民法院、最高人民检察院的工作报告；说它时效强吧，赶不上一些法制专业传媒，政府部门、司法机关也不把法学学术研究机构当回事，经费短缺，无米下炊。当时，"法治蓝皮书"要想在数百本皮书里崭露头角真是一件很难的事。虽然困难重重，但也并非没有干事的动力。改革开放以来，中国社会经济发生了翻天覆地的变化，这带来了社会分化，引起社会心理变化。今天，社会矛盾增多，不信任感增强，贫富差距拉大，道德失范行为增多，对国家治理、社会治理形成了很大的挑战。在这种复杂的形势下，需要一种机制来凝聚共识，维护社会的秩序、公平和安全，社会才能继续进步。法治就是这样一种具有广泛共识的治理模式，是社会治理的最大公约数。一个人无论他属于哪个阶层，无论他在改革中是受益者还是受损者，都希望以某种机制来维护和保护自己的利益，也就是说，法治为权力运行和利益分配设置了基本底线。法治并不是一个非常复杂的制度架构，其基本含义非常明确：有良法，必须反映广大人民的意志和利益；法律应得到实施，无论是公权力机关还是老百姓都应遵法守法；法律应当公开透明，使人们的行为具有可预期性，减少社会矛盾和交易成本。正是因为法治具有以上功能，它成为中国目前治国理政的最有效方式，是国家治理体系和治理能力的基本依托。

"法治蓝皮书"正是在这样的认识基础上追寻自身的奋斗目标的。"法治蓝皮书"不是一个旁观者，而是一本广泛"在场"、深度参与社会生活的学术著作。为了实现这样的目标，需要创新方法和探索路径。基于自身的特点，"法治蓝皮书"确定了几条基本原则。

首先，"法治蓝皮书"应以全新的姿态出现。"法治蓝皮书"的正式名称又叫"中国法治发展报告"，因此"法治蓝皮书"的所有内容都与中国法治的理论与实践紧密相连，有泥土芬芳、草根味道，摒弃"假大空""高大上"，以及自说自话、自娱自乐，自我搭建宏大"理论体系"的研究方式。

其次，"法治蓝皮书"应以制度运行为分析重点，并非聚焦个案，不讲故事，不声泪俱下地控诉，不冷冰冰地"拽"概念、做文字游戏，而是以应有的人文关怀，挖掘故事后面的场域、逻辑、价值，以学者的姿态冷静地分析制度的缺陷、运行的不足，体现一个研究机构的应有功能。

再次，"法治蓝皮书"应以法治国情调研报告为重要内容，因为，国情是中国选择法治发展道路的最大考量。课题组深入基层，在工厂、农村、田间地头、村民家中访谈座谈；在各级人大、政府、法院、检察院深入调研，总结各地方、各部门法治发展的创新经验，发现法治发展存在的瓶颈问题，提出解决问题的方案，这些方案有根有据而非传统的"大力丸"。课题组成员每年在全国各地的调研出差时间可谓惊人，由此而带来的效应也非常巨大，所形成的研究报告以及这种研究方式获得了广泛认同。

最后，"法治蓝皮书"应以量化评估为核心内容，这不仅体现为法学研究范式的创新，也体现为全新的研究成果。研究部门和实务部门长期以来交集不多，各说各话。法律制度运行主体是实务部门，运行状况却很难知晓。实务部门的自我总结——功绩伟大成效显著，但民众的获得感不足是显而易见的事实。课题组大力倡导并身体力行第三方评估，对人大立法、政府依法行政、法院检察院公正司法、社会法治建设的情况进行评估，形成了若干非常有影响力的评估报告，报告不仅总结取得的成效，还非常尖锐地指出存在的问题，以至于报告每年2月通过"法治蓝皮书"发布以后，一些部门局促不安，如坐针毡，放下高居庙堂的架子，"屈尊"来到法学研究所与课题组交流，实现了研究与实务的及时沟通、理论与实践的精准对接，大大推动了相关部门的工作，也提升了法学研究的影响力。

蓝皮书本身也确立了一套标准。一般而言，学术报告很难具有社会影响，为了突破这种局限，"法治蓝皮书"认为，一篇报告一定要具备以下几个因素。一是所选用的文章一定要具有问题意识，这个问题不仅在学术上有价值，在实践中也有意义。因此，"法治蓝皮书"既反对毫无原则的歌功颂德，也拒绝破坏性的批评，而是以理性和建设性的态度客观分析和总结法治状况。二是"法治蓝皮书"选用的文章一定是公权力机关关注的问题，它体现在以下两方面。一方面，它必须是公权力机关与社会服务和管理有关的问题。例如，政府信息公开、行政审批制度改革、行政执法等。另一方面，它是公权力机关的职权行为，其在依法履职时是否具有合法性的问题。上述两方面是公权力机关的职责所在，也是最受社会关注的问题。三是蓝皮书文章一定是与公众密切相关、社会公众也最为关心的问题，如环境安全、食品安全、教育、住房保障等。四是蓝皮书的文章一定是媒体非常关心的问题。在信息化时代，媒体竞争非常激烈，新、快、准、有效成为媒体的生命。在这种形势下，传统媒体逐渐式微，新兴媒体逐渐成为传播的主要渠道。信息的价值、新颖性、及时性、有效性成为媒体关注的焦点。"法治蓝皮书"的定位恰好为媒体提供了这样的平台。每年"法治蓝皮书"的发布都为媒体提供了眼花缭乱的盛宴，以至于媒体人士常常感叹，"法治蓝皮书"为什么每年只出一本，出来就呈狂轰滥炸之势？鉴于这样的情势，从 2015 年开始，"法治蓝皮书"开始编辑出版"地方法治蓝皮书"，是"法治蓝皮书"的姊妹篇。

正是确立了上述四条标准，"法治蓝皮书"在理论和实务中逐渐形成了巨大的影响力。常有国内外关心中国法治发展的人拿着"法治蓝皮书"登门交流，各地政府、法院也将"法治蓝皮书"对其的评价念兹在兹，甚至记入本部门年度工作报告或高悬于墙上。每当我们到基层开展国情调研，偶见"法治蓝皮书"对有关部门的评价被挂诸墙上，或记载于城市名片中时，都会会心一笑，我们确实做了一点有意义的工作。"法治蓝皮书"发布期间，会形成较大的舆情，以至于发布后的一周乃至一个月内，工作室都会用较大的精力来回应这些舆情。因为，"法治蓝皮书"不仅仅是展示成就，还会指出某些问题，个别被指出的部门非常不满意，也难免恼羞成怒。有人会愤而质问，你们是谁啊？凭什么来评价我们？在他们眼中，一个研究机构就像吃白饭的一样，有什么资格说三道四！由于有些部门掌握资源，弄得我们的上级主管部门经常惶惶不可终日。还好，中国社会科学院确实是一个研究圣地，正如有领导所说，学者做研究，只要数据是真实的、方法是科学的、结论是可靠的、目的是建设性的，就应当允许。值得称道的是，经过数年的修炼，多数部门的傲慢已经逐渐消失，转而谦虚谨慎地来与我们共同探讨，是为一大进步。

限于人力和时间，以及作者关注的重点，"法治蓝皮书"的这 12 卷本肯定有一定的疏漏，未能详尽描绘法治的所有领域和所有细节，因为这是一个不可能完成的任务。尽管如此，"法治蓝皮书"12 卷本还是囊括了法治的重点领域和当年的重大法治事件，足以成为分析中国法治年度进展的珍贵资料，这就足够了。

这 12 卷本分别是《中国法治发展：成效与展望（2002～2016）》《中国立法与人大制度（2002～2016）》《中国政府法治（2002～2016）》《中国民商经济法治（2002～2016）》《中国刑事法治（2002～2016）》《中国司法制度（2002～2016）》《中国社会法治（2002～2016）》《中国人权法治（2002～2016）》《中国政府透明度（2009～2016）》《中国司法透明度（2011～2016）》《中国法治国情调研（2006～2016）》和《中国地方法治实践（2005～2016）》。

《中国法治发展：成效与展望（2002～2016）》收录了"法治蓝皮书"每年的年度总报告，盘点了中国法治的年度进展，是"法治蓝皮书"的精髓和最重要内容。

《中国立法与人大制度（2002～2016）》分析了中国历年的立法进展以及中国最根本的政治制度——人民代表大会制度及其主要职能、代表制度、人大监督等内容。其中，从 2014 年开始，立法指数报告特别分析了全国 31 家省级人大的立法状况，如立法的重点、程序、公开和征求意见情况等。

《中国政府法治（2002～2016）》是"法治蓝皮书"的重要内容，收录了行政审批制度改革、行政执法改革等选题。

《中国民商经济法治（2002～2016）》对历年民商经济立法、执法、司法方面的热点问题进行了分析。

《中国刑事法治（2002～2016）》分析了历年的刑事法治发展、犯罪形势及预测，并对部分重大刑事法治问题进行了研究。

《中国司法制度（2002～2016）》对中国的司法改革与进展、人民法院的改革创新、检察体制改革、法院信息化助力司法改革、中国的法律服务业等进行了总结分析。

《中国社会法治（2002～2016）》从劳动法治、社会保障法治、慈善公益法治、卫生计生法治、环境保护法治、能源法治、教育法治、体育法治、消费者保护法治等方面分析了有关的热点法治问题。

《中国人权法治（2002~2016）》对历年中国在人权法治方面取得的成效进行了总结分析。

《中国政府透明度（2009~2016）》《中国司法透明度（2011~2016）》是中国社会科学院法学研究所开展法治指数评估的重要成果。其中，课题组从2010年开始，连续8年对各级政府的信息公开进行第三方评估，对这项制度的发展起到了实质性的推动作用，《中国政府透明度（2009~2016）》展示了中国在推进政务公开方面取得的成效与存在的问题。此外，课题组从2011年开始，对全国包括最高人民法院在内的各级法院和海事法院的司法公开进行评估，率先提出司法透明度的概念并付诸全国性评估，促使全国法院的司法公开有了大幅度的进步并向纵深发展；从2012年开始，课题组对全国包括最高人民检察院在内的检察院进行检务公开评估，引起了最高人民检察院和地方各级检察院的重视。《中国司法透明度（2011~2016）》收录了相关的评估报告。这些指数评估报告客观记录和生动反映了中国法治建设进程，产生了强烈反响，成为近年来法学界和法律界重要的年度学术热点。

值得一提的是，《中国法治国情调研（2006~2016》及《中国地方法治实践（2005~2016）》收入了历年来我们在各地深入调研的报告，是我们付出心血较多的研究成果。近年来，中国社会科学院法学研究所坚持理论联系实际，扎根中国法治实践开展实证法学研究。课题组依托法学研究所在全国10余个省份建立了20多个法治国情调研基地，每年参与法治国情调研的有数百人次，就党委、政府和司法机关的人大建设、政务服务与公开、社会管理、司法改革、法院信息化等多项内容开展了深入的访谈调研。"法治蓝皮书"课题组走遍了祖国大地，我们到过经济最发达的地区，也到过一些欠发达地区，无论经济发展水平如何，人们对法治的迫切心情是一样的。各地有很多法治创新的实践，打破了法治只有西方道路"独木桥"的神话。当然，中国的法治建设还存在很多问题，我们意识到法治建设是一个漫长的过程，需要几代人的努力，万不可有毕其功于一役的超现实想法。通过总结地方经验、分析顶层设计不足，课题组将普遍性的法治理念与中国本土性的法治探索、法治实践有机结合起来，在服务国家法治决策与地方法治发展方面颇有建树。

2015 年，《立法法》修改，出于经济社会发展的需要，人大首次赋予全国 286 个设区的市以立法权。课题组在广东省调研时了解到，中山市基于扁平化管理改革，不设区。按照修法精神，中山市因未设区，可能失去立法权。全国有五个不设区的地级市，分别是广东省中山市、广东省东莞市、海南省三亚市、海南省三沙市、甘肃省嘉峪关市，它们将会受此影响。中山市地处珠江三角洲，经济总量大，社会发展速度快，亟须立法权来推进社会治理。课题组在调研之余为中山市以及其他城市向中央和全国人大建言，在各方的努力下，最终中山市获得了立法权。中山市获得地方立法权后起草的第一部地方性法规即《中山市水环境保护条例》。2015年，水环境治理，如"内河清流和城区治涝工程"被作为中山市的"十件民生实事"之一。《中山市水环境保护条例》的立法目的是解决水环境监管工作中部门职责分工不明确、水污染防治、饮用水源保护问题。中山市带着问题立法，避免立无用之法。水环境保护涉及区域广、部门多，甚至涉及多个市，立法首先就是要解决各自为政的问题。通过立法，中山市建立了水环境保护协调机制，由环保部门统筹，各相关部门共享数据。该条例对中山市的水环境保护起到了良好作用。中山市人大还创新和夯实了基层人大代表制度，让乡镇人大代表从会期的"4 天代表"，变为"365天代表"，使曾经被边缘化的乡镇人大逐渐站在了社会治理的中心。

在革命老区金寨，法治使当地的村级组织面貌一新。当地村级组织将公开作为工作的重要方法，以公开赢得公众信任。公开的项目囊括村级组织的各方面工作，包括村级收入、用餐、惠民资金发放使用等。按照严格的制度规定，村干部接待用餐买一块豆腐都必须进行公示，提升了基层组织的权威。

法院判决执行难一直困扰着中国司法。2016 年之前，全国法院判决得到有效执行的平均比例不高，而涉法信访则有 80% 与执行有关。地处改革前沿阵地的深圳中级人民法院为解决执行难问题，构建了解决执行难的标准体系、建设了鹰眼查控系统，率先在全国打响了基本解决执行难的第一枪。鹰眼系统实现了以下功能：银行存款的查、冻、扣，房地产查询和控制，协助有权机关查询，如人员查询、扩展查询财产种类等。课题组总结了深圳中级人民法院的经验，并向全国推广。2016年，最高人民法院院长周强在十二届全国人大四次会议上庄严承诺，用两到三年的时间基本解决法院的执行难问题，并委托中国社会科学院法学研究所法治国情调研团队作为第三方对此进行评估。至此，全国法院掀起了基本解决执行难的热潮，可以预见，法院判决执行难将在近期有较大的改观。

杭州市余杭区是法学研究所的法治国情调研基地，课题组每年都会总结余杭的经验和创新，每年都有新的惊喜。课题组先后就余杭的诸多法治问题进行调研并形成了分量颇重的调研报告，分别是《实践法治的基层试验田——杭州市余杭区法治建设调研报告》《重建中国基层社会秩序的探索——余杭法务前置调研报告》《余杭基层法治化探索》《余杭区"大数据"推进基层治理法治化调研报告》《流动人口服务管理的法治化与现代化——余杭区创新流动治理的实践》。从这些调研报告可以看出，余杭法治建设折射出了中国法治建设的缩影，展现了中国基层法治建设的风貌。余杭的实践既有整体的宏观性思维，也有具体的区域性特点，不失为理解中国的一个样本。

在四川，"5·12"汶川地震发生后，我们抵达灾区震中，与灾民同悲共泣，发现地震相关法律问题特别多。我们翻越大雪山，进入炉霍。炉霍县位于甘孜藏族自治州中北部，是去藏抵青之要衢和茶马古道之重镇，也是第二次国内革命战争时期的革命老根据地。炉霍寿灵寺法律进寺庙的做法让人耳目一新。一个偶然的机会，调研时来到了我当知青时下乡的地方原双流县黄甲乡，并见到了当年的生产队队长刘汉洲，他虽年事已高，但精神矍铄，两眼有神，非常激动，称我是第一个离开后回来的知识青年。回乡后恍若隔世，原所在生产队、曾经居住过亮着煤油灯的小草屋已不复存在，被改革的浪潮席卷成了开发区。

2008年我们在贵州黔东南调研，恰逢凝冻灾害发生，道路结冰，差一点就被困在黔东南动弹不得，也因此发现了中国灾害应急管理的问题和缺陷。

诸如此类，不胜枚举，虽然辛苦，但收获良多。

2017 年是党中央提出依法治国基本方略二十周年和中国社会科学院成立四十周年，5 月 17 日，习近平总书记向中国社会科学院致贺信，希望中国社会科学院和广大哲学社会科学工作者，坚持为人民做学问理念，以研究我国改革发展稳定重大理论和实践问题为主攻方向，立时代潮头，通古今变化，发思想先声，繁荣中国学术，发展中国理论，传播中国思想。

习近平同志的贺信明确提出了社会科学工作者应当怎样做研究、应当为谁做研究这两个重要问题。这也是摆在社会科学工作者面前的现实问题。对学者而言，理想和现实交织并存。经过多年的学习和研究，学者的大脑中往往存在一个"理想国"，理想和现实之间存在巨大的鸿沟。面对现实中的诸多不如意，或是牢骚太盛怨天尤人，或是闭门修书不问天下之事。可以说，"法治蓝皮书"课题组在一定程度上解决了怎样做研究的问题。"法治蓝皮书"课题组长期跟踪现实，深入实际，理论与实践相结合，创新了法学研究方法和成果，取得了很好的社会效应。在为谁做研究方面，课题组目标明确，为人民做研究、为推动中国法治建设进步做研究，这也是课题组广受赞誉之处。

本丛书编辑之时，正值中国共产党第十九次全国代表大会即将胜利召开。近年来，"法治中国"概念的提出，标志着中国法治建设的理念进一步深化。党的十九大将对中国的法治建设作出新的理论指导和制度建设安排，依法治国将进一步成为中国共产党执政的基本方式，法治也将为人民带来更大的福利。如同广大的社会科学工作者一样，法治蓝皮书工作室也期待着中国共产党第十九次全国代表大会的召开，期盼着法治能够进一步奠定其社会治理的支柱性地位，不仅成为中国共产党依法执政的准则，也成为政府依法行政、法院公正司法、全民尊崇法律的标准，法治建设必将迎来新的春天。

田 禾

2017 年 7 月 17 日于北京

摘　要

　　中国建设法治政府的目标确立之后，尤其是 2012 年以来，依法行政建设取得了前所未有的成就，通过深化行政审批制度改革、健全依法决策机制、严格规范执法和提升政府透明度，为建成职权法定、决策科学、执法有力、公开透明的法治政府和服务型政府奠定了坚实的基础。法治政府建设在取得上述成效的同时，受传统官场文化的影响，不少行政管理者对行政权力的来源与本质的认识还有待提升，对法治的理解不能仅仅停留于表面，还要从内心尊崇权利和法律。法治政府建设还应在某些领域加强顶层设计，在某些地方真正贯彻落实顶层设计，减少"纸上法治""口头法治"，多一些法治实践。

目　录

专题三 行政执法与监管

专题四 行政诉讼与救济

导论 步入新时代的政府法治

摘 要：全面依法治国的核心和关键是掌握公权力的政府要遵法守法，在法律框架下活动。建设法治政府，前提是加快政府职能转变，为此，中国稳步推进大部制改革、不断深化行政审批制度改革、探索改革商事登记制度、全面推行权责清单制度、着力培育社会力量。决策是行政权力运行的起点，为保障决策的科学性，重大行政决策引入了公众参与、专家论证、风险评估、合法性审查、集体讨论决定等程序，并建立了决策责任追究机制。法治政府的推进必然要求改革僵化的行政执法体制，推动综合执法体制改革、严格行政执法程序、增强行政执法队伍、规范关键领域行政执法势在必行。全面推进政务公开是新时代法治政府建设的必然选择，政务公开在重大领域取得突破，政务信息数据服务平台呈现立体多元，公开模式由单向转为互动。

法治，即良法善治，其核心和关键是掌握公权力的政府遵法守法，在法律框架下活动。法治政府是指政府的一切权力行使、政府的运行和政府的行为都受制于法律，整个政府的设立、变更、运作都是合法化的、规范化的，法律独立于政府之外、政府要受法律的制约。党的十一届三中全会以来，法治一直是中国公权力运行以及政府建设的价值取向，但法治政府作为建设目标是近些年才确立的。

一 中国法治政府的演进路径

中国法治政府的提出源于三方面的因素：①市场经济体制改革所积

累的建设法治政府的经济基础；②公民权利意识的觉醒所提供的建设法治政府的内在动力；③西方法治文明的触动，尤其是 21 世纪初加入WTO 之后，来自国际社会的影响和压力。1982 年《宪法》第 5 条规定，"一切国家机关和武装力量、各政党和各社会团体、各企业事业组织都必须遵守宪法和法律。一切违反宪法和法律的行为，必须予以追究。任何组织或者个人都不得有超越宪法和法律的特权"。这一规定蕴含法治政府之意。1997 年，党的十五大报告将"依法治国"确定为治国理政的基本方略。1999 年修改宪法，明确写入了"依法治国"条款，即"中华人民共和国实行依法治国，建设社会主义法治国家"。依法治国的关键是推进依法行政，建设法治国家的核心是建设法治政府。1999年，在依法治国基本方略写入宪法同年，国务院即颁布了《国务院关于全面推进依法行政的决定》，并于 2004 年发布《全面推进依法行政实施纲要》，明确提出了法治政府的奋斗目标。为深入贯彻落实依法治国基本方略，全面推进依法行政，进一步加强法治政府建设，国务院又于2010 年出台了《国务院关于加强法治政府建设的意见》，提出以建设法治政府为奋斗目标，以事关依法行政全局的体制机制创新为突破口，以增强领导干部依法行政的意识和能力、提高制度建设质量、规范行政权力运行、保证法律法规严格执行为着力点，全面推进依法行政，不断提高政府公信力和执行力。《国务院关于全面推进依法行政的决定》《全面推进依法行政实施纲要》和《国务院关于加强法治政府建设的意见》成为法治政府建设的三大支柱文件。

从法治政府的确立过程可以看出，中国法治政府建设路径是由政党和政府推进的。与西方自然演进型或顺应型路径相比，这种推进型路径意味着中国法治政府建设中遭遇的阻力更大：一方面来自观念，中国缺少法治传统，"官本位"思想根深蒂固；另一方面来自既得利益阶层的阻挠，经济体制改革与政治体制改革不平衡的背景下形成了势力强大的既得利益阶层。另外，由政党和政府推进的法治政府建设属于自我革命，在某一历史时期会存在一定的反复性和不彻底性。

另外，与西方法治政府由古典法治政府到近代法治政府再到现代法治政府的演进顺序不同，中国由政党和政府推进的自上而下的法治政府建设必然要走一条跨越式的制度构建道路，在这个过程中既要吸收西方先进法治文明的成果，又要结合自身的特点，注重处理好特殊国情下的法律问题。另外，中国的经济和社会都处于转型期，过渡社会行政模式所固有的特点都会或多或少地影响法治政府建设。

2012年之后，中国的法治政府建设进入了新的历史阶段。党的十八大把法治政府基本建成确立为到2020年全面建成小康社会的重要目标之一。十八届三中全会提出全面深化改革的时代命题，强调"切实转变政府职能，深化行政体制改革，创新行政管理方式，增强政府公信力和执行力，建设法治政府和服务型政府"，并提出"依法治国、依法执政、依法行政共同推进"和"法治国家、法治政府、法治社会一体建设"。党的十八届四中全会提出，"全面推进依法治国"，并为实现基本建成法治政府的宏伟目标设计了整体的路线图和具体的实施举措。为深入推进依法行政，加快建设法治政府，如期实现法治政府基本建成的目标，2015年底，党中央、国务院印发《法治政府建设实施纲要（2015~2020年）》，确立了今后几年加快建设法治政府的宏伟蓝图和行动纲领。

法治政府包含法治、民主等理念，具有丰富和深刻的内涵。法治政府意味着政府权力来源于法律，政府运行和政府的行为受法律规范和制约，政府应承担相应的法律责任，并对公民权利和自由进行保障等。十八届四中全会报告提出，"建设职能科学、权责法定、执法严明、公开公正、廉洁高效、守法诚信的法治政府"，深刻揭示了法治政府建设的内涵，明确了衡量法治政府建设水平的标准。2012年以来，中国法治政府在加快政府职能转变、健全政府依法决策机制、深化行政执法体制改革、全面推进政务公开等四个方面取得较大进展，为2020年基本建成法治政府奠定了坚实的基础。随着社会的发展、福利国家的形成，政府的服务职能定位并没有改变，只不过公共服务的广度和深度有了空前的拓展。法治政府具有廉洁、诚信、有限、服务、责任等品格特征：从权力渊源上是有限政府，从职能定位上是服务政府，从运行过程上是透明政府，从运行结果上是责任政府，从运行效果上是诚信政府。

二 建设法治政府，前提是加快政府职能转变

职能科学、权责法定是法治政府的重要标准。政府以提供公共服务为本位，其存在的目的在于为公民提供公共服务。然而，在过去几十年里，政府更多强调发展经济，公共服务职能被削弱甚至忽视。在经济挂帅的时代，政府把更多的精力放在了招商引资、追求 GDP 增长上，从而造成市场、政府和社会的职能错位，导致政府过多地干预经济，挤压市场的调整空间，影响社会的发育成长。政府直接投入市场，从事经济行为，背离了其公共服务的职能定位。要科学定位政府职能，必须处理好政府与市场、政府与社会的关系：凡是能由市场调节的事项，政府不要越俎代庖，要保证市场在资源配置中起决定性作用；凡是能由公民个人决定和社会自律处理的事项，政府应尽量不予干预，以调动社会公众的积极性、激发社会的活力。政府应该做的是为经济增长营造良好的市场环境，如诚信的契约精神、稳定的社会秩序等。为正确处理政府、市场和社会的关系，加快政府职能转变，近年来中国主要进行了以下几个方面的努力，如推动大部制改革、深化行政审批制度改革、改革商事登记制度、推行权责清单制度、着力培育社会力量等。

（一）稳步推进大部制改革

中国机构改革最初的动因是臃肿的官僚机构严重影响政府运行效率，束缚经济的发展，因此，早期机构改革的核心是精兵简政，如废除领导干部终身制，推行干部年轻化。由于未触动高度集中的计划经济体制，未能认识到转变政府职能的重要性，机构改革浅尝辄止，并且陷入精简—膨胀—再精简—再膨胀的怪圈。20 世纪 80 年代末，中国开始以转变政府职能为目标进行机构改革，并确立了大部制的改革方向。

所谓大部制改革，就是调整政府部门的职能和管辖范围，把那些职能相近、业务性质雷同的政府部门，经过合并重构，整合为一个更大的机构，使其管辖的范围较宽，侧重于横向的宏观管理，避免和减少政府部门对微观经济活动的干预。通俗地讲，大部制就是将关联性高、职能相似的

部门整合起来。分散的部门设置会造成部门之间的扯皮摩擦，增加财政开支，也不利于服务型政府的实现。2008年国务院机构改革方案明确提出"大部制"，2013年国务院改革为大部制改革定了调子，要"稳步推进"。2013年中共中央、国务院颁布了《关于地方政府职能转变和机构改革的意见》（中发〔2013〕9号），提出将进一步转变政府职能、确保各部门有效履行政府管理经济社会的职能作为主要目标，将减少部门职责交叉和分散作为主要手段，着力于整合分散在国务院不同部门相同或相似的职责，理顺部门职责关系。此次改革对食品药品监管、广播电视出版管理、海洋执法等部门的职能职责进行了大幅整合，撤销了铁道部，推动铁路运输市场化。目前中国在个别领域实现了大部制，如"大交通"，但是在金融、商务、农业、文化等领域还有待进一步推行大部制改革。此外，国务院还决定整合不动产登记职责，将分散在多个部门的不动产登记职责整合由一个部门承担。

（二）深化行政审批制度改革

政府职能转变以深化行政审批制度改革为突破口。行政审批制度是政府对社会、经济事务实行事前管理的重要手段，是事前控制、管理、干预和引导的重要方式。改革行政审批制度，落实《行政许可法》，是行政管理体制改革的突破口，也是转变政府职能、建设服务型政府、实现依法行政的重要内容。行政审批制度改革不仅涉及政府职能转变、政府部门职能定位和权力调整，更是理顺政府与企业、市场、社会关系的关键所在。十八届三中全会提出，"要进一步简政放权，深化行政审批制度改革，最大限度减少中央政府对微观事务的管理，市场机制能有效调节的经济活动，一律取消审批，对保留的行政审批事项要规范管理、提高效率；直接面向基层、量大面广、由地方管理更方便有效的经济社会事项，一律下放地方和基层管理"。《法治政府建设实施纲要（2015~2020年）》提出，加快推进相对集中行政许可权工作，支持地方开展相对集中行政许可权改革试点。全面清理规范行政审批中介服务，对保留的行政审批中介服务实行清单管理并向社会公布，坚决整治"红顶中介"，切断行政机关与中介服务机构之间的利益链，推进中介服务行业公平竞争。

清理并精简审批事项，是行政审批制度改革的根基所在，也是行政审批制度改革的首要内容。2012 年，《国务院关于第六批取消和调整行政审批项目的决定》（国发〔2012〕52 号）决定取消 171 项行政审批项目，下放 117 项行政审批项目的管理层级，减少 9 项行政审批项目的审批部门，合并 17 项行政审批项目。2013 年国务院分三批共取消行政审批项目 145 项，下放管理层级的行政审批项目 57 项，部分取消和下放管理层级的行政审批项目 13 项。《国务院关于严格控制新设行政许可的通知》（国发〔2013〕39 号）提出，必须严格遵守《行政许可法》的规定，严格设定行政许可的标准。此外，全国人民代表大会常务委员会及国务院相继修改了一批法律法规，以配合行政审批事项削减工作。2014 年，国务院分 3 批取消和下放行政审批事项 247 项。《国务院关于清理国务院部门非行政许可审批事项的通知》（国发〔2014〕16 号）要求清理非行政许可审批事项，取消国务院各部门所有面向公民、法人或其他组织的非行政许可审批事项，取消和调整面向地方政府等的非行政许可审批事项。为转变管理理念，简化程序，建立科学的国家职业资格体系，国务院先后下发《国务院关于取消一批职业资格许可和认定事项的决定》（国发〔2016〕68 号）和《国务院关于取消 13 项国务院部门行政许可事项的决定》（国发〔2016〕10 号），旨在取消职业资格行政许可的决定。2016 年 2 月，中央政府继续取消和下放了部分行政许可，国务院取消了 152 项中央指定地方实施行政审批事项、13 项国务院部门行政许可事项、192 项国务院部门行政审批中介服务事项。

行政审批制度改革除了进行审批事项的清理和下放之外，还包括行政审批权的横向集中。行政审批权横向集中有两种模式：一种是物理集中，即将有审批权的部门进驻政务服务大厅；还有一种是将各部门的审批权集中由专门的审批局行使。目前，以物理集中为主，审批局模式还在试点探索中。与行政审批权纵向下放一样，实现审批权的横向集中行使也是为了方便人民群众办事，同时还可以有效监督审批权的规范运行。《法治政府建设实施纲要（2015～2020 年）》提出，对于保留的行政审批事项，探索目录化、编码化管理，全面推行一个窗口办理、并联办理、限时办理、规范办理、透明办理、网上办理，提高行政效能，激发社会活力。为进一步加强便民服务建设，2015 年 11 月，国务院办公厅印发了《国务院办公厅关于简化优化公共服务流程 方便基层群众办事创业的通知》，旨在进一步提高公共服务的质量和效率，为基层群众提供公平、可及的服务，更好地推动"大众创业、万众创新"，激发市场活力和社会创造力。为落实中央文件，海南省政府在原有"三集中"改革的基础上，率先制定了《海南省政务服务管理办法》，明确实行行政审批目录管理，规定了政府服务管理机构与进驻部门的职责职权。此外，海南省还进一步展开了网上审批工作，将每一个审批流程固化为在线流程，利用技术手段降低人为因素对审批流程的干预。浙江省于 2016 年发布《浙江省人民政府办公厅关于优化行政流程 推进网上审批的通知》，按照推进简政放权、放管结合、优化服务改革的总体要求，坚持问题导向、创新服务，运用"互联网+"思维和手段，以数据资源共享互通为支撑，进一步简化优化行政审批流程，强化部门业务协同联动，大力推行网上审批，不断提升审批服务水平，方便群众办事创业。2016 年 9 月，国务院印发的《国务院关于加快推进"互联网+政务服务"工作的指导意见》提出，适应"互联网+政务服务"发展需要，进一步提升实体政务大厅服务能力，加快与网上服务平台融合，形成线上线下功能互补、相辅相成的政务服务新模式。

（三）改革商事登记制度

在全面推进行政审批制度改革的过程中，中国的专项审批制度改革是从与经济发展最为密切的商事登记开始的。为进一步减少企业经营负担、释放经济活力，国务院提出，改革注册资本登记制度，放宽市场主体准入，将注册资本由实缴登记制改为认缴登记制等。商事登记改革彻底颠覆原有的行政审批制度模式，实行工商登记注册与经营项目许可审批相分离、有限责任公司注册资本认缴、商事主体住所与经营场所相分离，还实行经营范围、实收资本备案制度，允许"一址多照"和"一照多址"。改革中注重简化工商登记注册程序，缩减登记事项和营业执照种类。商事登记制度改革的一个亮点，是将一些企业登记的前置审批项目变更为后置审批。改革前，行政许可是作为企业登记的前置审批项目，经营者不办理就拿不到营业执照，改革后将特殊经营项目的许可审批改为后置，由此简化了企业登记注册手续。2016年6月，国务院办公厅发布《关于加快推进"五证合一、一照一码"登记制度改革的通知》，在原有的"三证合一"（工商营业执照、组织机构代码证、税务登记证）基础上增加了社会保险登记证和统计登记证，变成"五证合一"。目前，全面开展行政审批证照统一制发工作，加快审批信息共享库建设，开展证照批文信息共享试点。据不完全统计，34个部门358类10000余个审批证照已实现入库共享。

（四）推行权责清单制度

中国政府积极推行权责清单制度，为明确政府保留的权限，防止政府变相设定和收回审批权限，国务院要求各级政府制定权力和责任清单，并向社会公开。通过清理和下放，各级政府保留的审批事项较之前有大幅度精简。2015年，国务院办公厅印发了《国务院部门权力和责任清单编制试点方案》和《关于推行地方各级政府工作部门权力清单制度的指导意见》，明确要求国务院各部门和地方各级政府组织力量研究编制了权力和责任清单。权责清单的编制，包括横向、纵向两个方面。横向是界定不同部门之间的权责，争取实现同一事务、类似事务由同一部门管辖，改变过去"九龙治水"的现象；纵向是厘清省、市、县、乡镇各层级之间的管理分工配置，既要克服上级政府特别是省级政府管得过于微观的问题，也要避免乡镇、区县政府作为执行机关却管过于宏观大而无当的问题，或者把本应属于本级政府职责却往上级推的问题。由此可见，编制权责清单对于厘清政府与市场、政府与社会、省级政府与市县区各级政府、政府部门之间的权力职责分配有重要作用。权责清单的背后，还蕴含着权力、责任相统一的要求，对饱受诟病的"有利益各方来争夺、有责任相互去推搡"现象将起到一定遏制效果。目前，国务院各部门业已颁布其权责清单，31个省（自治区、直辖市）均已公布省、市、县三级政府部门权力清单，政府职责一目了然。

如果说权力清单制度侧重于实现政府职权的法定化，那么行政审批与负面清单制度建设则更旨在厘清政府与市场之间的合理边界。2015年10月，《国务院关于实行市场准入负面清单制度的意见》（国发〔2015〕55号）发布，按照该意见的要求，在地方试点市场准入负面清单制度，从 2018 年起推广至全国。市场准入负面清单制度的设立有利于进一步深化行政审批制度改革，大幅收缩政府审批范围、创新政府监管方式、促进投资贸易便利化，从根本上促进政府职能转变。权力清单与行政审批制度建设相辅相成，在十八大以来的法治政府建设中发挥了重要作用。

（五）着力培育社会力量

转变职能、简政放权要求不断清理政府提供的公共服务，把那些不该政府管、相比市场提供的服务成本更高的事务从政府职能中剥离出去，通过市场机制，让市场主体、社会主体成为服务的主要提供者，让政府留出更多精力做好管理，给市场主体、社会主体提供更多的发展机会。为此，《国务院办公厅关于政府向社会力量购买服务的指导意见》（国办发〔2013〕96 号）提出，通过发挥市场机制作用，把政府直接向社会公众提供的一部分公共服务事项，按照一定的方式和程序，交由具备条件的社会力量承担，并由政府根据服务数量和质量向其支付费用，并规定了可购买服务的内容以及推进机制。

近年来，在政府公共服务领域一个值得注意的现象是，以公私合作模式（public-private partnership）为主要手段的民营化机制日显突出。这种民营化机制多见于市政交通、医疗、养老等领域，2015 年度在中央的战略部署下，公共服务领域的公私合作模式得以进一步推广。2015 年 2 月 3 日，民政部会同财政部等十部门联合印发《关于鼓励民间资本参与养老服务业发展的实施意见》（民发〔2015〕33 号），为鼓励社会力量发展养老服务提出各类扶持措施。2015 年 4 月 21 日，财政部会同住房城乡建设部等六部门专门印发《关于运用政府和社会资本合作模式推进公共租赁住房投资建设和运营管理的通知》（财综〔2015〕15 号），鼓励地方运用公私合作模式推进公共租赁住房投资建设与运营管理，并要求各地区在2015 年内就公共租赁住房项目展开合作。2015 年 5 月，财政部、国家发展改革委、中国人民银行联合制定《关于在公共服务领域推广政府和社会资本合作模式的指导意见》，决定在能源、交通运输、水利、农业、科技、医疗、卫生、养老等公共服务领域进一步采用政府和社会资本合作模式，吸引社会资本参与，为人民群众提供优质高效的公共服务。民营化、公私合作机制在 2015 年的政府法治建设中取得较为突出的成绩，尤其在保障性住房、社会保障等行政给付领域，公私合作手段将扮演更加重要的角色。

三 健全政府依法决策机制是法治政府的逻辑起点

决策是行政权力运行的起点，是规范行政权力的重点。行政决策是指行政领导者从公共利益和公平公正原则出发，为履行行政职能所进行的行为设计和抉择过程。行政决策是行政机关确定自身和下属机关机构特定时期主要任务工作的重要方式，具有一定的权威性，不仅对行政组织成员，而且对各级行政组织管辖范围内的企事业单位、社会团体和个人都有约束力。行政决策虽然不具有法律规范的外形，也不像行政处罚、行政许可等具体行政行为那样直接决定行政相对人的具体权利义务，但一项既定的行政决策往往是大量具体行政行为的依据，影响的客体十分广泛，因此如何规范决策程序，确保依法科学决策尤为重要。依法进行行政决策是推进依法行政、建设法治政府的重要任务。健全依法决策制度机制主要从重大行政决策制度化、程序化以及完善责任追究几个方面展开。

（一）行政决策制度化

根据《法治政府建设实施纲要（2015~2020 年）》，"行政决策科学民主合法"是法治政府的衡量标准之一，也是评价国家治理能力和治理水平的关键指标。为实现依法决策目标，各地探索建立规范行政决策的相关制度，截至 2017 年 6 月，中国已有 17 家省级政府和 23 家较大的市政府出台了规范重大行政决策程序的规章。例如，《中山市人民政府重大行政决策程序暂行规定》（中府〔2013〕2 号）推行重大行政决策合法性审查制度和重大行政决策实施情况后评价制度，明确了市政府重大决策的范围和具体程序。

各地方、各领域、各环节关于行政决策的制度化建设，逐步汇集形成合流，使得行政决策从议程设置、启动、公众参与、专家咨询论证、方案选择、执行、问责全过程基本做到了有规可依。针对实践中仍存在行政决策尊重客观规律不够、听取群众意见不充分等问题，国务院决定出台行政法规，对重大行政决策程序进行统一规范。2017 年 6 月，国务院法制办就《重大行政决策程序暂行条例（征求意见稿）》向社会公开征求意见，旨在落实健全依法决策机制，推进行政决策科学化、民主化、法治化，提高决策质量。《重大行政决策程序暂行条例（征求意见稿）》进一步明确了重大行政决策的范围。所谓重大行政决策是指政府作出的对经济社会发展有重大影响、涉及重大公共利益或者社会公众切身利益的事项，如编制经济和社会发展等重要规划，制定有关公共服务、市场监管、社会管理、环境保护等方面的重大公共政策和措施，制定开发利用、保护重要自然资源的重大公共政策和措施，决定在本行政区域实施的重大公共建设项目，决定对经济社会发展有重大影响、涉及重大公共利益或者社会公众切身利益的其他重大事项。

（二）行政决策程序化

为保证政府审慎作出正确决策，重大行政决策应该经过公众参与、专家论证、风险评估、合法性审查、集体讨论决定等程序。重大行政决策程序旨在将关系经济社会发展全局、社会涉及面广、与公民法人和其他组织利益密切相关的事项作为重大决策事项，纳入重大决策程序，进入政府年度重大行政决策目录。

1. 公众参与

重大行政决策的公众参与是指，除依法应当保密的外，涉及社会公众切身利益或者对其权利义务有重大影响的决策事项，决策单位应当采取便于社会公众参与的方式广泛听取意见。政府在作出重大行政决策之前要通过各种形式向社会公众征求意见，确保决策符合多数人的利益需求。根据重大行政决策的公众影响范围和程度，公众参与包括向社会公开征求意见、举行听证会、召开座谈会、书面征求意见、问卷调查、民意调查、实地走访等多种方式。

各地政府高度重视决策中的公众参与理念及相应制度建设。以决策听证为例，全国各地普遍将听证引入行政决策。例如，2011 年广州市政府出台了《重大行政决策听证试行办法》，2013 年广东省政府也出台了《广东省重大行政决策听证规定》，明确了听证的范围、功能、程序以及结果运用等内容，以使公众意见得到充分表达、民意得到充分讨论汇集。公众参与决策，改政府单向治理模式为共治模式，最大范围内吸收公众的智慧，代表了政府治理方式转变的方向。

2. 专家论证

专家论证是指对于专业性、技术性较强的决策事项，组织相关领域专家或者委托专业研究机构，对重大行政决策方案进行必要性、可行性、科学性论证。对论证意见的研究处理情况和理由，应当向提出论证意见的专家、专业机构反馈。专家论证可以采取论证会、书面咨询、委托咨询论证等方式。选择专家、专业机构应当注重专业性、代表性。对论证问题存在重大分歧的，持不同意见的各方都应当有代表参与论证。不得选择与决策事项有直接利害关系的专家、专业机构，专家、专业机构有关信息应向社会公开。目前，大多数省、自治区、直辖市，乃至不少市县政府，都建立了决策咨询论证专家库，对于专业技术性强的重大行政决策，要从专家库中某些领域的专家随机抽取进行专家论证。专家论证不仅能为政府决策提供外部智力支持，弥补政府部门专业技术人才储备不足问题，而且能依托专家学者的社会信誉为政府决策提供更强的权威性，更易于获得社会公众的认可。因此，专家咨询论证既能够克服行政决策的技术风险，又能够削弱行政决策的社会风险。

3. 风险评估

重大行政决策的实施可能对生态环境、社会稳定等方面造成不利影响的，要开展风险评估。进行风险评估，可以通过舆情跟踪、抽样调查、重点走访、会商分析等方式，全面查找风险源、风险点，运用定性分析与定量分析等方法，对决策风险进行科学预测、综合研判。进行风险评估，应当听取有关部门的意见，形成风险评估报告，确定风险等级，提出风险防范措施和处置预案。目前，凡是与解决社会发展和群众利益有关的重大政策、重大项目的决策都要进行合法性、合理性、可行性和可控性评估，未经风险评估，一律不得决策。不少地方的决策单位根据需要引入了社会组织、专业机构等开展第三方评估。风险评估结果成为重大行政决策的重要依据。

4. 合法性审查

《重大行政决策程序暂行条例（征求意见稿）》明确要求，决策事项未经合法性审查，或者经审查不合法的，不得提交决策机关讨论。合法性审查内容包括三方面，一是决策事项是否符合决策机关的法定权限，二是决策程序是否符合法定程序，三是决策内容是否符合有关法律法规规章。决策机关法制机构进行合法性审查，必须要充分发挥政府法律顾问、公职律师的作用。2016 年，中共中央办公厅、国务院办公厅印发了《关于推行法律顾问制度和公职律师公司律师制度的意见》的通知，要求党政机关法律顾问要为重大决策、重大行政行为提供法律意见。

从全国范围看，各地都在开展一些类似于法务前置的实践，其典型有常州市乡镇街道的法律顾问团、罗田的法务前沿工程、孟津的法律体检、杭州余杭的法务前置等。这些实践致力于将国家管理、社会治理纳入法治框架，实现对公权力运行的公正行使，通过对决策及重大决定进行事前合法性把关，做到依法决策。青岛市政府进一步健全法律顾问工作机制，印发《法律顾问团管理办法实施细则》《法律顾问团成员考核办法》，充分发挥法律顾问职能作用，加强重大法律事务审查工作，有效防范决策风险。

5. 集体讨论决定

集体讨论决定是指决策草案以及相关的专家论证意见、风险评估材料、合法性审查意见等决策事项经决策机关常务会议或者全体会议讨论，由行政首长在集体讨论基础上作出决定。集体讨论决定的目的是限制首长权限，抑制独断专行。实践中，政府在作出行政决策尤其是重大行政决策时，往往迁就领导的偏好，更多体现的是领导的个人意志，不仅导致决策的科学性、合理性不足，还导致决策的刚性不足，随着领导的更迭变得反复无常。习近平在谈到决策时特别强调，"我们的政策举措出台之前必须经过反复论证和科学评估，力求切合实际、行之有效、行之久远，不能随便'翻烧饼'"。

（三）建立决策责任追究机制

行政决策特别是重大决策往往关乎人民的重大利益和公共安全，一旦出现决策不科学或失误，会严重损害公共利益，给地方的政治、经济和社会造成较大损失，并最终由全社会共同承担公共决策带来的损失。为监督决策机关审慎作出科学决策，《重大行政决策程序暂行条例（征求意见稿）》不仅规定了重大行政决策的必经程序，还进一步规定了相应的法律责任，即决策机关违反本条例规定，造成决策严重失误或者依法应当作出决策而久拖不决，造成重大损失、恶劣影响的，对行政首长、负有责任的其他领导人员和直接责任人员，依法依规给予处分。

实践中不少地方的法治政府工作报告中都指出，要建立重大决策跟踪反馈和责任追究机制，行政决策必须要按照法定程序走，如果政府没有按照法定程序来决策，造成重大损失，就要终身追究责任。之所以要实行重大行政决策责任终身追究和责任倒查机制，就是因为实践中一些行政领导、行政首长为追求政绩工程、面子工程，进行乱决策。拍脑袋决策，拍胸脯决策，决策错了之后拍屁股走人。这种乱决策、违法决策，不按民主程序决策、不按科学规律决策的情况是经常发生的，要建设法治政府，必须从纠正乱决策开始。要实现责任追究，必须建立重大行政决策实施后评价机制，积极引入公众评价机制，把群众满意作为评价决策成效的基本标准，加强决策执行情况的跟踪反馈，及时纠正工作中存在的问题。

四 深化行政执法体制改革是法治政府的必然要求

政府管理既不能越俎代庖，管了不该管的事情，也不能放任市场主体破坏公平竞争的市场环境，因此放松管制必须与严格管理相结合，加强行政执法，全面履行政府职责。行政执法是指行政主体依法采取直接或间接影响行政相对人权利义务的行为，或者对行政相对人行使权利、履行义务的情况进行监督和检查的行为。

法律的生命在于实施，行政执法是法律实施的关键环节，也是政府的基本职能，因此深化行政执法体制改革，直接关系到政府依法全面履行职能，关系到国家治理体系和治理能力现代化，关系到经济社会持续健康发展。习近平总书记指出，"行政机关是实施法律法规的重要主体，要带头严格执法，维护公共利益、人民权益和社会秩序"。近些年来，随着法治理念的逐步深入人心和民主法治建设的不断完善，行政机关执行法律、依法行政的状况有了很大改善，但仍然存在一些问题，突出表现为执法不规范甚至违法、枉法，包括执法不作为、执法乱作为两个方面，选择执法、人情执法、"钓鱼"执法的现象较为严重。导致执法乱象的原因是多方面的，有执法体制不畅的原因，有执法程序不完善的问题，也有执法人员素质低下的因素，更有甚者，有的行业的执法目的背离公益，是以罚款创收为目的的利益驱动执法。这些问题的存在，严重影响了法律的公正和权威，严重损害了党和政府形象，已经成为行政执法领域中群众普遍关注、各方面反映强烈的突出问题。为此，党的十八届四中全会提出，"深化行政执法体制改革，根据不同层级政府的事权和职能，按照减少层次、整合队伍、提高效率的原则，合理配置执法力量"。行政执法体制改革作为中国行政体制改革的重要组成部分，发展方向包括两个层面：纵向上理顺不同层级政府的事权和职能，减少执法层次；横向上推进综合执法和跨部门执法，整合、减少执法队伍种类。深化行政执法体制改革，一是要理顺执法体制，推动综合执法；二是要严格执法程序，规范执法行为；三是要提高行政执法人员的准入门槛，实行持证上岗和资格管理制度；四是须加强重点领域专项行政执法的规范化建设。

（一）推动综合执法体制改革

由于传统上实行条块分割的管理体制，各部门分行业设立执法队伍，所谓"大盖帽满天飞"，不仅导致执法力量分散，也容易造成重复检查和处罚，加重企业和群众负担。针对执法分散的情况，不少地方进行执法体制改革创新，尝试推行跨部门综合执法，集中行使执法权。所谓综合执法，是指一个执法主体依据一定的法律程序在合理的管理幅度范围内，综合行使多个行政主体法定职权的行政执法制度。综合执法有利于破除部门壁垒，解决传统执法体制带来的多头执法或推诿执法等问题。目前已经开展综合执法体制改革的领域包括城市管理、文化系统的跨部门综合执法，农业、交通等领域的相对集中行政处罚权，以各地行政服务中心为依托的相对集中行政许可权制度。

理顺城管执法体制，推行城市管理综合执法，是深化行政执法体制改革的重点领域。十八届三中全会报告提出，理顺城管执法体制，提高执法和服务水平。2015年12月，中共中央、国务院印发《中共中央 国务院关于深入推进城市执法体制改革 改进城市管理工作的指导意见》，为做好新时期城市管理和城市执法工作指明了方向。完善市县两级政府行政执法管理，推进综合执法，重点在食品药品安全、工商质监、公共卫生、安全生产、文化旅游、资源环境、农林水利、交通运输、城乡建设、商务等领域推行综合执法，支持有条件的领域推行跨部门综合执法。该意见还提出，到2017年底，实现住房城乡建设领域行政处罚权的集中行使。2016年之后，不少地方根据该意见制定推行市县综合行政执法的指导意见。例如，海南省人民政府于2017年印发《关于深化行政执法体制改革 推进市县综合行政执法的指导意见》（琼府〔2017〕19号），提出到2017年底，各市县建立适应"多规合一"、城市管理以及其他重点领域监管要求的综合行政执法体制，构建科学完备的综合配套机制，实现综合行政执法机构和政府职能部门职责边界清晰，行政执法体系集约高效、运作协调、规范有序的目标。

（二）严格行政执法程序

党的十八届三中全会报告提出，完善行政执法程序，规范执法自由裁量权，加强对行政执法的监督，全面落实行政执法责任制和执法经费由财政保障制度，做到严格规范公正文明执法。许多地方政府印发《关于改进和加强行政执法工作的意见》，开展行政执法专项检查和行政执法案卷评查，进一步规范行政执法工作，提高行政执法水平。不少省份制定规范行政处罚裁量权办法，实施行政处罚裁量基准动态管理，审查修订裁量基准并依法向社会公布，确保处罚力度与违法情节和损害程度相适应。完善行政执法经费财政保障机制，加大对执法部门的资金支持力度，严格执行"收支两条线"制度。为推进行政机关严格、规范、公正、文明执法，政府进一步完善执法程序，建立了行政执法全过程记录、重大行政执法决定法制审核、行政执法公示等三项制度，重点规范行政许可、行政处罚、行政强制、行政征收、行政收费、行政检查等执法行为。建立行政执法全过程记录制度，实现行政执法全程留痕，确保各个环节有据可查。建立重大行政执法决定法制审核制度，重大行政执法决定须经法制机构审核后作出。建立行政执法公示制度，依托政务网，将执法主体、依据、程序、进展、结果等内容向社会公开，接受监督。不少地方政府升级行政执法信息公示系统，网上行政执法大数据建设取得成效，通过整合市、区（市）行政处罚网上平台数据，实现辖区内行政处罚裁量权信息和处罚结果信息一站式公开和查询。

（三）加强行政执法队伍建设

行政执法直接面对企业和基层，执法队伍尤其是一线执法人员的职业素质如何，直接关系群众利益，关系政府形象，从某种意义上说，行政执法人员就是"看得见的政府"，行政执法人员的执法水平就代表了一个国家的法治水平。

为提升执法水平，树立良好的政府形象，各级政府对执法人员的队伍建设提出了严格要求。首先，提高执法人员的准入门槛。行政执法人员普遍实行持证上岗和资格管理制度，未经执法资格考试合格，不得授予执法资格，不得从事执法活动。目前，各地严格实行行政执法人员持证上岗和资格管理制度，在辖区内开展行政执法人员专项清理与行政执法证件审验工作，注销不在执法岗位或不符合持证要求的行政执法人员证件。从2018年开始，行政机关中初次从事行政处罚决定审核、行政复议、行政裁决、法律顾问的公务员需要参加统一法律职业资格考试。虽然目前要求行政执法人员参加统一的法律职业资格考试还不现实，但是将行政执法人员纳入法治专门队伍则是趋势。其次，加强对上岗人员的执法教育和专业培训，推进教育培训制度化、常态化，提高执法人员解决突出矛盾和复杂问题的能力。各地举办的培训班包括行政执法听证主持人培训班、行政执法人员年审法律知识更新骨干培训班以及新增行政执法人员公共法律知识培训班等。再次，推行行政执法绩效考核制度，强化行政执法责任制。各地全面落实行政执法责任制，严格确定不同部门及机构、岗位执法人员执法责任，建立责任追究机制。加强执法监督，执法依据和结果向社会公开公示，排除对执法活动的干预，防止和克服地方和部门保护主义，惩处执法腐败现象。最后，保障行政执法力量和经费是实行严格规范公正文明执法的基本条件，也是消除当前各种执法乱象的治本之策。执法力量向基层倾斜，科学配置人员编制，充实加强市县和基层一线执法力量，保证重点领域执法需要。全面落实行政执法经费队伍保障制度，确保执法人员工资足额发放。严格执行罚缴分离和收支两条线管理制度，严禁收费罚没收入同部门利益直接或者变相挂钩。

（四） 规范关键领域行政执法

在政府执法的诸多领域中，公安机关在治安、消防、户政、交通管理等方面拥有广泛的权力，并且可以直接对人身权和财产权采取强制措施，因此是政府行政的关键领域，公安行政执法是政府执法的缩影。公安执法不仅关乎社会稳定和公平正义，而且事关人民群众的人身财产权利，一举一动都会引发社会高度关注。2016 年、2017 年，出现了诸如北京雷洋案、兰州民警粗暴执法案、上海民警执法摔童事件等公安执法不规范的案例，这些案例不仅刺痛了公众的神经，而且将公安执法推上了风口浪尖。公安是和平时期付出最多、牺牲最大的执法队伍，为国家安全和社会稳定作出了巨大的贡献，但部分公安人员执法简单粗暴也饱受诟病，推动公安执法规范化势在必行。2016 年，国务院办公厅印发了《关于规范公安机关警务辅助人员管理工作的意见》和《关于深化公安执法规范化建设的意见》，明确了今后公安执法工作的重心，指引了公安执法队伍建设的方向，为进一步深化法治政府建设奠定了基础。

五　全面推进政务公开是法治政府的必然选择

在现代法治语境下，依法行政，建设法治政府，不仅要求政府依法获得、行使权力，并且行政权力的行使过程要阳光透明。2007 年，国务院制定《政府信息公开条例》，首次以行政法规的形式确立了中国的政府信息公开制度。此后，政府信息公开从国家层面和地方层面都取得了巨大的进步，政府机关有义务公开政府信息、保障公众知情权的观念逐步深入人心，政府信息公开逐步成为政府的常态工作。公开政府信息、提升政府透明度是建设法治政府的基石，是构建服务型政府的重要保障。党的十八大报告提出，推进权力运行公开化、规范化，完善党务公开、政务公开、司法公开和各领域办事公开制度，让权力在阳光下运行。十八届三中全会提出，"推行地方各级政府及其工作部门权力清单制度，依法公开权力运行流程。完善党务、政务和各领域办事公开制度，推进决策公开、管理公开、服务公开、结果公开"。十八届四中全会报告在谈到"全面推进政务公开"时进一步指出，"坚持以公开为常态、不公开为例外原则，推进决策公开、执行公开、管理公开、服务公开、结果公开"，"各级政府及其工作部门依据权力清单，向社会全面公开政府职能、法律依据、实施主体、职责权限、管理流程、监督方式等事项"。2016 年 2 月，中共中央办公厅、国务院办公厅印发实施《关于全面推进政务公开工作的意见》，对政务公开进行界定，即行政机关全面推进决策、执行、管理、服务、结果全过程公开，加强政策解读、回应社会关切、推进平台建设、实现数据开放，保障公众知情权、参与权、表达权和监督权，增强政府公信力、执行力，提升政府治理能力。2016 年 11 月国务院办公厅印发《〈关于全面推进政务公开工作的意见〉实施细则》，拟在全国选取 100 个县（市、区）作为试点单位，推进基层政务公开标准化规范化。

从 2012 年以来，透明政府建设每年都按照固定的节奏和特色推进。2012 年建立了政府信息公开工作的总体框架，2013 年进一步细化政府信息公开工作，将其延伸至政府工作的方方面面，包括财务公开。2014 年，政府在总体工作稳步推进的基础上进一步加大重点领域的公开工作，如公众特别关心的环境保护督察工作。2015～2016 年，政务公开工作与互联网结合，形成了"互联网+政务"的政务公开新阶段。在互联网时代，中国政务公开的范围得到前所未有的拓展，公开的形式更加多元，将公开与服务相结合，逐步树立起阳光、透明、亲民的形象。

（一）政务公开在重大领域取得突破

党的十八届四中全会提出，"重点推进财政预算、公共资源配置、重大建设项目批准和实施、社会公益事业建设等领域的政府信息公开"。《关于全面推进政务公开工作的意见》也重申了推动这些领域的政府信息公开工作。以下仅以预算公开和政府采购公开为例加以说明。

全面规范、公开透明的预算制度是国家治理体系和治理能力现代化的基础和重要标志，是强化预算约束、规范政府行为、实施有效监督，把权力关进制度笼子的重大改革举措。预算公开是建立和实施全面规范、公开透明的现代预算制度的重要抓手和推动力。近年来，中国的预算公开得到了实质性突破，主要表现为：①基本确立了预算公开法制框架，2014年修订《预算法》，增加预算公开规定，初步形成了以《预算法》《政府信息公开条例》为统领，以《国务院关于深化预算管理制度改革的决定》《关于进一步推进预算公开工作的意见》为指南，涵盖政府预算、部门预算和转移支付预算多层次、多方位，具有中国特色的预算公开法制模式；②基本形成了财政部门公开政府预算、转移支付预算，各部门公开部门预算的预算公开体系；③预算公开方式日益完善，形成了以表格、文字、视频等为主要公开内容，以政府网站为主体，政府公报、报刊、广播、电视、实体政务服务中心为补充，政府网站与新闻网站、商业网站等合作协同的多平台、多渠道公开格局，公开和获取预算信息更加快捷、便利。

公开是政府采购制度的本质要求，是构建法治政府、规范财政资金使用的有效保障，也是规范政府采购活动、提升政府采购公众认知度及认可度的必然要求。《政府采购法》及其实施细则明确将公开透明作为政府采购制度的基本原则之一。2015年《政府采购法实施条例》明确要求，"政府采购项目信息应当在省级以上人民政府财政部门指定的媒体上发布，采购项目预算金额达到国务院财政部门规定标准的，政府采购项目信息应当在国务院财政部门指定的媒体上发布"。财政部也多次发布文件，明确和细化公开要求与标准，《政府采购信息公告管理办法》规定，除涉及国家秘密、供应商的商业秘密，以及法律、行政法规规定应予保密的政府采购信息以外，有关政府采购的法律、法规、规章和其他规范性文件，省级以上人民政府公布的集中采购目录、政府采购限额标准和公开招标数额标准，政府采购招标业务代理机构名录，招标投标信息（包括公开招标公告、邀请招标资格预审公告、中标公告、成交结果及其更正事项等），财政部门受理政府采购投诉的联系方式及投诉处理决定，财政部门对集中采购机构的考核结果，采购代理机构、供应商不良行为记录名单，法律、法规和规章规定应当公告的其他政府采购信息都需要公开。财政部在《关于印发 2015 年政府采购工作要点的通知》中强调，着力提升政府采购透明度，并在《关于做好政府采购信息公开工作的通知》中再次重申了政府采购信息的公开要求。2017 年财政部出台《关于进一步做好政府采购信息公开工作有关事项的通知》（财库〔2017〕86 号），提出自 2017 年 9 月起，公开成交记录；统一发布平台，依托中国政府采购网建立地方分网；完整地全面发布政府采购信息。

（二）政务信息数据服务平台立体多元

在"互联网+政务"时代背景下，政府不断创新政务公开方式，加强互联网政务信息数据服务平台建设。目前，移动端已逐渐成为公众获取资讯的主要方式，国务院各部门和地方各级政府敏锐把握这一趋势，积极拓展政务公开渠道，探索新媒体应用，"两微一端"成为政府信息公开的常态模式。政务信息公开平台的发展沿着从线下到线上、从 PC 端到移动端、从"广场喇叭"到"圈子传播"的路径，除了传统的门户网站发布方式外，多个地方和部门的政务公开都采用了微博、微信、App 同步推送的方式，使人们对政务信息的获取、下载更为便利，观感更为立体、多元。

（三）政务公开由单向转为互动模式

近年来，国家越来越重视信息公开，已经将公开作为推动改革、推动简政放权、转变政府治理方式、构建新型政民关系的手段，强调公开、解读、回应三位一体式的公开，对政府信息公开的要求也越来越高。传统上，政务公开是单向的，政府基于满足公众知情权的需要向社会单向披露信息，随着民众的参与意识越来越强，民众不仅仅满足于被告知，还需要政府及时了解和回应公众关注的焦点问题。

2016 年 9 月，国务院印发《国务院关于加快推进"互联网+政务服务"工作的指导意见》，为推进"互联网+政务服务"制定了任务表和路线图。"互联网+政务服务"除了能为公众提供更为丰富的信息和数据之外，还可以实现网络预约、提交申请、预审等相关服务，极大地提高了政府服务效率，方便了企业和公众办事。但目前政府之间的数据资源协同共享、业务系统互联互通未实现突破，各类数据中心无法互联互通，而且还重复建设，造成了一定的浪费。对此，国务院办公厅印发《政务信息资源共享管理暂行办法》，为推动部门之间的信息共享提供了基本思路，政务信息资源应当以共享为原则、不共享为例外。对于无条件共享信息，使用部门可以直接在共享平台上获取；对于有条件共享信息则需要提出申请，提供部门则应当在十个工作日内答复；对于不予共享信息则由使用部门与提供部门协商解决。各地政府借助政务服务网，切实扩大网上办事范围，方便人民群众通过互联网查询、办事、提出意见和建议，以互联网思维强化政府在线便捷、高效、透明的行政服务功能。政务公开不再是"花瓶式"的形象工程，而是真正能让民众得到实惠的惠民工程。

六　问题与展望

建设法治政府的目标确立之后，尤其是 2012 年以来，中国的依法行政建设取得了前所未有的成就，通过深化行政审批制度改革、健全依法决策机制、严格规范执法和提升政府透明度，为建成职权法定、决策科学、执法有力、公开透明的法治政府和服务型政府奠定了坚实的基础。然而，法治政府建设在取得上述成效的同时，受传统官场文化的影响，不少行政管理者对行政权力的来源与本质的认识还有待提升，对法治的理解不能仅仅停留于表面，还要从内心尊崇权利和法律。法治政府建设还应在某些领域加强顶层设计，在某些地方真正贯彻落实顶层设计方案，减少"纸上法治""口头法治"，多一些法治实践。

以行政审批制度改革为例，应避免或减少事前监管的惯性思维干扰，清理和下放审批事项应实事求是，而不能避重就轻，仅仅清理和下放一些细枝末节，更不能为了营造改革效果而做数字游戏，让那些本来就不应该存在但能带来实际利益的审批事项真正得到清理。行政审批制度改革只有破除权力迷信、斩断利益输送链条，才能取得实质性进展，最终达到转变政府职能，厘定政府、市场和社会界限的目的。行政审批制度改革的背后是政府与市场、中央与地方的利益博弈，目前行政审批制度改革不能完全由政府操刀，应该吸纳相关公众、专家、企业等多元社会主体的参与，并用严格的法定程序规范改革过程，审批事项的存、改、废需要进行科学的成本—收益分析。

法治政府建设过程中也难免会出现形式主义的问题，如在推行政府依法决策进程中，行政决策程序存在搞形式、走过场的现象。按照相关的规定，重大事项的决策必须经过专家论证等程序，但是实践中专家论证往往流于形式，应当进行专家论证而没有进行，对专家提出的合理可行的论证意见和建议不予采纳。未来在法治政府建设过程中要预防和克服形式主义的问题，不断提升法治理念，强化规则意识，并进行完善的制度设计。

在法治政府建设过程中，对于审批权的集中行使、综合执法以及事前事中事后监管还存在争议，要进一步推进法治政府建设，还须加强对相关理论问题的研究。未来，法治政府建设应该在鼓励地方法治创新的同时，从理论上对行政权的内部结构进行论证分析，从而就权力配置制订顶层设计方案。从趋势看，行政权力纵向扁平化和横向大部制的发展方向是确定的，并且就行政权力内部而言，各部门的审批权集中到审批局行使、执法权集中到综合执法局也应该是大势所趋。因为权力的分段行使可以有效避免"以审代管""以罚代管"，也更能提高行政效率，破解"事多人少"的矛盾。

另外，法治政府建设需要破除对全能政府的迷信，必须承认政府是有限的，管理事项是有限的，管理能力也是有限的。现代监管模式总是强调事前事中事后全程监管，这种监管模式看似全环节无漏洞，却是不计成本的，且高估了政府的监管能力。事实上，最为有效的监管应该是降低准入门槛，但设定严苛的事后监管机制，并借助日益完善的社会诚信体系，淘汰违法的市场主体，最终达到净化市场的效果。这种事后监管的公法机制还应与侵权赔偿、产品质量保险等私法机制相结合，从而提升社会治理能力和治理水平。当然，在信息透明、共享的时代，政府治理不是单向的，应该与社会互动才能达到社会共治的目的。

最后，法治政府建设须引入科学的评估机制。中共十九大报告提出，到2035年，中国法治国家、法治政府、法治社会基本建成，各方面制度更加完善，国家治理体系和治理能力现代化基本实现。法治政府建设成效如何不能靠政府自说自话，仅靠行政化的考核难以发挥导向激励推动作用，应引入中立客观的第三方评估机制，构建科学合理的评估指标体系。

当然，法治政府建设是事关全局的系统性工程，受到各方面的掣肘，不能单靠政府单枪匹马、孤军奋战。首先，要进一步加强党的领导，将法治政府建设事业置于党的坚强领导之下。党的十九大提出，"成立中央全面依法治国领导小组，加强对法治中国建设的统一领导"。中央全面依法治国领导小组的成立将为进一步深化依法治国实践、建设法治政府提速增效，有助于统一全国人民在依法治国方面的认识、思想和意志，形成深化依法治国实践的强大合力。当然，作为执政党，中国共产党更应该加强自身建设，自觉接受宪法和法律的约束。其次，权力机关作为立法和监督机关，应切实履行制定法律和监督法律实施的职责。在立法方面，一是实施好"法律保留"原则，保证立法权不受行政权的侵蚀；二是提高立法质量，在加大专家立法的比重、吸纳公众参与立法的基础上，制定操作性强的法律，尽量避免"二传手"式立法。2006年通过的《各级人民代表大会常务委员会监督法》进一步明确了各级人大常委会对政府机关的监督权，包括审议、执法检查、询问和质询、特定问题的调查、撤销有关领导的职务等权力以及相应的程序。具体而言，应加强人大对行政立法、机构编制、财政开支、行政执法的检查监督，当然，要切实有效地落实人大对政府的监督，除了需要法治化的保障，还需要人民代表大会制度本身的完善，而这最终又依赖于中国政治体制改革的推进。完善人大对党委的监督。最后，坚持独立公正的司法。司法审查是国家通过司法机关对其他国家机关行使公共权力的行为进行审查监督，从而纠正违法行为并对权益受害方给予补偿救济的法律制度。要深入推进司法体制改革，真正实现让人民群众在每个案件中感受到公平正义，增强民众的司法获得感。

政府法治发展

第一章　2002 年中国行政法治

摘　要：2002 年，国务院的法制工作面临着新的任务和要求：一是国际形势跌宕起伏，复杂多变，我国面临的国际环境仍然是机遇大于挑战，但不确定因素增多，形势严峻；二是国际上美、日、欧三大经济体同时陷入衰退期，我国面临比亚洲金融危机更为严峻的国际经济形势；三是加入世界贸易组织对政府法制建设提出了新的更高要求，需要对现行行政管理观念、体制、方式进行深刻变革，突破影响生产力发展的体制性障碍。在法律制度上也需要处理好既严格履行我国的对外承诺，又善于利用世界贸易组织规则保护自己、发展自己，努力做到趋利避害等问题。本文主要从立法工作和依法行政两个方面分析研究 2002 年国务院法制工作。

2002 年，国务院的法制工作面临着新的任务和要求。一是国际形势跌宕起伏，复杂多变，中国面临的国际环境仍然是机遇大于挑战，但不确定因素增多，形势严峻。这就要求加强有关制度建设，高度警惕和防止民族分裂势力、宗教极端势力、暴力恐怖势力的破坏活动，确保中国社会稳定。二是国际社会中，美、日、欧三大经济实体同时陷入衰退期，中国面临着比亚洲金融危机更为严峻的国际经济形势。在这种形势下，国务院法制工作如何为经济稳定发展创造良好的法制环境，提供有力的法制保障，需要认真探索。三是加入世界贸易组织对政府法制建设提出了新的更高要求，需要对现行行政管理观念、体制、方式进行深刻的变革，突破影响生产力发展的体制性障碍。在法律制度上也需要进行认真研究，处理好既严格履行中国的对外承诺，又善于利用世界贸易组织规则保护自己、发展自己，努力做到趋利避害等问题。

一 立法工作

2002年，国务院向全国人大常委会提交审议的法律议案9件，提请审议的国际条约议案19件，公布行政法规24件。

（一）直接关系广大人民群众切身利益的立法和维护社会稳定与公共安全迫切需要的立法

为了公正合理地处理医疗事故，保障医患双方的合法权益，制定了《医疗事故处理条例》，该条例明确了医疗事故的概念，规定了医疗事故的预防与处置、医疗事故的技术鉴定、对发生医疗事故的医疗机构和医务人员的处理和对患者的赔偿等方面的内容。该条例的制定适应了中国经济和社会发展的需要，对科学公正地处理医疗纠纷，维护医患双方合法权益，保持社会稳定，起到了积极作用。另外，为了保护未成年人的身心健康，促进义务教育制度的实施，保护未成年人的合法权益，制定了《禁止使用童工规定》；为了保证作业场所安全使用有毒物品，预防、控制和消除职业中毒危害，制定了《使用有毒物品作业场所劳动保护条例》。

为了进一步完善公民身份证制度，证明公民身份，提出了《公民身份证法（草案）》的议案；为了加强对守护、押运公务用枪的管理，保障专职守护、押运人员正确使用枪支，制定了《专职守护押运人员枪支使用管理条例》。

为了防治放射性污染，保障公众健康，促进核能和核技术在社会主义现代化建设中的作用，及时提出了《放射性污染防治法（草案）》的议案；为了加强对危险化学品的安全管理，保护环境，制定了《危险化学品安全管理条例》；为了加强内河交通安全管理，维护内河交通秩序，制定了《内河交通安全管理条例》。

（二）履行世贸组织协定与中国对外承诺的立法

在对外贸易和进出口商品检验方面，及时向全国人大常委会提出了《进出口商品检验法修正案（草案）》的议案。为了进一步加强对军品出口的统一管理，完善军品出口管理制度，同时配合外交工作，及时修改了《军品出口管理条例》。在导弹及相关双用途物项和技术出口管制、生物两用品及相关设备和技术出口管制方面，中国政府一贯反对扩散大规模杀伤性武器及其运载工具，采取慎重和负责的态度，严格按照本国防扩散政策和有关国际承诺行事。为了完善中国出口管制立法，维护国家安全和社会公共利益，加强敏感物项和技术出口管制，履行中国对外承诺，更好地规范中国导弹及相关物项和技术出口管理、生物两用品及相关设备和技术出口管理，根据国际和国内形势，在总结和分析本国出口控制实践、借鉴他国经验的基础上，制定了《导弹及相关物项和技术出口管制条例》《生物两用品及相关设备和技术出口管制条例》，主要规定了条例的适用范围、管理部门、管理机制、审批程序等内容。

在投资措施方面，中国加入 WTO 以后，1995 年 6 月 20 日国务院批准公布的《指导外商投资方向暂行规定》中有些内容与 WTO 有关规则和中国政府的有关承诺不尽一致，还有一些内容已经明显不适应新形势的需要，给暂行规定的实施和中国政府履行加入 WTO 有关承诺带来不少潜在的困难。为了解决上述问题，国务院及时制定了新的《指导外商投资方向规定》。

在知识产权保护方面，为了加强对奥林匹克标志的保护，保障奥林匹克标志权利人的合法权益，保证北京顺利举办 2008 年奥运会，制定了《奥林匹克标志保护条例》；为了与世贸组织《与贸易有关的知识产权协议》和新修订的《商标法》相适应，完善程序，提高商标注册与管理的效率，加大对侵犯商标专用权的打击力度，保护当事人的合法权益，修改了《商标法实施条例》。为了与修改后的《著作权法》的规定及世贸组织

《与贸易有关的知识产权协议》的规定一致，更好地保护文学、艺术和科学作品作者的著作权，以及与著作权有关的权益，修改了《著作权法实施条例》。

在服务贸易方面，为了履行中国有关承诺，适应保险业内部结构和外部环境的变化，及时向全国人大常委会提出了《保险法（修订草案）》的议案。为了更好地贯彻实施修订后的《药品管理法》，履行中国加入世贸组织时作出的承诺，及时修订了《药品管理法实施条例》。

这些法律法规的制定和修改在世界贸易组织对中国进行的首次过渡性政策审议中得到了成员的一致肯定。

（三）宏观经济管理以及农业、林业等经济领域的立法

为了进一步加强税收征管，保障国家税收收入，保护纳税人的合法权益，2001 年修订的《税收征收管理法》针对税收征管面临的新情况、新问题，重点在强化税源管理、健全基础制度等方面作了修改。为了保障修订后的《税收征收管理法》贯彻实施，2002 年国务院对《税收征收管理法实施细则》进行了修改完善。一是对修订后的《税收征收管理法》关于强化税收征管基础制度的规定作了细化和补充。二是对税务机关的执法权限和程序作了细化和补充。三是明确了省以下税务局稽查局的职责。另外，为了加强海关队伍建设，增加海关关员的责任感、荣誉感和组织纪律性，有利于海关依法履行职责，提出了《海关关衔条例（草案）》的议案。

为了健全和完善草原法律制度，强化对草原的保护、建设和合理利用，调动广大牧民生产和保护生态的积极性，起草并提出了《草原法（修订草案）》的议案。为了规范退耕还林活动，保护退耕还林者的合法权益，巩固退耕还林成果，优化农村产业结构，改善生态环境，制定了《退耕还林条例》。这些法律法规的制定和修改，对加强农业、林业在国民经济中的基础地位，保证可持续发展战略的贯彻实施，开创农业和林业发展的新局面具有重要意义。

为了加强国家对港口建设和发展的宏观调控，规范港口的经营行为，维护港口经营者、使用者等各方当事人的合法权益，提出了《港口法

（草案）》的议案；为了加强测绘管理，更好地保障测绘事业为国家经济建设服务，提出了《测绘法（修订草案）》的议案。为了规范旅行社组织中国公民出国旅游活动，保障出国旅游者和出国旅游经营者的合法权益，制定了《中国公民出国旅游管理办法》。为加强对住房公积金的管理，促进城镇住房建设，修订了《住房公积金管理条例》。

（四）规范政府共同行为的立法

为了巩固行政审批制度改革成果，规范行政许可的设定和实施，促进政府职能转变，及时提出了《行政许可法（草案）》的议案。

（五）其他立法

为了加强对人工影响天气工作的管理，防御和减轻气象灾害，制定了《人工影响天气管理条例》。为了加强对地质资料的管理，充分发挥地质资料的作用，保护地质资料汇交人的合法权益，制定了《地质资料管理条例》。

为了加强对互联网上网服务营业场所的管理，规范经营者的经营行为，维护公众和经营者的合法权益，保障互联网上网服务经营活动健康发展，促进社会主义精神文明建设，制定了《互联网上网服务营业场所管理条例》。为了与修改后的《专利合作条约》有关国际申请进入国家阶段的期限的规定相一致，避免导致申请人失误增加，造成不必要的纠纷，及时修订了《专利法实施细则》。为了规范社会抚养费的征收管理，确保《人口与计划生育法》的顺利实施，制定了《社会抚养费征收管理办法》。

另外，国务院还制定了《行政区域界线管理条例》，明确了已勘定的行政区域界线的法律地位和行政区域界线的管理制度，对避免因行政区域界线不清引发的争议，确保行政区域界线附近地区的社会稳定、经济发展和民族团结，起到了重要作用。

国务院全年向全国人大常委会提请审议《禁止和立即行动消除最恶劣形式的童工劳动公约》《〈消除一切形式种族歧视国际公约〉等四个人权公约修正案》《上海合作组织宪章》《冲突引渡条约》等公约、条约的议案 19 件。

二 依法行政

（一）贯彻实施《行政复议法》

2002 年国务院行政复议工作的重点是研究、制定实施《行政复议法》的有关配套制度，加强对实施《行政复议法》有关问题请示的询问答复工作，积极指导地方行政复议工作的开展，健全全国行政复议、应诉工作的统计制度，认真做好《行政复议法》规定由国务院受理的行政复议案件的受理和审理工作。

1. 行政复议制度建设情况

在总结两年来全国实施《行政复议法》实践经验的基础上，探索进一步完善行政复议工作制度的思路。全面调查了解了各地方、各部门行政复议机构设置、人员配备、行政复议经费渠道等三个方面的行政复议工作的情况；收集了各地方、各部门在实施《行政复议法》过程中遇到的问题，拟出了问题汇总材料；了解各地方、各部门行政复议配套制度制定情况，并对各地方、各部门报送的实施《行政复议法》的情况进行研究，拟出初步分析意见，为研究、草拟《行政复议法实施条例》进行前期准备工作。

2. 对实施《行政复议法》有关问题的询问答复工作

办理地方和部门有关请示 37 件，对《行政复议法》有关适用问题作了解释，主要包括以下几方面。

一是关于具体行政行为的认定。《关于对建设部办公厅〈关于对房屋拆迁政策法规的答复是否属于具体行政行为的请示〉的复函》（国法秘函〔2002〕148 号）明确指出："对四川省建设委员会《关于对自贡市房地产管理局〈关于对自贡市高新技术产业开发区房屋拆迁如何执行法规政策的请示〉的答复》（川建委房发〔1999〕0125 号）的性质认定问题，你们（建设部）认为：'该答复是对《土地管理法》和《城市房屋拆迁管理条例》适用问题的答复，并不是针对行政相对人、就特定的具体事项、做出的有关行政相对人权利义务的单方行政行为，因此不属于具体行政行为。'对此，我们没有不同意见。"

二是关于行政复议的管辖问题。《对海南省法制办公室〈关于行政复议管辖权限有关问题的请示〉的复函》（法函〔2002〕246 号）对省级人民政府设立的开发区作出的具体行政行为的行政复议管辖问题批示如下："公民、法人或者其他组织对省级人民政府设立的派出机关所属工作部门做出的具体行政行为不服，由当事人选择，可以向该派出机关申请行政复议，也可以向该省级人民政府所属的相应主管部门申请行政复议。"

三是关于行政法规的认定及复议前置问题。《对〈国家计委关于请明确"价格违法行为行政处罚规定"的法律效力及价格行政处罚适用复议前置程序问题的函〉的复函》（国法函〔2002〕259 号）明确指出，国务院办公厅 1987 年 4 月 21 日发布的《行政法规制定程序暂行条例》第 15 条规定："经国务院常务会议审议通过或者经国务院总理审定的行政法规，由国务院发布，或者由国务院批准、国务院主管部门发布。"这一规定在《立法法》于 2000 年 7 月 1 日施行前是有效的。据此，1999 年 7 月 10 日经国务院批准、1999 年 8 月 1 日由国家发展计划委员会令第 1 号发布的《价格违法行为行政处罚规定》，属于行政法规。根据《国务院办公厅关于开展现行行政法规清理工作的通知》（国办发〔2000〕5 号）所附现行行政法规目录和国务院对行政法规进行清理的结果，《价格违法行为行政处罚规定》是现行有效的行政法规；该行政法规中关于行政复议前置的规定，应当依照《行政诉讼法》第 37 条第 2 款关于"法律、法规规定应当先向行政机关申请复议，对复议不服再向人民法院提起诉讼的，依照法律、法规的规定"的规定执行。

四是关于行政复议的期限问题。《关于对内蒙古自治区人民政府法制办公室〈关于行政复议期限有关问题的请示〉的复函》（国法函〔2002〕258 号）明确指出："行政复议机关审查行政复议申请，认为申请人提供的申请材料不齐，难以认定该申请是否符合法定受理条件的，可以要求申请人补正；行政复议机关做出行政复议决定的期限自收到补正申请材料之日起计算。"

五是关于行政复议的终止审理问题。《对北京市人民政府法制办公室〈关于终止审理余国玉复议案件的请示〉的复函》（国法函〔2002〕3 号）

明确指出："行政复议机关受理行政复议申请后，发现该行政复议申请不符合《中华人民共和国行政复议法》规定的，可以决定终止行政复议。"

六是关于行政复议的法律适用问题。《关于对国家经贸委〈关于审理行政复议案件中有关法律适用问题的请示〉的复函》（国法函〔2002〕260号）明确指出，经国务院同意，1995年11月8日国家计委、国家经贸委发布的《关于改进工业盐供销和价格管理办法的通知》（计价格〔1995〕1872号），适应社会主义市场经济的要求，对工业用盐供销体制作了重大改革。地方政府规章与该通知规定不一致的，应当按照该通知的规定执行。

3. 积极指导地方行政复议工作的开展

一是协助举办了第三次全国行政复议协作会议。二是参加公安部行政复议工作会议，参加最高人民法院、国土资源部、外经贸部、公安部和北京、江西、内蒙古等地方和部门召开的行政复议工作会议。

4. 健全全国行政复议、应诉工作的统计制度

2002年加强了全国行政复议、应诉案件情况的统计汇总和催报工作。在此基础上，对2002年全国31个省、自治区、直辖市和42个国务院部、委、局复议应诉案件情况进行了统计分析，编写了《2002年行政复议、应诉案件统计分析报告》。

5. 认真做好由国务院受理的行政复议案件的受理工作

2002年1月1日至12月31日，收到向国务院提出的行政复议申请材料311件，办结300件。其中直接受理8件（已结2件），作出不予受理57件，作出告知书19件，转送地方或者部门处理23件，其他方式处理193件（电话处理，不予答复等）。另外，还承办了领导交办的其他案件2件，接待行政复议来信来访153人次。

（二）贯彻实施《法规规章备案条例》

根据《立法法》和《法规规章备案条例》的规定，国务院法制办公室负责国务院的法规规章备案工作，履行备案审查监督职责。截止到2003年1月31日，国务院法制办公室对各省、自治区、直辖市人民政府和国务院各部门（以下简称各地各部门）2002年制定并报送国务院备案的 1917 件法规规章（其中地方性法规 899 件，自治州、自治县的自治条例和单行条例 52 件，地方政府规章 736 件，国务院部门规章 230 件）进行了备案登记，同时，按照有关法律、行政法规的要求对上述已经备案的法规规章进行了备案审查。

1. 制定并报备的地方性法规规章情况

各地各部门 2002 年制定并报送国务院备案的 1917 件法规规章，具有以下特点。

（1）法规规章的制定数量较往年有所增加。就 2002 年 1 月 1 日至 2003 年 1 月 31 日整个法规规章报备年度内报送国务院备案的法规规章来看，各地各部门 2002 年法规规章的制定数量较上年增加了 11.7%。

（2）修改和废止性的法规规章所占比例较高。已经进行备案登记的 1917 件法规规章中，属于具体实施有关法律或者法规（实施性）的有 1120 件，占全部法规规章的 58.4%；属于根据制定机关的职责权限制定（创制性）的有 181 件，占全部法规规章的 9.5%；属于对现行法规规章进行修改或者废止的有 625 件，占全部法规规章的 32.6%。与往年相比，创制性法规规章的数量下降了近 13 个百分点，修改和废止性法规规章的数量则提高了 14 个百分点。可以看出，2002 年各地各部门普遍加强了法规规章的清理工作，并取得了明显成效。

（3）各地各部门的报备工作又有新的起色。2002 年，各地各部门按照《法规规章备案条例》和《国务院法制办公室关于印发规章备案格式的通知》要求，进一步规范了报备工作。具体表现在以下方面。第一，从总体上解决了"制而不备"的问题，即基本上消除了法规规章应当报备而没有报备的现象，法规规章备案制度得到更深入的贯彻和落实。第二，一些地方和部门报备材料不全、报备格式不符合要求的情况普遍得到改正，法规规章报备工作的规范化进一步提高。第三，及时报备率大幅度提高。在法定期限（公布后 30 日内）的报备率从 50% 左右提高到 75% 以上。第四季度的及时报备率达到了 97.8%。第四，通过贯彻落实法规规章备案监督制度，一些不符合制定程序的法规、规章得到纠正，特别是规章制定的规范化程度大大提高。但是，还存在个别地方政府和国务院部门未能很好地履行规章备案义务的情况，主要表现在未按国务院法制办公室的格式要求统一装订备案材料、将本单位制定的规章一次性年终"凑堆"报备或者每半年"凑堆"报备、未按《法规规章备案条例》第19条的规定将本单位全年所制定的规章目录报国务院法制办公室备查。

2. 地方性法规、规章审查情况

2002年，国务院法制办公室对报送国务院备案的全部法规规章进行了初步审查，并对经初步审查认为存在与上位法不一致的法规规章进行了重点审查。2002年共重点审查地方性法规、规章以及各级政府及其部门的规范性文件97件，其中行政机关、社会团体、企业事业组织和公民认为地方性法规、规章、规范性文件与上位法相抵触而向国务院书面提出的审查建议45件。重点审查的法规、规章和规范性文件存在的问题，从内容上可以分为五类。一是违反法律、行政法规的规定设定行政许可、行政收费、行政处罚和行政强制措施。具体表现为扩大或者缩小上位法规定的管理事项范围、增加或者减少上位法规定的种类、提高或者降低上位法规定的幅度等。二是在有关市场经济活动的法规规章中，违反上位法规定或者自行设定实行地区封锁的内容。三是违反上位法规定或者自行设定增加管理相对人义务的内容，违反上位法规定或者自行设定降低或减少管理相对人合法利益的内容。四是超越本地区、本部门的权限规定行政管理的有关事项和内容。五是法规规章的制定程序不符合或者不完全符合法律、行政法规的规定。

（三）贯彻实施《行政处罚法》

《行政处罚法》第16条规定："国务院或者经国务院授权的省、自治区、直辖市人民政府可以决定一个行政机关行使有关行政机关的行政处罚权，但限制人身自由的行政处罚权只能由公安机关行使。"国务院对贯彻《行政处罚法》确立的相对集中行政处罚权制度十分重视，多次下发文件作出具体部署，取得了显著成效。从1997年到2002年7月底，按照国务院有关文件的规定，23个省、自治区的79个城市和3个直辖市经批准开展了相对集中行政处罚权试点工作。其中2002年国务院批准重庆、太原等25个城市开展相对集中行政处罚权试点工作。实践证明，相对集中行政处罚权制度对深化行政管理体制改革、加强行政执法队伍建设、改进行政执法状况、提高依法行政水平，起到了积极作用，进一步在全国推进相对集中行政处罚权工作的时机已经成熟。为此，依照《行政处罚法》的规定，国务院于 2002 年 8 月 2 日发布了《国务院关于进一步推进相对集中行政处罚权工作的决定》，授权省、自治区、直辖市人民政府可以决定在本行政区域有计划、有步骤地开展相对集中行政处罚权工作。

（参见法治蓝皮书《中国法治发展报告 No.1（2003）》）

第二章 2003 年中国行政法治

摘　要：2003 年，新一届政府把全面推进依法行政摆上了政府工作的重要日程。本文从政府立法、行政管理体制、行政监督以及依法行政理论创新等方面研究 2003 年新一届政府的行政法治建设情况。

2003 年，新一届国务院把全面推进依法行政摆上了政府工作的重要日程。

一　适应社会主义市场经济发展、社会全面进步和扩大对外开放的需要，加强政府立法工作

新一届国务院成立后，高度重视政府立法工作，把提高政府立法工作质量放在突出位置，要求制定的行政法规应当符合宪法和法律的规定，遵循并反映市场经济和社会发展的客观规律，反映最大多数人民的最大意愿，并且能切实解决实际问题。国务院 2003 年向全国人大常委会提交法律议案 5 件、条约议案 19 件，制定公布行政法规 28 件，政府立法工作取得了新的成绩。

（一）及时制定、公布《突发公共卫生事件应急条例》，将突发公共卫生事件应急处置纳入了法制化轨道，为依法抗击"非典"提供了有力的制度保证

为了解决"非典"防治工作中暴露出来的信息不准、反应不快、应急准备不足等问题，国务院及时制定了《突发公共卫生事件应急条

例》。为了确保条例的全面、准确施行，国务院于 5 月 15 日召开贯彻实施《突发公共卫生事件应急条例》座谈会，国务院重要领导同志到会作了重要讲话，要求对该条例广泛宣传，努力做到家喻户晓、人人皆知。

《突发公共卫生事件应急条例》把政府如何应对危机和处理突发事件及时纳入法制化轨道，使广大人民群众知晓如何配合和支持政府依法行政、履行义务；同时，强化了政府在危机管理中的责任，明确规定了政府及其有关部门的职责，把各级政府及其主要领导作为第一责任人，进一步增强各级政府及其部门依法行政的责任感。实践证明，应对突发公共卫生事件，一要靠科学，二要靠法制，依法防治是战胜突发疫情的重要手段。

（二）坚持以人为本，高度重视直接关系广大人民群众切身利益的制度建设，让法治更加体现人文关怀

2003 年 6 月 20 日中华人民共和国第 381 号国务院令公布了《城市生活无着的流浪乞讨人员救助管理办法》，这是一部契合法治精神、体现人文关怀的行政法规。为了建立中国城市流浪乞讨人员的临时性救助机制，1982 年 5 月，国务院发布施行《城市流浪乞讨人员收容遣送办法》。这种机制对于保障城市流浪乞讨人员的基本生活权益、维护城市的社会稳定起到了积极的作用。但是，近年来，由于社会情况发生较大变化，在执行中出现了扩大收容遣送对象、不适当地使用强制措施等情况，再加上一些工作人员违法乱纪，导致收容遣送工作弱化了这种机制的救助功能，出现了不少问题，有的还相当严重。新的救助制度鲜明地体现出"自愿""无偿"的特点：城市生活无着的流浪乞讨人员可以自愿提出救助申请，受助人员的人身自由享有充分的保障，同时享有离站自由；社会救助作为政府职责，经费由政府负担，不向受助人员收取任何费用。

为切实保护职工合法权益，4 月 27 日国务院公布了《工伤保险条例》。该条例规定，各类企业、有雇工的个体工商户都应当为本单位全部职工或者雇工缴纳工伤保险费。它的公布施行，对于保障因工作遭受事故伤害或者患职业病的职工获得医疗救治和经济补偿，促进工伤预防和职业康复，分散用人单位的工伤风险，都具有十分重要的意义。

2003年7月21日，国务院公布了《法律援助条例》。法律援助就是向因为经济困难或没有能力获得基本法律服务的当事人提供免费法律服务。它的宗旨是帮助困难群众实现诉讼权利，使人人都能受到平等的法律保护。

随着社会发展，尤其是2001年《婚姻法》的修改，《婚姻登记管理条例》已经不能完全适应新形势的需要。2003年8月18日国务院第387号令公布了《婚姻登记条例》。新的《婚姻登记条例》取消了原来条例中的"管理"二字，这不仅仅是名称的变更，它表明了在婚姻登记中政府职能从过去强调对婚姻登记的管理向充分尊重公民个人的自主权利、重视提供公共服务的转变。新条例取消了内地居民办理结婚、离婚登记需要由单位或村民委员会出具证明、强制性的婚前体检等规定，并要求登记机关对符合条件的申请人当场予以办理，这一切都充分体现了政府的便民原则。

公共卫生建设工作关系到最广大人民的切身利益，必须予以高度重视。为此，国务院于2003年4月、6月、7月先后公布了《中医药条例》《医疗废物管理条例》《乡村医生从业管理条例》，这些行政法规对于加强公共卫生建设、解决广大基层群众和农民的就医看病问题会发挥积极的作用。

此外，国务院高度重视适应广大人民群众日益增长的对教育科学文化体育事业发展需求的制度建设，先后制定了《中外合作办学条例》《国务院关于修改〈国家科学技术奖励条例〉的决定》《中华人民共和国文物保护法实施条例》《公共文化体育设施条例》《反兴奋剂条例》等等。

（三）坚持社会主义市场经济的改革方向，抓紧有关国有资产管理体制改革和金融监督管理体制改革等经济体制改革急需的制度建设

为了适应国有资产管理体制改革、国有经济布局和结构的战略性调整的需要，2003年，国务院加快了有关国有资产管理体制改革急需的

制度建设，及时制定、公布了《企业国有资产监督管理暂行条例》。该
条例起草时主要把握了以下原则。一是按照中共十六大和十六届二中全
会关于国有资产管理体制改革的精神，明确国有资产管理体制的基本框
架和企业国有资产监督管理的基本制度。二是依据《公司法》等有关
法律和规定，明确国有资产监督管理机构的出资人职责，既要保证出资
人职责到位，又要切实保障企业经营自主权。三是鉴于国有资产监督管
理体制改革的经验还不成熟，条例是暂行的，具有原则性、初创性的特
点，因此对当前急需解决、看得准的问题，作出比较明确的规定；对需
要进一步研究探索的问题，有些作出比较原则的规定，有些不作规定。
另外，为了适应金融监督管理体制改革的需要，国务院向全国人大常委
会提交了《国务院关于提请审议中国银行业监督管理委员会行使原由中
国人民银行行使的监督管理职权的议案》《中国人民银行法修正案（草
案）》《商业银行法（草案）》《银行业监督管理法（草案）》等 4 个
法律议案。

为加强对中央储备粮的管理，保证中央储备粮数量真实、质量良
好和储存安全，保护农民利益，维护粮食市场稳定，有效发挥国家在
中央储备粮宏观调控中的作用，国务院制定、公布了《中央储备粮管
理条例》。

**（四）认真履行加入世贸组织的承诺，继续加强对外开放、整
顿和规范市场经济秩序方面的立法工作**

为适应中国加入世界贸易组织的形势和需要，履行中国加入世界贸易
组织的有关承诺，充分运用世界贸易组织规则，依法保护中国产业和市
场，国务院及时向全国人大常委会提交了《对外贸易法（修订草案）》
的法律议案。

为了贯彻实施新《海关法》，并与世贸组织的《海关估价协定》
相衔接，以促进对外经济贸易和国民经济的发展，适应海关执法实践
的需要，国务院重新制定并公布了《进出口关税条例》，新关税条例
明确了进出口货物关税税率的设置和适用，确定了进出口货物完税价
格，进一步完善了海关关税征管工作的相关制度，并对进境物品进口

税的征收进行了规定。另外，为在进出口环节更好地保护知识产权，与世贸组织的《与贸易有关的知识产权协定》规定相一致，简化程序，加快通关速度，国务院重新制定并公布了《知识产权海关保护条例》。为加强与完善加工贸易管理，规范海关对出口加工区的监管，促进出口加工区的健康发展，鼓励扩大外贸出口，国务院修订了《海关对出口加工区监管的暂行办法》。

中国加入 WTO 后，对服务、管理体系认证和认可活动实施规范的统一监督管理，加强国际认证认可结果的互认和合作，都需要调整监管体制、拓宽认证管理的范围。为了履行中国政府加入世贸组织的有关承诺，纠正多头管理、政出多门、标准不一的问题，促进认证认可行业的健康有序发展，国务院制定了《认证认可条例》，明确要求建立在国家认监委统一管理、监督和综合协调下，各有关方面共同实施的工作机制，建立全国统一的国家认可制度和强制性认证与自愿性认证相结合的认证制度。

在整顿和规范市场经济秩序方面，为了维护社会主义市场经济秩序，促进公平竞争，保护经营者和消费者的合法权益，国务院制定并公布了《无照经营查处取缔办法》，对查处无照经营行为的执法主体和执法手段作了明确规定，并对从事无照经营行为的主体规定了严格的法律责任。

（五）高度重视维护公共安全、加强环境保护所需的制度建设

为了加强安全生产，防止和减少事故的发生，国务院先后制定了《通用航空飞行管制条例》《特种设备安全监察条例》《渔业船舶检验条例》《建设工程安全生产管理条例》《地质灾害防治条例》等行政法规。这些法规涉及中国一些重要生产生活领域的安全生产管理，将会对推动安全生产、保障广大人民群众生命和财产安全发挥重要作用。

为适应环境保护事业的发展和财政管理体制改革的需要，加强对排污费征收、使用的管理，国务院制定并公布了《排污费征收使用管理条例》，并废止了1982年公布实施的《征收排污费暂行办法》和1988年公布实施的《污染源治理专项基金有偿使用暂行办法》。

（六）"开门立法"，倾听群众意见，使行政立法更加充分体现最大多数群众的最大意愿

物业管理与人民群众的日常生活息息相关。随着中国城镇住房制度改革的不断深化，房屋的所有权结构发生了重大变化，越来越多的公有住房逐渐转变成个人所有。与此相适应，原来的公房承租人逐步转变为房屋所有权人，原来的公房管理者与住户之间的管理与被管理关系也逐渐演变为物业管理企业与房屋所有权人的服务与被服务关系。在住房制度改革和城市建设发展的过程中，物业管理这一新兴行业应运而生。随着物业管理行业的发展，物业管理实践中也出现了一系列问题：业主的权利义务不明确，物业管理各主体之间的法律关系不明确；物业管理企业的行为不规范；业主大会、业主委员会的成立、组成、运作等缺少监督和制约；物业开发建设遗留的质量问题，使物业管理企业承担了本应由开发商承担的一部分责任。建设部在总结物业管理实践经验的基础上草拟了《物业管理条例（送审稿）》，上报国务院审议。国务院法制办收到此件后，征求了国务院有关部门和地方人民政府以及一些物业公司的意见，多次召开专家论证会和座谈会，并进行了深入的调查研究。根据有关部门和地方的意见，修改、形成了《物业管理条例（草案）》。鉴于物业管理立法涉及广大人民群众的切身利益，为了充分反映民意，体现群众意愿，经报国务院领导同意，国务院法制办于 2002 年 10 月将草案分别在《人民日报》和《法制日报》上全文公布，广泛征求全社会的意见。草案公布后，得到社会各界的积极响应，共收到 386 封群众来信和 19 个省、自治区、直辖市人民政府法制工作机构汇总的本地意见，共近 4000 条。根据社会各界的意见，国务院法制办又会同建设部对草案进行了进一步的研究、协调和修改，达成了一致意见。2003 年 5 月 28 日国务院第 9 次常务会议讨论、通过了该条例草案，2003 年 6 月 8 日中华人民共和国第 379 号国务院令正式公布了《物业管理条例》。

2003 年 11 月 26 日国务院主要领导同志主持召开国务院常务会议，讨论《收费公路管理条例（草案）》。会议决定，基于《收费公路管理条例》对加强收费公路的管理、规范公路收费行为、维护收费公路经营管

理者和使用者的合法权益的重要意义，将《收费公路管理条例（草案）》在报纸和网站上公布，广泛征求意见。这进一步体现了新一届国务院坚持执政为民，科学民主决策，使行政法规更加充分体现最大多数群众的最大意愿的作风。

此外，国务院还公布了《海关关衔标志式样和佩带办法》等行政法规，向全国人大常委会提交了《关于中哈国界线的勘界议定书》《联合国打击跨国有组织犯罪公约》《中俄领事条约》《中朝俄关于图们江水域分界线的协定》《中泰刑事司法协助的条约》等19件条约议案。

二　积极宣传贯彻实施《行政许可法》，深化行政管理体制和行政审批制度改革

行政审批的过多过滥是当前中国行政管理体制中亟待解决的问题。从2001年起，以大幅度削减行政审批事项为主要内容的行政审批体制改革在全国启动。继2002年10月国务院宣布废止第一批共789项行政审批项目之后，2003年2月，第二批共406项行政审批项目被废止，另外有82项行政审批项目被移交给行业组织或社会中介机构管理。

为了深化行政审批制度改革，进一步推进行政管理体制改革，真正解决长期存在的行政审批过多过滥、程序烦琐、权责脱钩、监管不力等问题，需要从制度上规范行政许可的设定和实施。2003年8月27日，第十届全国人大常委会第四次会议通过了《行政许可法》。《行政许可法》按照合法与合理、效能与便民、监督与责任的原则，把制度创新摆在了突出位置，对行政许可的设定原则、实施机关、实施程序、费用以及行政许可的监督和法律责任作出了明确规定，要求行政许可设定于法有据，行政许可管理公开透明，行政许可服务便民快捷，行政许可权力与责任挂钩、与利益脱钩，行政许可实施强化事后监督检查。它的颁布实施，对全面推进依法行政、深化行政管理体制改革、从源头上预防和治理腐败有重大意义。

国务院高度重视《行政许可法》的贯彻实施。2003年9月28日发布

了《国务院关于贯彻实施〈中华人民共和国行政许可法〉的通知》。通知要求各地区各部门从实践"三个代表"重要思想、全面推进依法行政的高度，认真学习、准确理解、严格执行《行政许可法》；抓紧做好行政许可规定、行政许可实施机关的清理工作；改革实施行政许可的体制和机制；加强对行政许可的监督。同时要求以贯彻实施《行政许可法》为契机，加强政府法制建设，全面推进依法行政。为了做好 2004 年 7 月 1 日前贯彻实施《行政许可法》的前期准备工作，2003 年 12 月 10 日，国务院办公厅发布了《关于贯彻实施行政许可法工作安排的通知》，对《行政许可法》的宣传、学习和培训工作，行政审批项目、行政许可规定和行政许可实施机关的清理工作，配套制度建设工作和实施行政许可的监督检查工作作出了具体部署。

2003 年 11 月 6 日，在国务院举办的《行政许可法》学习讲座上，国务院主要领导同志进一步指出：贯彻实施《行政许可法》，不单纯是一部法律的执行问题，而是涉及保护公民、法人和其他组织的合法权益，改革行政管理体制，转变政府职能的大问题；保证《行政许可法》全面、正确地实施，是各级政府和政府各部门的一项重要职责，也是政府法制建设的一项重要任务。

为宣传贯彻《行政许可法》，国务院法制办从 2003 年 9 月至 10 月先后举办了 5 期"行政许可法培训班"，为各省、自治区、直辖市和国务院各部门培训了 1562 名骨干；10 月 24~25 日，召开了由各省、自治区、直辖市法制办主任和国务院各部门法规司司长参加的贯彻《行政许可法》会议，对如何贯彻实施《行政许可法》和国务院通知作了初步部署。

三　加强行政监督，提高各级行政机关的执法能力和水平

加强对各级行政机关行使权力的监督，是提高行政效能、促进廉政建设、确保政令畅通的重要保证。严格执行《行政复议法》和规章备案制度，完善行政执法监督制度和行政执法责任制度，是加强行政监督的重要方式。国务院在加强行政监督方面，取得了可喜的进展。

（一）加强行政复议工作，通过对具体行政行为的监督，规范行政权力的行使

新一届国务院严格按照《行政复议法》的规定，认真履行行政复议职责，通过办理行政复议案件，依法加强对省部级行政机关具体行政行为的监督，规范行政权力的行使，强化有权必有责、用权受监督的依法行政观念。2003年全年，国务院共收到各类行政复议申请496件，到年底已办结480件。同时，进一步加强对全国行政复议工作的指导，明确要求各地方各部门认真依法履行行政复议职责，加强对行政复议活动的监督，切实解决对行政复议申请该受理的不受理、该作决定的不作决定等问题。国务院法制办公室加强了对实施《行政复议法》有关问题请示、询问的答复工作，办理地方和部门有关请示17件，对行政复议受理范围问题、行政复议的管辖问题、行政复议机关的确定问题、行政复议审查程序问题、复议前置超过申请期限、拆迁裁决能否申请复议等问题进行了答复。另外，健全了全国行政复议、应诉工作的统计制度，对2003年全国31个省、自治区、直辖市和61个国务院部、委、局复议应诉案件情况进行了统计分析。2003年全国31个省、自治区、直辖市和61个国务院部、委、局共收到行政复议申请75918件，受理64013件，其中行政复议机关决定撤销、变更、确认违法以及责令履行职责的13306件，占受案总数的21%。

（二）认真执行《立法法》和《法规规章备案条例》，积极履行备案审查监督职责

2003年，省、自治区、直辖市、较大的市人民政府和国务院部门共制定并报送国务院备案了1456件法规规章（其中，地方性法规575件，自治州、自治县的自治条例和单行条例36件，地方政府规章644件，国务院部门规章201件）。国务院法制办公室按照有关法律、行政法规的要求，对上述法规规章进行了备案审查，并对经初步审查认为存在与上位法不一致的法规规章进行了重点审查。据统计，2003年共重点审查地方性法规、规章、规范性文件209件。其中，日常工作中立案审查的53件；

行政机关、社会团体、企业事业组织和公民认为地方性法规、规章、规范性文件与上位法相抵触，向国务院书面提出审查建议后，立案审查的 48件；审查有关收容遣送的法规、规章 108 件。对地方性法规、规章中存在的下述问题进行了纠正。一是扩大或者缩小上位法规定的管理事项范围，增加或者减少上位法规定的行政许可、行政收费、行政处罚或者行政强制措施的种类，提高或者降低上位法规定的行政收费或者行政处罚的幅度等。二是违反上位法规定或者自行设定增加管理相对人义务的内容，违反上位法规定或者自行降低或者减少管理相对人合法利益的内容。三是超越本地区本部门的权限，规定行政管理的有关事项和内容。四是法规规章的制定程序不符合法律、行政法规的规定。

（三）及时清理涉及收容遣送的地方性法规、规章和规范性文件，以维护法制统一、政令畅通

《城市生活无着的流浪乞讨人员救助管理办法》公布以后，根据国务院领导同志的指示，国务院法制办负责组织清理了涉及收容遣送的地方性法规、规章和规范性文件。最新清理结果显示，截至 2003 年底，全国应修改和废止的地方性法规、规章和规范性文件共计 709 件。其中，应该废止的共 560 件，目前已废止 403 件，占 72%；应该修改的共 149 件，目前已修改 49 件，占 33%。涉及收容遣送的地方性法规、规章和规范性文件清理工作取得初步成效。

（四）加强对行政机关的执法监督，完善行政执法监督制度和行政执法责任制

积极引导国务院部门和地方政府建立和完善依法行政联席会议制度、行政执法投诉办法、行政执法监督制度、行政执法公示制度、行政执法检查制度、行政执法告知制度、行政处罚听证程序实施办法、行政执法主体资格审查制度、行政执法统计报告制度等。这些制度的建立和不断完善，对于加强行政执法和监督工作，保障法律、法规和规章的有效实施，建立权责明确、行为规范、监督有效、保障有力的行政执法体制，将发挥重要作用。此外，国务院加强对省级人民政府和国务院部门实行行政执法责任

制工作的指导，截至 2003 年底，全国有 28 个省、自治区、直辖市确立了实行行政执法责任制的制度。

四　高度重视依法行政的理论创新

为了适应新形势的要求，为进一步推进依法行政提供理论支持，国务院法制办于 2003 年 8 月 14~16 日组织召开了全国依法行政理论研讨会，总结了近年来我国依法行政的实践经验，从理论上研究、探讨依法行政实践中的突出问题，为全面推进依法行政创造了良好的理论环境。

（参见法治蓝皮书《中国法治发展报告 No. 2（2004）》）

第三章　2006年中国行政法治

摘　　要：2006年中国继续完善政府组织架构，探索建立慎决策、快执行、讲效率、负责任的行政运行架构和运行机制；积极创新政府管理方式，改革行政审批制度，充分运用经济和法律手段实施行政管理；完善执法程序，健全科学民主决策机制；推行信息公开，加强电子政务建设，提高政府工作透明度；贯彻《全面推进依法行政实施纲要》，全面建立行政监督与问责制度，建立健全行政争议解决机制；继续科学转变和切实履行政府职能，逐步形成与社会主义市场经济体制相适应的行政管理体制。

2006年是实施"十一五"规划的开局之年。"加快建设法治政府，全面推进依法行政"被写入了《中共中央关于构建社会主义和谐社会若干重大问题的决定》。2006年，也是中国政府继续贯彻《全面推进依法行政实施纲要》的要求，法治政府建设稳步推进和稳健发展的一年。回顾这一年，中国的行政法治工作取得了许多可喜的成绩。

一　继续完善政府组织架构

完善政府组织架构，就是要探索建立慎决策、快执行、讲效率、负责任的行政运行架构和运行机制；充分利用现代交通通信发达、信息传导便捷的有利条件，精简管理层级，扩大管理半径。

（一）综合配套改革

2006年4月26日召开的国务院常务会议，决定批准天津滨海新区进行综合配套改革试点。推进天津滨海新区的开发、开放，主要是要着力抓好以下工作。一是全面贯彻落实科学发展观：坚持统筹兼顾，把调整结构和转变经济增长方式放在重要位置，节约和合理用地，注重生态建设和环境保护，促进经济社会和环境的协调发展。二是坚持科技创新和自主创新：加强创新能力建设，大力发展高新技术产业，努力提高综合竞争力和区域服务能力。三是突出发展特色：以改革促进开发、开放，选择体现自身特点的建设模式。四是推进管理创新：建立统一、协调、精简、高效的行政管理体制。7月3日，天津市长戴相龙主持召开市政府第73次常务会议，原则上通过了市发展改革委关于编制天津市滨海新区综合配套改革试验区方案的工作意见。决定深入总结天津市和新区的改革成果和不足，集中精力编制好天津滨海新区综合配套改革总体方案和近三年行动计划，编制好企业、科技、金融、土地、资源环境、涉外经济、农村、社会事业、社会保障、行政管理10个专项改革方案。为切实加强对这项工作的领导，成立天津市滨海新区综合配套改革工作领导小组，下设办公室。同时，聘请有关专家为改革方案的编制和实施提供决策参考。

（二）执法体制改革

重庆市推进行政管理体制改革。2006年，重庆市政府法制办公室确定了该市行政管理体制改革三级（市、区县、乡镇）联动"3+1"方案的基本框架。按照新方案，行政机关在执法过程中，若发现所涉事项不属自己管辖，不能一推了之，而应将其转交给相关职能部门，否则有关当事人就将因此承担行政处分等法律责任。在"3+1"方案中，《重庆市市级行政执法联动试点方案》着力推进市级行政执法体制改革，《重庆市培育区域性中心城市试点方案》积极培育万州、涪陵、黔江、江津、合川、永川六大区域性中心城市，《重庆市乡镇政府执法监管改革试点方案》逐步深化乡镇行政管理体制改革，《重庆市政府公务员信用管理暂行办法》为创建法治政府和推进行政管理体制改革提供保障措施。

2006年，广东省对全省交通行政执法体制进行了改革，变分散多头执法为统一综合执法。首次设立"广东省交通厅综合执法局"，承担现行六支执法队伍的规费稽查、强制、处罚等所有行政执法职能。广东交通原有公路运政、公路路政、水运运政、航道行政、港口行政、交通规费稽查6 支执法队伍，全省持证执法人员超过 1.9 万人，行政归属不同，管理体制不顺，垂直管理与属地管理并存。广东创新交通行政执法体制，实施交通综合行政执法改革后，将清理、归并和调理执法机构，组建"执法监督处、科、股"等相关机构，分别作为省、市、县（市、区）交通行政主管部门的内设机构。

二 不断创新政府管理方式

2006 年，中国政府积极创新政府管理方式，继续实施自我革命，改革行政审批制度，充分运用经济和法律手段实施行政管理；完善执法程序，健全科学民主决策机制；推行信息公开，加强电子政务建设，提高政府工作透明度。

（一）行政立法创新

2006 年，国务院的立法工作在立法理念上，更加突出以人为本，更加重视直接关系人民群众切身利益的立法项目，统筹考虑城乡、区域、经济与社会、人与自然以及国内发展和对外开放的关系，以立法促和谐，维护社会公平正义；在立法程序上，更加注重集中民智、反映民意，积极探索扩大社会各界有序参与政府立法的机制、程序和方法，提高政府立法的透明度。国务院在起草《义务教育法（修订草案）》过程中，将修订草案送给近年来就《义务教育法》修订工作提出过建议、提案的 615 位全国人大代表、全国政协委员征求意见。9 月 20 日，国务院常务会议又决定将《国家自然科学基金条例（草案）》向社会公布，广泛征求意见，得到社会各界积极响应。

2006 年，国务院在加强法规、规章备案审查的基础上，进一步健全省、市、县、乡"四级政府、三级备案"的规章、规范性文件备案体制，促进地方各级政府依法行政。对违反上位法规定、不符合经济社会发展要求以及相互"打架"的法规、规章和规范性文件，该废止的及时废止，该修改的及时修改，该撤销的坚决撤销。2006 年共收到 1462 件向国务院报送备案的地方性法规、规章，发现有问题的 34 件，已处理 25 件。2006 年初，国务院法制办公室、国家发展改革委联合下发了《关于开展清理限制非公有制经济发展规定工作的通知》。截至 12 月下旬，全国 23 个省（自治区、直辖市）、33 个国务院部门共审核地方性法规、规章、规范性文件 115.9 万多件，对含有限制非公有制经济发展内容的，已修改 384 件，废止 3154 件。

（二）行政决策创新

2006 年，各级政府进一步建立健全科学民主的行政决策机制。环保总局在 2005 年举行了圆明园防渗工程环境影响听证会。听证会不仅大幅度提高了公众的环境意识，也有效地提高了政府决策的质量和公信度。为把圆明园经验制度化，以部门规章的形式，将公众参与引入环境评价工作，环保总局在 2006 年 2 月 22 日正式发布《环境影响评价公众参与暂行办法》，将公众参与制度化引入环境影响评价工作，有利于真正保障公众的环境权益，推动环境决策民主化。

黑龙江省则在 6 月 17 日公布实施了《黑龙江省人民政府重大决策规则》。该规则共 6 章 27 条，明确了省政府重大决策的事项范围、基本原则和职能权限，集中规范了省政府的决策程序，并强化了决策的执行和监督。考虑到省政府决策的执行和监督分别具有相对独立性，决策规则单设了两章，分别规定了决策的执行和督查、决策的监督和责任追究。

（三）行政审批改革

深圳市 2 月 14 日发布了《重大投资项目审批制度改革方案》，启动新一轮重大项目审批制度改革。改革以"依法行政、规范程序，提前介入、并联审批，适度调整职能、合理再造流程，集中受理业务、实行一站式服务"为原则，将政府投资重大项目从立项到批准开工的审批时限，由原来 316~386 个工作日压缩到 120 个工作日，审批时限缩短近 2/3。该方案将政府投资重大项目和社会投资重大项目的审批流程划分为 7 个阶段，并设置重大投资项目审批专门窗口，实行"一站式审批、一条龙服务"。

　　吉林省政府也在 4 月 4 日召开"全面推行行政审批权相对集中改革工作会议"，总结省政府行政审批权相对集中的改革试点经验，要求遵循"一门受理、并联审批、统一收费、限时办结"的原则，全面推行行政审批权相对集中改革。一是进入省政务大厅的行政审批项目和收费项目，必须是省政府 128 号令明确保留的项目。二是建立统一规范的行政审批模式，各部门都要设立行政审批办公室，由行政审批办公室在省政府政务大厅统一受理和承办。三是统一启用行政审批专用章。四是建立健全各项配套规章制度。各部门要按照行政审批规范化、制度化的要求，结合部门实际，研究制定和完善各项配套制度和规定，用制度来规范行政审批程序和行政审批行为。五是强化行政审批监督制约，确保行政审批工作廉洁高效。省监察厅驻政务大厅监察机构以及派驻各部门的监察机构，要对各部门在政务大厅的审批工作加强监督。同时，要强化行政审批社会监督。

（四）推行信息公开

　　2006 年，阳光政府的建设步伐进一步加快。截至 11 月 15 日，中国已有 80 多部法律、行政法规包含有关政府信息公开的规定，34 个地方政府为信息公开专门制定了地方性规章。同时，各地还通过地方政府信息化法规或规章以及其他规范性文件对信息公开作出不同程度的规定。

　　2006 年，《政府信息公开条例》被列入国务院一类立法计划，并最终于 2007 年 1 月 17 日经国务院常务会议审议并原则通过。该条例确定了"公开为原则，不公开为例外"的基本原则，规定了主动公开的范围和不公开信息的范围、信息公开的程序，并以专章规定了救济、监督和责任程序。

（五）推行电子政务

　　为指导"十一五"期间各地区、各部门更好地推行电子政务，促进全国电子政务的健康发展，国务院信息化工作办公室在 2006 年出台了《国家电子政务总体框架》。该文件确立了构建国家电子政务总体框架的目标：到 2010 年，基本建成覆盖全国的、统一的电子政务网络，目录体系与交换体系、信息安全基础设施初步建立，重点应用系统实现互联互通，政务信息资源公开和共享机制初步建立，法律法规体系初步形成，标准化体系基本满足业务发展需求，管理体制进一步完善，政府门户网站成为政府信息公开的重要渠道，50%以上的行政许可项目能够实现在线处理，电子政务公众认知度和公众满意度进一步提高，有效降低行政成本，提高监管能力和公共服务水平。

2006年1月1日，中央政府网站正式推出，标志着由中央政府门户网站、国务院部门网站、地方各级人民政府及其部门网站组成的政府网站体系基本形成。政府网站体系的建设，使公民参与公共政策的议程设置成为可能，而政府也可通过网站来了解社情民意；跨部门信息共享和业务协同稳步推进；"金盾""金税""金审""金关""金财"等重点业务系统建设成效显著，信息技术手段在增强政府行政监管能力、改善公共服务等方面发挥了重要作用；电子政务信息安全保障工作进一步加强；各地电子政务建设扎实推进，越来越多的电子政务应用系统开始显示出良好的经济效益和社会效益。

2006年，深圳市成为首个国家电子政务试点城市。通过创建国家电子政务试点，深圳将进一步完善公共服务系统，使广大市民群众在劳动就业、社会保障、医疗卫生、教育文化、民主参与、婚姻登记、计划生育、户籍管理、交通出行、旅游、住房和纳税等方面享受更便利的电子政务服务。同时也将为企事业单位在年检年审、商务活动、对外交流、人力资源等方面提供更高效率的电子政务服务。到2008年，深圳市所有要求公开的政务信息都可在网上查询，所有行政审批项目都可在网上申请及查询结果，全部政府行政许可和非行政许可审批项目都将纳入电子监察范围，并对50%以上的行政许可项目实现在线处理。

（六）规范执法程序

实体要公正，程序也要公正，这是法治的内在要求。作为"大权在握"的执法机关，能够以"自我限权"的方式来规范自身的执法权力，体现的是一种尊重人权、敬畏法律的精神，彰显的是一种以人为本、人格平等的理念，也是防止粗暴执法、野蛮执法的有效途径。2006年，越来越多的"条条框框"让执法机关逐步告别"粗暴执法""野蛮执法"，走向"规范执法""文明执法"。2006年8月24日，公安部颁布施行了修订后的《公安机关办理行政案件程序规定》。根据新规，公安机关在作出责令停产停业、吊销许可证或者执照、针对个人2000元以上罚款或者针对单位万元以上罚款等处罚决定之前，应当告知违法嫌疑人有要求举行听证的权利。新规还规定，对16岁以下的未成年人、70岁以上的老人、孕妇和哺乳期妇女等四类人员的行政拘留处罚不实际执行，对醉酒人的约束不应使用手铐和脚镣。

三 全面推进依法行政

2006年，中国政府按照合法行政、合理行政、程序正当、高效便民、诚实守信、权责统一的要求，贯彻《全面推进依法行政实施纲要》，全面建立行政监督与问责制度，建立健全行政争议解决机制。

（一）加强审计监督

审计机关作为政府专门的监督部门，在推进依法行政、建设法治政府中肩负着重要的职责。近年来，审计署紧紧围绕经济建设和政府工作中心，严格履行审计监督职责，突出对重点领域、重点部门、重点资金的审计监督，严肃查处财经领域中的重大违法违规问题和经济犯罪案件，揭露由于决策失误和管理不善造成的重大浪费问题。

为适应中国经济社会形势的发展和审计工作自身的需要，2006年全国人大对《审计法》进行了修订，对审计机关的职责进行了相应调整，并新增审计权限，为审计机关顺利开展审计工作，强化审计监督提供了必要的保障。在赋予审计机关履行职责所必要的审计权限的同时，修订后的《审计法》也设定了审计机关行使权力的条件和程序，以规范审计行为，防止权力滥用。2006年，国资委出台了《关于加强中央企业内部审计工作的通知》，要求中央企业要按照现代企业制度要求，建立完善的内部审计机构及监督体系。

（二）完善行政问责

建设法治政府，确保执政为民，必须强化对行政权力的监督。2006

年1月1日，《公务员法》开始实施。《公务员法》第82条有关"引咎辞职"的规定，被普遍认为是这部法律的一大亮点。该条第3款规定："领导成员因工作严重失误、失职造成重大损失或者恶劣社会影响的，或者对重大事故负有领导责任的，应当引咎辞去领导职务。"第4款则进一步规定："领导成员应当引咎辞职或者因其他原因不再适合担任现任领导职务，本人不提出辞职的，应当责令其辞去领导职务。"这一规定标志着中国行政问责制的实践不断向纵深推进，问责方式由"上级问责"向"制度问责"转变，问责对象从违法违纪官员向不作为的公务员深化，问责范围从安全生产领域向其他领域推进。

不过，目前《公务员法》的引咎辞职条款显然还停留在原则性规定方面。究竟什么样的情形、什么级别的官员、依照什么程序提出引咎辞职，都没有明确解释。中国的引咎辞职制度显然还有待完善。例如，有学者就建议，为了避免引咎辞职条款在《公务员法》施行过程中蜕变成一纸空文，立法机关还有必要更上一层楼，引进公务员弹劾制，制定相应的程序规则体系，进一步健全和改善对政府实体性民主的控制。

（三）改进行政复议

"善为治者，贵在求民之稳，达民之情。"构建社会主义和谐社会是一个不断化解社会矛盾的过程。行政复议作为解决行政争议、化解社会矛盾的一项重要制度，正是加快建设法治政府、构建和谐社会的重要内容。2006年9月，中共中央办公厅、国务院办公厅出台了《关于预防和化解行政争议，健全行政争议解决机制的意见》（中办发〔2006〕27号），从坚持依法行政、加强和改进行政复议和行政审判工作、注重运用调解手段化解行政争议、加强法制宣传教育、加快完善行政立法、加强工作领导等方面，提出了预防和化解行政争议的各项措施和要求。

国务院法制办公室2006年底召开的全国行政复议工作会议材料显示，从1999年《行政复议法》实施至2006年，全国平均每年通过行政复议解决8万多起行政争议。经过行政复议的案件中83.7%的申请人不再提起行政诉讼。这一数字表明，行政复议确实能给法院把一道关，使大量的行政案件解决在行政诉讼前，减轻了法院的负担。尽管行政复议功效明显，但是向人民法院提起行政诉讼的案件中，却有 70% 以上是没有经过复议直接起诉的。可见，在行政复议和行政诉讼之间，许多当事人并没有选择先把案件交给行政机关复议处理，而是直接向法院提起了行政诉讼。

行政复议实行免费原则，可以附带要求审查规范文件，还可以解决绝大多数行政诉讼不能解决的"合理性"问题，尽管具备如此多的优点，但是现实中人们选择行政复议的比例并不高。其原因主要如下。

（1）基层复议机构薄弱。基层是行政案件的多发地，应是行政复议的重点所在。据统计，87% 的行政复议案件，其被申请人是地级市以下行政机关，70% 的行政复议案件被申请人是市、县两级政府部门。但是，市、县两级政府的行政复议能力却十分薄弱，机构不健全，编制不到位，队伍不稳定。许多县级政府根本就没有行政复议机构，即使有机构也就是一两个兼职人员，"不是无案可办，而是无人办案"，队伍建设的重要性已经引起重视并达成共识。

（2）行政复议程序的缺陷。按照现行《行政复议法》的规定，行政复议原则上采取书面审查的办法，但是申请人提出要求或者行政复议机关负责法制工作的机构认为有必要时，可以向有关组织和人员调查情况，听取申请人、被申请人和第三人的意见。但是由于调查或听取申请人、被申请人和第三人的意见，并不意味着双方或三方同时到场、互相质证的"开庭审"方式，不含有"禁止单方面接触"的公正要求，因而很容易导致偏私。

四　科学转变政府职能

"十一五"规划明确提出，"加快行政管理体制改革，是全面深化改革和提高对外开放水平的关键"，而深化政府行政管理体制改革的核心是转变政府职能。改革开放 28 年来，中国政府职能转向"经济调节、市场监管、社会管理、公共服务"四大职能，与社会主义市场经济体制相适应的行政管理体制逐步形成。2006 年，中国政府在继续科学转变和切实履行政府职能方面做了大量卓有成效的工作。

（一）经济调节

经济调节主要运用经济手段和法律手段，同时通过制定规划和政策指导、发布信息以及规范市场准入，推进政企分开、政事分开，实行政府公共管理职能与政府履行出资人职能分开，充分发挥市场在资源配置中的基础性作用，引导和调控经济运行。

1. 国企改革：确立国企改革的基本原则、目标和措施

为通过国有资本调整和国有企业重组，进一步提高国有经济的控制力、影响力和带动力，国资委 2006 年出台了《关于推进国有资本调整和国有企业重组指导意见》，明确了国有资本调整和国有企业重组的基本原则、主要目标和政策措施。

（1）在基本原则方面，强调要坚持"两个毫不动摇"，增强国有经济的控制力、影响力、带动力，发挥国有经济的主导作用，鼓励和支持个体、私营等非公有制经济参与国有资本调整和国有企业重组等。

（2）在主要目标方面，进一步推进国有资本向关系国家安全和国民经济命脉的重要行业和关键领域集中，加快形成一批拥有自主知识产权和知名品牌、国际竞争力较强的优势企业；加快国有大型企业股份制改革，完善公司法人治理结构，大力发展混合所有制经济，实现投资主体多元化，使股份制成为公有制的主要实现形式；大多数国有中小企业放开搞活；到 2008 年，国有企业政策性关闭破产任务基本完成；到 2010 年，国资委履行出资人职责的企业（中央企业）调整和重组至 80~100 家。

（3）在政策措施方面，推进国有资本向重要行业和关键领域集中；加快国有企业的股份制改革；大力推进改制上市；积极鼓励引入战略投资者；放开搞活国有中小企业，建立劣势企业退出市场机制；加快国有大型企业的调整和重组；加快建立国有资本经营预算制度等。

2. 土地调控：创新机制，严格土地管理

实行最严格的土地管理制度，是由中国人多地少的国情决定的，也是贯彻落实科学发展观，保证经济社会可持续发展的必然要求。2006 年，中国在土地管理体制机制方面实现了以下创新。

（1）调整利益机制。为了切实保障被征地农民的长远生计，国家提高了征地成本，要求征地补偿安置必须确保被征地农民原有生活水平不降低、长远生计有保障。国土资源部制定了《全国工业用地出让最低价标准》，建立了工业用地出让最低价标准统一公布制度，要求国家根据土地等级、区域土地利用政策等，统一制订并公布各地工业用地出让最低价标准。为了规范土地出让收支管理，国务院办公厅下发《关于规范国有土地使用权出让收支管理的通知》（国办发〔2006〕100 号），正式终结了土地出让金归地方财政自由支配的时代，代之以中央统一监管下的基金式管理模式。为完善经营性土地出让制度，规范协议出让行为，国土资源部颁布《招标拍卖挂牌出让国有土地使用权规范》和《协议出让国有土地使用权规范》，明确了出让方式的规定，并将信息公开制度覆盖了整个协议出让过程。

（2）完善责任制度。地方各级人民政府主要负责人要对本行政区域内的土地管理和耕地保护负总责。在"进一步明确土地管理和耕地保护的责任"方面，要求按照权责一致的原则，调整城市建设用地审批方式：在土地利用总体规划确定的城市建设用地范围内，依法由国务院分批次审批的农用地转用和土地征收，调整为每年由省级人民政府汇总后一次申报，经国土资源部审核，报国务院批准后由省级人民政府具体组织实施，实施方案报国土资源部备案。

（3）健全法律机制。为切实加强土地管理工作，完善土地执法监察体系，建立了国家土地督察制度。国务院授权国土资源部代表国务院对各省、自治区、直辖市，以及计划单列市人民政府的土地利用和管理情况，进行监督检查。在国土资源部设立国家土地总督察办公室，其主要职责是：拟定并组织实施国家土地督察工作的具体办法和管理制度，协调国家土地督察局工作人员的派驻工作，指导和监督检查国家土地督察局的工作，协助国土资源部人事部门考核和管理国家土地督察局的工作人员，负责与国家土地督察局的日常联系、情况沟通和信息反馈工作。

根据国土资源部的要求，2006 年，各地普遍建立征地补偿安置争议裁决制度。征地补偿安置争议裁决制度，是一种专门针对征地纠纷设立的法律制度，强调通过专门手段解决争议，具有准司法的性质。依据《土地管理法》及其实施条例，凡是对征地补偿标准有争议的，均可申请协调和裁决。一般情况下，先由市县级人民政府协调；协调不成的，再向批准征地的机关，即国务院和省级人民政府申请裁决。

3. 房价调控：利益驱动与抑制风险的悖论

从 2005 年开始，房价就成为一个让中国政府头疼的问题。当年 4 月，国务院下发一份关于切实稳定住房价格的通知，即"国八条"。文件从房价、土地供应、供应结构、拆迁、消费观点、市场监测、检查等多方面切入，目标只有一个，就是稳住房价。但结果不尽如人意，房价在调控声中继续高涨。这直接导致了 2006 年《关于调整住房结构及稳定价格的意见》（简称"国六条"）的出台。"国六条"的核心内容有二：其一，"90 平方米住宅需占总开发面积 70%"的套型新政直接影响开发商的规划报批和市场运作；其二，限价、限户型的"双限政策"改变价高者得的拿地规则。

但是，从该政策出台后的实际效果来看，房价并没有朝着"理想方向"行进。房价调控为何难以奏效，究其原因，或许还在于房地产行业与金融信贷和地方财政休戚相关——部分地方财政 70% 左右的收入来自土地出让金，银行信贷资金则一半以上集中于房地产；如果房价下跌过猛，势必对银行和地方财政的健康造成巨大威胁。易言之，只要政府仍然扮演着土地控制者的角色，同时又担负着稳定市场的监管职责，调控便可能永远无法摆脱利益驱动与抑制风险的悖论。

4. 矿业管理：进一步整顿和规范矿业市场秩序

国土资源部于 2006 年全面整顿和规范矿产资源开发秩序，采取了六项措施。一是从"三查"入手，全面刹风治乱。对各种违法开采矿产资源行为进行全面排查，对所有矿产资源勘查项目进行全面检查，对矿产资源管理中的违法违规行为进行全面清查，全面遏制破坏矿产资源开发秩序的各类违法行为。二是从分类管理入手，全面推进矿业权有偿取得制度改革。三是从规范权限入手，全面规范和加强矿业权管理。严格执行审批权限和程序，进一步完善探矿权和采矿权申请、延续、变更、转让、注销等相关管理制度。四是从完善矿区规划入手，对已有矿山要按照规模化、集约化的原则进行整合，新建矿山要达到规定的最低开采规模并符合规划布局要求。五是从矿山储量动态监管入手，全面加强开发监管。六是从总结整顿和规范的经验入手，探索建立矿政管理的长效机制，为《矿产资源法》的修订奠定基础。

2006 年，煤炭工业可持续发展试点工作全面展开。4 月 19 日召开的国务院常务会议批准在山西省开展煤炭工业可持续发展政策措施试点。9 月 30 日，国务院批准了财政部、国土资源部、国家发展改革委《关于深化煤炭资源有偿使用制度改革试点的实施方案》。在 11 月 16 日召开的深化煤炭资源有偿使用制度改革试点工作电视电话会议上，国务院分管领导强调：一要严格执行矿业权有偿取得制度，无论是新设的煤炭资源矿业权，还是以前已经无偿取得的矿业权都要有偿使用，新设立的矿业权原则上采取招标、拍卖和挂牌方式出让；二要健全资源开发成本合理分摊机制，煤矿企业在煤炭生产销售中，提取矿山环境治理恢复保证金，提取煤矿生产安全费用和维护检查费；三要调整资源开发收益分配关系，煤炭资源有偿使用的收入，中央和地方按比例分成，主要留给地方，按照"取之于矿、用之于矿"的原则，加大对资源勘查开发和矿山企业改革发展的支持力度；四要加强资源开发管理和宏观调控，合理调整煤炭资源税费政策，加强煤炭资源的规划管理，进一步整顿和规范矿业市场秩序。

（二）市场监管

所谓市场监管，就是政府依法对市场主体及其行为进行监督和管理，维护公平竞争的市场秩序，形成统一、开放、竞争、有序的现代市场体系。以下对 2006 年若干重点行业政府监管工作的情况作一评述。

1. 邮政监管的"一分开、两改革、四项措施"

2005 年 7 月 20 日，国务院常务会议讨论并原则通过了《邮政体制改革方案》。方案的核心内容被概括为"一分开、两改革、四项措施"。"一分开"即政企分开，重组国家邮政局，在各省（自治区、直辖市）设立邮政管理局，组建中邮集团，经营各类邮政业务；"两改革"即改革邮政主业，改革邮政储蓄，成立中国邮政储蓄银行；"四项措施"包括建立普遍服务机制、改革价格形成机制等。省级邮政监管机构陆续设立。继天津、浙江、山东、四川和陕西五省市邮政管理局于 2006 年 9 月 4 日宣布成立后，其他省份的邮政监管机构也陆续成立。国家邮政局按照国务院确定的"积极稳妥"原则，首先设立各省（自治区、直辖市）邮政管理局，受国家邮政局垂直领导，履行政府监管职能。在此基础上，稳步推进邮政体制改革的不断深入和全面展开。

2006年11月，中邮集团的组建方案得到国务院的批复，意味着一个地位独特的大型央企的诞生。但是，邮政体制改革方案中，国家邮政局由原来的"运动员兼裁判员"变成了与中邮集团的"老子和儿子"关系，也引来了"这是垄断企业改革的普遍后遗症"的质疑。目前，对与中邮集团直接相关的邮政专营范围、普遍服务的补偿机制等焦点问题，业内均在焦急等待国家政策予以确定。

2. 能源监管：坚持以改革促发展

电力工业是国民经济和社会发展的重要基础产业。2006年11月1日，国务院常务会议审议并原则通过了《关于"十一五"深化电力体制改革的实施意见》，确定了"十一五"期间深化电力体制改革的基本原则——坚持以改革促发展，坚持市场化改革方向，坚持整体规划、分步实施、重点突破。主要任务是：①抓紧处理厂网分开遗留问题，逐步推进电网企业主辅分离改革；②加快电力市场建设，着力构建符合国情的统一开放的电力市场体系，形成与市场经济相适应的电价机制，实行有利于节能环保的电价政策；③进一步转变政府职能，坚持政企分开，健全电力市场监管体制。

同年，电监会向华能国际电力股份有限公司大连电厂颁发了全国第一张发电类电力业务许可证。该许可证是电力监管机构依法赋予电力企业从事电力业务的法定凭证，也是政府监管机构对企业所从事业务实施监管的有效方式。许可证的发放，标志着电监会对电力业务实施市场准入许可工作全面启动。

当前，国内电力行业的厂网分开改革实施后，电力市场的投资主体日益多元化，市场上呈现了不同利益主体交错的格局。针对这一新形势，国家电监会依法通过对申报企业的审查批准，赋予电力企业一个合法的经营地位，并对其权利给予保障，对其义务进行规范和监督，以达到对系统安全、公平竞争、企业履行义务等方面的持续性监管。根据《行政许可法》

《电力监管条例》和有关法律、行政法规的规定，国家电监会制定了《电力业务许可证管理规定》，并于 2005 年 12 月 1 日起正式施行。2006 年 1 月，电监会对电力业务实施市场准入许可工作启动。华能集团所属华能国际电力股份有限公司大连电厂、上海石洞口第二电厂分别率先获得了全国第一张、第二张发电类电力业务许可证。

根据中国加入世贸组织的承诺，2006 年 12 月 11 日，中国对外开放国内原油、成品油批发经营权。12 月 4 日，中国商务部公布了《成品油市场管理办法》和《原油市场管理办法》，自 2007 年 1 月 1 日起施行。2006 年 12 月 11 日前，中国原油资源由国家统一配置，成品油由中石油、中石化两大集团集中批发。两个办法的实施，打破了国家统一配置原油资源和中石油、中石化两大集团集中批发成品油的格局，允许具备条件的企业在我国从事原油、成品油批发经营，中国石油市场将逐步形成国有大型石油公司、跨国石油公司和社会经营单位共同参与竞争的格局。

3. 航空监管：民航总局国内航线经营许可管理放宽

《中国民用航空国内航线航班经营许可规定》于 2006 年 3 月 20 日起施行。该规定改进了国内航线航班管理办法。根据该规定，国内大部分机场之间的航线航班经营放开，由航空公司自行安排，实行登记备案管理。但是，一些资源紧张的机场、繁忙机场、飞行流量较大的机场以及在飞行安全方面有特殊要求的机场，其航线航班仍须民航总局核准。新规定实行评审委员会评审国内航线航班许可机制，明确要求公开评审规则，特别是被列入核准许可范围的航线，必须召开评审会进行公开评审。

民航票价和机场收费改革方向明确。民航总局 2 月 14 日表示，民航票价的调整改革方向是放开票价的管制。一是对主业收费实行一定程度的管理，非主业收费逐步走向市场化；二是国际航线和国内航线的收费今后将逐步走向一致。

4. 金融监管：规范金融创新，加大金融业监管力度

2006 年金融监管发展基本可以归为两类。

一是"为监管立规"，即为弥补现有法律空白，适应监管发展要求、控制金融风险而制定的法律法规及规范性文件。

2006 年 1 月，银监会发布《商业银行监管评级内部指引（试行）》，统一商业银行监管评级。该指引对商业银行的资本充足、资产质量、管理、赢利、流动性和市场风险状况等六个单项要素进行评级，加权汇总得出综合评级，之后再依据其他要素的性质和对银行风险的影响程度，对综合评级结果作出更细微的正向或负向调整。保监会8月7日公布了《保险公司设立境外保险类机构管理办法》和《非保险机构投资境外保险类企业管理办法》，对保险公司和非保险机构境外投资设立保险类企业的活动作了明确规范。

为了规范证券监管执法，2006年证监会出台了《中国证券监督管理委员会冻结、查封实施办法》和《证券公司融资融券业务试点内部控制指引》。《中国证券监督管理委员会冻结、查封实施办法》规定，证监会及其派出机构依法履行职责，有权冻结、查封涉案当事人的违法资金、证券等涉案财产或者重要证据。这表明证监会已被赋予准司法权。《证券公司融资融券业务试点内部控制指引》共有24条，对证券公司融资融券业务的内部控制作出了具体规定。

作为证券市场的重要自律监管主体，深圳证券交易所在2006年9月发布了《上市公司社会责任指引》。该指引共7章38条，要求上市公司应当在追求经济效益、保护股东利益的同时，注意履行相关责任，促进公司本身与全社会的协调、和谐发展。

二是"为发展松绑"，即为规范金融创新、促进行业发展而制定的法规或规范性文件。

在推进金融创新方面，中国人民银行2月21日发布的货币政策执行报告提出，应加快推进金融体制改革，稳步推进金融业综合经营试点，推动金融控股公司规范发展；密切关注银行业、证券业、保险业、金融控股公司和交叉性金融工具的发展状况，防范跨行业、跨市场的系统性风险；加快推进存款保险制度建设，建立符合市场经济要求的风险补偿机制。2006年9月9日，国家发展改革委协商有关部门并报国务院批准，在天津滨海新区先行开展产业投资基金试点，同意天津市筹办渤海产业投资基金。天津市滨海新区综合配套改革试点重点工作中，金融改革和创新摆在首要位置。2006年12月，银监会发布了《商业银行金融创新指引》。该指引共7章48条，分为总则、金融创新的基本原则、金融创新的运行机制、金融创新的客户利益保护、金融创新的风险管理、金融创新的监督管理和附则七个部分。

在促进金融行业发展方面，2006年相关建规立制的成果主要包括以下方面。

（1）《外资银行管理条例》及其实施细则。2006年12月11日起，中国加入世贸组织的五年过渡期结束，新颁布的《外资银行管理条例》及其实施细则正式生效。该条例的主旨有三：一是兑现WTO承诺，二是实施国民待遇，三是审慎监管。根据该条例的规定，中国已经取消了对外资银行的所有非审慎性限制。条例对外商独资银行和中外合资银行的业务经营范围，完全比照《商业银行法》来定义，这意味着中外银行双方短兵相接的时代已经到来。

（2）《保险资金间接投资基础设施项目试点管理办法》。2006年，保险资金投资基础设施谨慎开闸。保监会颁布了《保险资金间接投资基础设施项目试点管理办法》，业界呼吁了数年的保险资金投资基础设施建设谨慎开闸。保险资金通过间接投资保险基础设施项目，找到了能与保险期限相匹配的长期投资市场。

（3）《国务院关于保险业改革发展的若干意见》。2006年6月颁布的《国务院关于保险业改革发展的若干意见》（业内简称"国十条"）更是为保险公司投资银行、不动产和基础设施开闸。保险业"国十条"被认为是继2003年底国有商业银行改革、2004年初《国务院关于推进资本市场改革开放和稳定发展的若干意见》（通常称为证券市场的"国九条"）之后，针对保险业未来改革发展制定的纲领性文件。中国保监会成立至今，这也是第一份以国务院名义发布的有关保险业总体规划的专门文件。

（4）《合格境外机构投资者境内证券投资管理办法》。证监会、人民银行和国家外汇局于2006年8月25日联合发布这部法规，较大幅度地降低了合格境外机构投资者投资境内证券的门槛，以鼓励长期资金入市，促进中国资本市场的健康发展。新法规是在现行《合格境外机构投资者境内证券投资管理暂行办法》的基础上修订并发布的，旨在落实《国务院关于推进资本市场改革开放和稳定发展的若干意见》中关于完善合格境外机构投资者（QFII）试点的精神，稳步推进QFII试点工作。

5. 食品药品监管：整顿和规范药品、食品市场秩序

"民以食为天"，食品药品的安全事关百姓民生。然而，2006年却是中国食品药品行业的多事之秋。红心鸭蛋事件①、多宝鱼事件②、齐二药事件③、欣弗药事件④等给公众健康和生命安全带来了严重威胁，也集中暴露出中国食品药品监管中的诸多漏洞。

为了加强药品市场监管，国家食品药品监管局从2006年8月开始，按照国务院统一部署，在全国深入开展整顿和规范药品市场秩序专项行动。

在药品研制环节，全面启动药品注册现场核查，切实规范药品注册申报秩序；认真做好药品批准文号普查工作，建立全国药品批准文号普查数据库；加强药品审评审批，严格注射剂等安全风险较大品种的技术审评标准；加强药品研究监督，组织查处临床前研究和临床试验违规案件30件。在现场核查工作中，国家食品药品监管局采取分批推进、分类开展、分级负责的方法，与各省食品药品监管局密切配合，合理分工，共同推进现场核查工作。通过核查，严肃处理和纠正了注册申报严重弄虚作假问题，规范了注册申报工作。在药品生产环节，组织开展了血管支架类、骨科内固定器材生产企业质量体系专项检查和疫苗专项整治工作；加大对企业执行GMP情况的检查力度，制定《药品GMP飞行检查暂行规定》《医疗器械

---

① 河北省个别地区一些养殖户使用含有"苏丹红Ⅳ号"的饲料喂养蛋鸭而产出"红心"鸭蛋被曝光。国家质检总局于11月14日紧急布置全国开展鸭蛋、鸡蛋等禽蛋制品中苏丹红的专项检查，发现有七家蛋制品企业八个批次的产品涉嫌含有苏丹红。

② 上海在11月17日公布的一项抽检结果显示，申城市场上销售的多宝鱼药物残留超标，30个样品全部被检出违禁药物。当地监管部门发出"消费预警"，提醒市民慎食多宝鱼。国家食品药品监督管理局也立即组织对中国沿海有关省市水产养殖环节进行专项督察。

③ 5月3日，广东省食品药品监督管理局报告，发现部分患者使用齐齐哈尔第二制药有限公司生产的"亮菌甲素注射液"后，出现严重不良反应。鉴于此，国家食品药品监督管理局责成黑龙江省食品药品监督管理局暂停了该企业"亮菌甲素注射液"的生产，封存了库存药品，并派出调查组分赴黑龙江、广东等地进行调查，随后又赴江苏追踪调查生产原料的问题。

④ 在2006年盛夏，一种商品名为"欣弗"的克林霉素磷酸酯葡萄糖注射液，成为举国瞩目的焦点。这种由上海华源股份有限公司、安徽华源生物药业有限公司生产的注射液，获得了国家药品监管部门的批准文号得以合法生产流通，它席卷大江南北，截至2006年8月17日，在中国已造成了99例不良反应事件以及10人死亡。

生产日常监督管理规定》等制度，依法严肃查处偷工减料、掺杂使假、违规生产等不法行为。2006 年，依法吊销了 4 家企业的药品生产许可证、收回 GMP 认证证书 86 张、责令停产停业整顿药品生产企业 142 家。

在药品流通环节，加大市场抽验和查处假冒伪劣药品的力度，2006 年全年共查处各类药品、医疗器械违法案件 33.2 万件，涉案总值 5.7 亿元，捣毁制假窝点 440 个，向社会公告并移送有关部门查处违法药品广告 51289 件，累计依法吊销 160 家药品经营企业的药品经营许可证，收回 GSP 认证证书 135 张，责令停产停业整顿药品批发企业 114 家，限期整改 11681 家。在药品使用环节，加强制度建设，出台了《药品说明书和标签管理规定》及相关细则，进一步规范药品名称管理，集中解决"一药多名"问题。

2006 年，国家食品药品监管局同时开展了食品安全专项整治行动，如建立和完善了绩效考核机制，对 31 个城市进行食品放心工程综合评价；稳步推进食品安全信用体系建设，在 130 多个城市开展试点工作；建立重大食品安全事故月报制度，开通国家食品安全网，搭建食品安全信息工作平台；制定《全国食品安全宣传教育五年纲要》。

为强化食品安全监察工作，国家食品药品监管局会同有关部门对食品安全保障情况进行督查，对阜阳劣质奶粉事件等进行回访督查，督促地方政府落实食品生产和流通秩序整改措施等。

在食品安全事故应急体系建设方面，国家食品药品监管局在陕西省组织了首次重大食品安全事故（Ⅱ级）应急演练，各省（自治区、直辖市）制定了重大食品安全事故应急预案，主动发现、及时处置了"东方"牌劣质奶粉、药物残留超标多宝鱼问题，以及"瘦肉精"食物中毒、"苏丹红"鸭蛋等一系列食品安全事件，较好地发挥了早发现、早预防、早整治的作用。同时，各级食品药品监管部门结合本地实际，积极探索履行综合监督职能的途径和方法，推动了食品安全监管体制机制的创新和食品安全工作责任的落实。广东省积极推进地方食品安全立法工作并取得实质性进展，北京市结合《奥运食品安全行动纲要》全面建设食品安全监控系统，上海市、江西省及时向社会发布食品安全状况报告等，增强了食品安全综合监督工作的权威性，促进了综合监督效能的总体提升。

（三）社会管理

所谓社会管理，是指政府通过制定社会政策和法规，依法管理和规范社会组织、社会事务，化解社会矛盾，维护社会公正、社会秩序和社会稳定，加强社会治安综合治理，保障人民群众生命财产安全，保护和治理生态环境，建立健全各种突发事件应急机制，提高政府应对公共危机的能力。

1. 环保监管：建立全流域生态补偿机制，抑制水污染继续恶化

2006 年，对很多普通中国人而言，清洁的水正在变得不再唾手可得。是年春天，河北省经历了 55 年来最严重的干旱，与之毗邻的天津市也难以幸免。北京的干旱程度为 50 年来严峻之最，从 1999 年至 2006 年，这个人口已逾千万的大城市，一直笼罩在缺水的阴影中。在水资源相对充足的南方，污染的幽灵挥之不去。无论长江还是珠江，整体水质都没有改善的迹象。在中国广袤的农村地区，2006 年仍有超过 3 亿人无法获得安全的饮用水。

中国是一个缺水的国家，人均水资源拥有量只有世界平均水平的四分之一。中国也是一个水资源极度失衡的国家。以华北地区为例，据水利部统计，华北人均水资源拥有量只有大约 500 立方米，不足全国平均水平的 1/4。问题仍然在于，水危机还没有被真正提到国家战略层面上来考虑。"十一五"规划设定了宏大的单位能耗目标及二氧化硫排放目标，但单位水耗等同样紧迫的目标却仍然在太多人的视线之外。为加强对水资源的管理和保护，促进水资源的节约与合理开发利用，2006 年 2 月 21 日，国务院公布了《取水许可和水资源费征收管理条例》；7 月 24 日，又公布了《黄河水量调度条例》。这两部行政法规对促进水资源的合理配置和高效利用，推进节水型社会建设，将发挥重要作用。

根据国家环保总局公布的材料，从整体上看，中国的水污染仍在不断恶化，并将加剧业已存在的失衡。2006 年，海河、黄河、淮河以及松花江、辽河等北方主要河流的污染仍然相对严重。其中，海河流域全境以及黄河、松花江和淮河的不少支流，更是普遍呈现严重污染态势。1999 年，一本名为《中国水危机》的图书引起了广泛关注。这本书推出了中国第一个"水污染地图"，并希望在 2007 年更精准地确定污染中国之水的各个污染源的具体位置，并以各种方式对污染者施以压力，让其付出代价。

但是，欲破解中国所面临的全局性水危机，只能寻求建立一个全局性的解决方案。解决主要江河的污染问题，有必要引入全流域生态补偿机制。这样，上游才有经济动力去保护水源的洁净，下游也才有压力去约束用水量。但如何建立一个保证生态补偿机制真正得以运作的"政府间谈判机制"，以更加综合、平衡的视角来协调其中可能的冲突，对决策者而言还是一个全新的课题。

2. 节能保障：应重视市场的作用

为贯彻科学发展观，"十一五"规划纲要提出了单位 GDP 能耗降低 20% 左右、主要污染物排放总量减少 10% 的约束性指标，节能降耗由此被提升到国策的高度。从中央到地方对降低能源消耗、建立节能型社会都前所未有地重视，各部门、各省份纷纷重拳出击。

国家发展改革委首先与各省政府和有关中央企业签订了节能目标责任书；年中，国务院下发了《关于加强固定资产投资调控从严控制新开工项目的意见的通知》；8 月初，国家统计局公布中国上半年单位 GDP 能耗指标不降反升之后，国家发展改革委、国土资源部、环保总局、安全监管总局、银监会等又联合下发了《新开工项目清理工作指导意见》，并派出六个调查组在全国范围进行了新开工项目集中清理工作。紧接着，8 月 31 日公布的《国务院关于加强节能工作的决定》（国发〔2006〕28 号）要求，建立健全节能保障机制，并提出了深化能源价格改革、实行节能税收优惠政策、推进城镇供热体制改革等多项体制、机制改革措施。

与此同时，国家发展改革委起草的《关于深化价格改革　促进资源节约和环境保护的意见》在 2006 年末上报国务院。这份改革方案力图运用"价格杠杆"来达到节能的目的，资源性产品价格的改革将从水、石油、电力、天然气、煤炭、土地等领域展开，提高排污费、污水处理费和垃圾处理费的征收标准，并把环境治理成本和资源枯竭后的退出成本计入上述产品的定价中。

但是，从中国政府已经出台和即将出台的一系列节能政策来看，行政手段仍然在其中占据主要地位。无论是项目审批还是在能源价格上实行环保成本加价，都是固化政府既有权力的做法，因而成为有关部门乐于采取的调控手段，以为可收"立竿见影"之效。但清理和加价——通过推高成本的改革方案固化了计划模式下"成本定价"的思路，对项目的清查固然轰动一时，却只能"治标不治本"。而实行万元 GDP 指标公报制度，将能耗降低的指标分解到各个省份，与各省份和大型中央企业签订"节能目标责任书"，发布国家重点行业清洁生产技术指导目录等，面对不同企业、不同产业、不同地区的复杂情况，以政府人员判断层层下达的指标，很难做到科学合理。过度使用行政性工具，不仅有技术难度，而且还会增加管理成本，带来社会不公。政府的政策包括价格、技术标准、法规、经营激励等，应当通过市场起作用，着重建立全社会节能环保机制，这样就可以实现"四两拨千斤"的效果。

3. 安全监管：强化安全监督执法

2006 年，中国安全生产监管形势严峻，仅前 11 个月就发生了陕西省延安市子长县瓦窑堡煤矿"4·29"瓦斯爆炸事故、山西省大同市左云县张家场乡新井煤矿"5·18"透水事故等 5 起重特大安全生产事故，其中不乏权钱交易、官商勾结问题，共有 100 人受到政纪党纪处分，其中省部级一人、厅局级四人、县处级 30 人、科级以下及其他 65 人，另有 69 人移送司法机关。

针对这一问题，11 月 22 日，中国第一部关于安全生产领域政纪处分方面的部门规章——《安全生产领域违法违纪行为政纪处分暂行规定》颁布实施。该暂行规定的实施对安全生产监管和煤矿安全监察系统来说，是强化安全监督执法的一把利剑。

该规定对安全生产领域中各类违法违纪行为及其处分量级标准作出了明确规定，是查处安全生产领域违法违纪案件的重要依据。全文约 4000字，共 21 条，适用范围包括国家行政机关及其公务员，企业事业单位中由国家行政机关任命的人员。该规定罗列的"高压线"中，涉及国家机关及其公务员 7 类 25 条、国有企业及其工作人员 5 类 18 条。内容涵盖了生产项目的报批、招投标、施工、验收，以及安全事故的预防、报告、求援等各个环节。针对触及"高压线"的直接负责人，该暂行规定依据情节轻重分出了不同档次的处分：警告、记过或者记大过处分；情节较重的，给予降级、撤职或者留用察看处分；情节严重的，给予开除处分；涉嫌犯罪的，移送司法机关依法处理。

烟花爆竹、民用爆炸物品具有易燃易爆的高度危险属性，其安全管理事关重大。2006 年 1 月 21 日，国务院公布了《烟花爆竹安全管理条例》；5 月 10 日，公布了《民用爆炸物品安全管理条例》。两部条例在总结经验教训的基础上，明确规定烟花爆竹和民用爆炸物品的安全管理责任以及对违法行为的处罚措施，将有力保障公共安全和群众的人身财产安全。

4. 应急管理：居安思危，有备无患

2006 年，国家加快建立突发公共事件应急机制，提高政府应对公共危机的能力，努力建设服务政府。1 月 8 日，国务院发布了《国家突发公共事件总体应急预案》。以总体应急预案为总纲，25 件专项预案、80 件部门预案和 31 个省（自治区、直辖市）总体预案出台，标志着全国应急预案体系初步形成。应急预案体系的建立，对提高各级政府保障公共安全和处置突发公共事件的能力，最大限度地预防和减少突发公共事件及其造成的损害，保障人民群众的生命财产安全，维护国家安全和社会稳定具有重大意义。

为进一步推动突发公共事件应急工作走上法制化、规范化轨道，在总结《突发公共卫生事件应急条例》《重大动物疫情应急条例》等行政法规实施经验的基础上，国务院组织起草了《突发事件应对法（草案）》，于 5 月 31 日经国务院常务会议讨论通过后，决定提请全国人大常委会审议。作为应急管理的"龙头法"，该法对有效预防和减少自然灾害、事故灾难、公共卫生等突发事件的发生，最大限度地控制、减轻和消除突发事件引起的严重社会危害，保护人民群众的生命财产安全将发挥重要作用。

（四）公共服务

所谓公共服务，就是提供公共产品和服务，包括城乡公共设施建设，发展社会就业、社会保障服务和教育、科技、文化、卫生、体育等公共事业，发布公共信息等。公共服务为社会公众生活和参与社会经济、政治、文化活动提供保障和创造条件，是服务型政府的职责。

关注民生，推进社会公平正义和构建和谐社会，是 2006 年六中全会确定的"社会新政"执政纲领转化为国家措施和政府职能的重要举措。扩大向社会提供社会福利和公共服务的行政给付，维护社会公平正义，日益成为中国政府的主导职能。

1. "三农"问题："多予、少取、放活"

中国农业人口多，农民是中国共产党和政府深厚的群众基础，农村发展是实现现代化的关键任务。重视并解决好"三农"问题，是社会主义制度成熟的一个重要标志，在建设中国特色社会主义事业中具有重要意义。

2006年的"三农"工作在处理国家与农民的关系上，国家基本遵循了2003年以后成型的"多予、少取、放活"的总方针。

（1）"多予"。大幅度增加对农村义务教育、公共卫生和合作医疗、农村基础设施的支持，同时对农民给予"直接补贴"，包括"粮食直补""良种补贴""农机补贴"等。

2005年12月28日到29日，中央农村工作会议召开。国务院主要领导同志再次提出"三个不低于"的"多予"政策，即2006年"国家财政支农资金增量要高于上年，国债和预算内资金用于农村建设的比重要高于上年，其中直接用于改善农村生产生活条件的资金要高于上年"。

为适应农村税费改革后五保供养工作的需要，2006年1月21日，国务院修订了《农村五保供养工作条例》。新条例将农村五保供养纳入了公共财政保障为主的新轨道，标志着与社会主义市场经济体制相适应的新型农村五保供养制度基本确立。

2006年，中国积极推进政策性"三农"保险发展。浙江省部署开展了政策性农村住房保险。《浙江省人民政府关于开展政策性农村住房保险工作的通知》要求，按照"农户自愿参保、政府补助推动、保险公司市场运作"的原则，在全省全面开展政策性农村住房保险工作。

北京市自2006年1月1日起在全国率先执行新的农村社会养老保险政策。此次改革首次明确市、区两级财政对参保农民的补贴责任，将以往"个人缴费为主、集体补助为辅"的筹资形式，改为由"个人缴费、集体补助和政府补贴"三部分组成。2006年，为解决农民转为市民后农村社保与城市社保接轨、北京市农民工参加城镇养老保险后再转回农村等问题，还设置了城乡社保相互衔接的制度通道。但是，新实行的农村养老保险制度，距离真正的城乡社保一体化依然路途遥远①。

2006 年，在支持农田水利建设方面，国家发展改革委、财政部、水利部、农业部、国土资源部等部门提出中国农田水利建设的新机制。主要思路是：以政府安排补助资金为引导，以农民自愿出资出力为主体，以农田水利规划为依托，以加强组织动员为纽带，以加快农田水利管理体制改革为动力，逐步建立起保障农田水利建设健康发展的长效机制。

2006 年，国家在现行粮食直补制度基础上，出台了综合直补粮农政策。3 月 26 日，国家对农用柴油统一调价后，农民种粮成本支出增加，在一定程度上影响了农民的种粮收益。根据国务院石油综合配套调价的精神，在柴油调价的同时要对种粮农民柴油调价增支给予补贴②。经国务院批准，财政部在 2006 年 4 月发出《关于对种粮农民柴油、化肥等农业生产资料增支实行综合直补的通知》，中央财政决定新增 125 亿元补贴资金，对 2006 年种粮农民的柴油、化肥、农药等农业生产资料增支实行综合直补。

（2）"少取"。2006 年 1 月 1 日，施行近 50 年的《农业税条例》正式废止，农业税这一实施了上千年的古老税种成为历史。2 月 17 日，国务院公布了第 459 号国务院令，明令废止国务院于 1994 年发布的《国务院关于对农业特产收入征收农业税的规定》和政务院于 1950 年发布的《屠宰税暂行条例》。此前，更取消了乡镇"五项统筹"、村级"三项提留"、教育集资等专门面向农民的不合理税费。目前，"少取"的任务已接近完成。

（3）"放活"。"放活"，更多地指向"农村体制改革"，意为释放农

---

① 真正意义上的社会养老保险，必须同时具有三个基本特征：一是以保障基本生活为原则；二是国家强制性，通过法律法规强制实施；三是由国家财政兜底。但北京市农村社会养老保险的特点是自愿参加，个人存钱个人用，社会化程度低。更重要的是，政府职责不清，如劳动保障部门、财政部门在基金积累出现问题时如何承担责任，都没有明确界定，至多介于商业养老保险和社会养老保险之间。

② 影响农民种粮成本增加的因素很多，柴油调价增支只是一个方面，化肥、农药、农膜等其他农业生产资料价格变动会对农民种粮收益产生较大影响。对此，财政部进行了认真研究，并经国务院同意，决定以此次柴油配套调价为契机，综合考虑柴油、化肥、农药、农膜等农业生产资料价格变动因素，对种粮农民农业生产资料增支实行综合直补。

民的主体性、创造力，主要包括征地制度改革、粮食流通体制改革、农村综合改革、农村金融体制改革等。

2006 年 4 月 12 日召开的国务院常务会议，审议并原则通过了《国务院关于完善粮食流通体制改革政策措施的意见》。会议指出，随着粮食流通体制改革的推进，我们必须进一步加大改革力度，完善政策措施，健全体制机制，确保粮食流通体制改革的顺利推进。当前要着力做好以下几个方面的工作。一是加快推进国有粮食购销企业改革，切实转换企业经营机制，使国有粮食购销企业真正成为市场主体。二是加快清理和剥离国有粮食企业财务挂账，继续做好国有粮食企业分流职工再就业和社会保障工作，抓紧库存陈粮的定向销售，妥善解决企业历史包袱。三是积极培育和规范粮食市场，加快建立全国统一开放、竞争有序的粮食市场体系。进一步培育和规范多种粮食市场主体，健全粮食收购市场准入制度，加强粮食市场监管执法，完善粮食市场体系建设，维护正常的流通秩序。四是加强粮食产销衔接，逐步建立产销区之间的利益协调机制。大力发展长期稳定的粮食产销合作关系，建立有利于产销区协作发展的支持体系，支持和引导产区与销区优势互补。五是切实加强和改善粮食宏观调控，确保国家粮食安全。完善粮食直补和最低收购价政策，加大对主产区和种粮农民的支持力度，进一步加强和充实地方粮食储备，完善中央储备粮食管理体系，探索建立中长期粮食供求总量和品种结构的平衡机制，保证市场粮食的有效供应。

2006 年，中国国家林业局对林业启动了三项重大改革。一是全面抓好集体林权制度综合配套改革。通过借鉴农村家庭联产承包责任制的改革办法，采取明晰产权、放活经营、减轻税费等政策措施，真正使广大林农耕者有其山、耕山有其责、务林有其利、致富有其道。集体林权制度改革的核心内容是：确立集体林业经营主体，明晰林地使用权和林木所有权，放活经营权，落实处置权，保障收益权，建立起以农村集体经济组织内部家庭承包经营为基础、多种经营形式并存、责权利相统一的集体林业经营体制。二是深化国有林场改革。逐步界定生态公益型林场和商品经营型林场，对其内部结构和运营机制作出相应调整，建立起符合市场经济规律、有利于生态建设和产业发展的管理体制和运行机制。经国务院批准，国家林业局启动了国有林区林权制度改革试点工作，批复黑龙江省伊春市林权制度改革试点实施方案，在不改变林地国有性质和用途的前提下，将浅山区林农交错、相对分散、零星分布、易于分户承包经营的部分国有商品林，由林业职工家庭承包经营。三是稳步推进重点国有林区及森林资源管理体制改革。按照政企分开的原则，建立国有林资源管理机构，代表国家履行出资人职责，重点抓好六个管理分局的试点。

在农村金融体制改革方面，中国银监会 2006 年 12 月 21 日发布《关于调整放宽农村地区银行业机构准入政策 更好支持社会主义新农村建设的若干意见》，体现了银行业监管当局对银行业发展效率和金融资源公平配置的统筹兼顾。意见指出，农村地区银行业存在网点覆盖率低、金融供给不充分、竞争不充分三大问题，要降低准入门槛、强化监管约束。尽管该意见对推动农村金融发展的意愿良好，但其操作模式设计存在一定偏差[①]。问题的核心并不在于如何动员现有的金融机构存量"为农民服务"，而在于如何设计某种制度——包括准入机制和监管机制改革——推动真正的"农民自己的银行"的兴起。当然，该意见的出台是一个积极迹象，至少意味着农村金融体系开始真正向农户靠拢。

在未来一段时间，"多予、少取、放活"依然是中国政府推进农村改革的总指针。"少取"之外，"多予"更将成为"三农"新政的重点。重在破旧立新的"放活"将成为最大难点，决定着新一轮农村改革的成败。

"三农"改革中，归根到底人是首要因素。但是，近年来由于政府的监管不力和服务缺位，农民工作为产业工人的主体，工资低廉且多有拖欠，更不能享有基本社会保障。2006 年，农民工权益保护被提上重要议事日程。2006 年 1 月 18 日，国务院常务会议审议并原则通过了《国务院

---

① 一方面，准入门槛的降低虽建立在"为农民服务"的基础上，但涉及对象主要是商业性银行类机构；无论是设立在县（市）还是乡（镇）的村镇银行，基于当前的营利性和安全性的监管要求，将很难在事实上保证其金融服务真正面向农户，甚至可能在新的制度安排下出现垄断进一步强化的问题。另一方面，该意见提出了在乡（镇）和村设立信用合作组织的构想，其实在 10 年前的农村金融改革中已经推行了农村信用社县、乡两级法人构想，但由于机构的"官办"性质而非按合作经济组织进行规范，其结果是原本自下而上的机构治理通过统一法人扭曲为自上而下的法人治理。其核心因素是官办所造成的社员权利被各种外部权力或善意或恶意的持续侵犯。

关于解决农民工问题的若干意见》①。2006 年，中国有 24 个省份针对拖欠、克扣农民工工资问题建立起工资保证金制度。劳动和社会保障部门还进一步加强了监察执法工作，用人单位拖欠和克扣劳动者特别是农民工工资的违法现象，以及职业介绍领域的违法犯罪活动得到遏制。农民工的社会保障也迈出了新步伐。至 6 月底，参加工伤保险的农民工达 1620 万人，比 2005 年底增加了 368 万人。参加医疗保险的农民工达 1034 万人，比 2005 年底增加了 545 万人。

2. 社会保障

（1）住房保障。解决低收入家庭的基本住房问题，满足大多数居民的住房需要，不仅是当代中国必须面对的一个重大社会经济问题，更涉及公民的基本权利。

2006 年底，全国房地产市场宏观调控部际联席会议向各省、自治区、直辖市人民政府以及国务院各部委、各直属机构印发了《关于各地区贯彻落实房地产市场调控政策情况的通报》，要求目前尚未公布住房建设规划的城市，务必在 2006 年 12 月 20 日前全面完成规划的编制、公布和备案工作；尚未建立廉租住房制度的城市，必须在 2006 年底前建立并实施②。

（2）社会保险。根据《国务院关于完善企业职工基本养老保险制度的决定》（国发〔2005〕38 号），2006 年起，中国开始实行新的基本养老金计发办法，目的是建立健全参保缴费的激励约束机制，使参加缴纳养老

---

① 意见指出，解决农民工问题要着力做好以下工作。一是抓紧解决农民工工资偏低和拖欠问题。严格执行最低工资制度，制定和推行小时最低工资标准。二是依法规范农民工劳动管理。严格执行劳动合同制度，切实保护女工和未成年工权益，严格禁止使用童工。三是搞好农民工就业服务和职业技能培训。四是积极稳妥地解决农民工社会保障问题。五是切实为农民工提供相关公共服务。六是健全维护农民工权益的保障机制。七是促进农村劳动力就地就近转移，扩大当地转移就业容量。

② 2006 年 12 月，厦门市推出了首期两万套社会保障性住房。厦门市的社会保障性住房完全由政府出资建设，实行统一建设、统一分配、统一管理、统一运作的新机制。社会保障性商品房的出售价格初步测算至少比同一区域社会商品房低 40% 左右。符合社会保障性住房申请条件的家庭只能购买或承租一套社会保障性住房，申请社会保障性住房实行家庭成员全名制；社会保障性商品房不得上市转让，但可申请由政府回购；承租社会保障性租赁房的家庭，因家庭收入或住房等情况发生变化，不再符合原有承租条件的，应自觉申报调整租金补助标准或退出承租的住房，否则将依法收回住房。

保险费的年限与待遇水平挂钩。该决定的重点是确保新老退休人员尤其是"中人"待遇水平的合理衔接。对 1997 年前退休的"老人"，仍然按照原来的标准①领取基本养老金，并随着养老金的调整同步提高待遇；1997 年后参加工作的"新人"，将来领取的基础养老金部分与缴费年限挂钩，总体上待遇会略有提高；1997 年前参加工作但尚未退休的"中人"，除了按规定领取基础养老金和账户养老金之外，还要根据他们缴费年限的长短，发给一定的过渡性养老金②。

（3）就业促进。就业是民生之本和安国之策。中共中央、国务院历来高度重视就业工作，近几年来，劳动力供求总量矛盾日益突出。到 2010 年，全国劳动力总量达到 8.3 亿人，城镇新增劳动力供给 5000 万人，而劳动力就业需求岗位只能新增 4000 万个，劳动力供求缺口在 1000 万个左右。

为促进下岗失业人员的再就业，根据《国务院关于进一步加强就业再就业工作的通知》（国发〔2005〕36 号）精神，国家税务总局、劳动保障部在 2006 年 1 月 23 日下发了《关于下岗失业人员再就业有关税收政策具体实施意见的通知》（财税〔2005〕186 号）。通知的主要内容为：一是确定了企业吸纳下岗失业人员享受税收政策的认定、审核程序；二是确定了国有大中型企业通过主辅分离和辅业改制，分流安置本企业富余人员兴办的经济实体享受税收政策的认定、审核程序；三是确定了下岗失业人员从事个体经营享受税收政策的认定、审核程序等。

此外，劳动保障部还在认真总结中国促进就业实践经验并借鉴国外促进就业立法经验的基础上，起草了《就业促进法草案（送审稿）》，试图通过立法的方式建立促进就业的长效机制。草案已于 2007 年 1 月 10 日国

---

① 即《国务院关于建立统一的企业职工基本养老保险制度的决定》（国发〔1997〕26 号）规定的标准。

② 2006 年 9 月 1 日，上海市正式实施专门针对无保障老人的城镇高龄老人保障制度。凡上海城镇户籍年满 70 周岁，在上海居住、生活满 30 年，且未纳入基本养老、医疗保险制度以及未享受征地养老待遇的老人，给予享受新制度规定的养老、医疗保障待遇。养老待遇目前为每人每月 460 元，基本医疗保障实行定点医疗、按需转诊的就医制度，门诊、急诊医疗费用报销 50%，住院医疗费用报销 70%。这项举措直接惠及近 10 万高龄无保障老人。

务院第 164 次常务会议讨论通过，并提交全国人大常委会审议。

3. 社会事业

（1）教育事业。2006 年 1 月 4 日，国务院常务会议讨论通过《义务教育法（修订草案）》，并决定提请全国人大常委会审议。6 月 29 日，十届全国人大常委会第二十二次会议表决通过该修订草案。修订后的《义务教育法》强化政府责任，强调教育公平，将义务教育全面纳入财政保障。新的《义务教育法》带来了全新的教育管理机制与制度支持，以此为标志，中国的义务教育将迈入一个新的历史阶段。2006 年，中国全部免除了西部地区农村义务教育阶段学生的学杂费，让近 4900 万中小学生受益，平均每个小学生减负 140 元，初中生减负 180 元。西部地区的许多辍学孩子重新回到了学校①。

（2）文化产业。2006 年 1 月，《中共中央、国务院关于深化文化体制改革的若干意见》正式颁布实施。这是深化中国文化体制改革的纲领性文件。意见强调，文化体制改革要以邓小平理论和"三个代表"重要思想为指导，以发展为主题，以改革为动力，以体制机制创新为重点，形成科学有效的宏观文化管理体制，富有效率的文化生产和服务的微观运行机制，以公有制为主体、多种所有制共同发展的文化产业格局；要形成完善的文化创新体系，形成以民族文化为主体，吸收外来有益文化，推动中华文化走向世界的文化开放格局。意见指出，要加快文化领域结构调整，培育现代文化市场体系，加强文化产品和要素市场建设，打破条块分割、地区封锁、城乡分离的市场格局。为落实《中共中央、国务院关于深化文化体制改革的若干意见》，2006 年 9 月 13 日，中共中央办公厅、国务院办公厅印发《国家"十一五"时期文化发展规划纲要》，指出要以体制机

---

① 重庆市在 2006 年实施了农村义务教育经费保障机制改革。一是加大教育投入，扩大保障机制改革覆盖面，让更多义务教育阶段学生享受到惠民政策。二是严格规范义务教育学校收费行为，深入治理教育乱收费，减轻义务教育阶段学生家长的经济负担。三是及时研究保障机制改革中出现的新情况、新问题。针对民办学校办学出现的新问题，制定了《关于实施农村义务教育经费保障机制改革后民办学校有关问题的通知》；针对农村学校教师收入降低和农村学校办学经费紧缺等问题，提倡和鼓励区县（市）政府增加教育投入，加大保障力度，稳定教师队伍。四是加快教育改革发展，巩固农村义务教育经费保障机制的改革成果。

制创新为重点，深化文化体制改革，提出了未来五年文化发展的指导思想、方针原则和发展目标，规划了理论和思想道德建设、公共文化服务、新闻事业、文化产业、文化创新、民族文化保护、对外文化交流、人才队伍、保障措施和重要政策等方面的工作。

（3）医疗卫生。长期以来，看病难、看病贵，一直是社会各界反映强烈的问题。为了从根本上解决这一问题，2006 年，国家有关部门一方面通过行政手段降低药价，治理医药购销领域中的商业贿赂行为，另一方面制定了多个配套文件，加快推进城市社区卫生服务，推行农村新型合作医疗制度，并取得一定成效。

2006 年 2 月，国务院印发了《关于发展城市社区卫生服务的指导意见》，成立了领导小组，召开了全国城市社区卫生工作会议，大力推进城市社区卫生服务体系建设。该指导意见提出，发展社区卫生服务，要坚持公益性质，健全社区卫生服务网络；坚持公共卫生和基本医疗服务、中西医并重，防治结合；坚持以地方为主，因地制宜，稳步推进。到 2010 年，全国地级以上城市和有条件的县级市，基本建立起机构设置合理、服务功能健全、人员素质较高、运行机制科学、监督管理规范的城市社区卫生服务体系，居民在社区可以享受疾病预防控制等公共卫生服务和一般常见病、多发病的基本医疗服务。东中部地区地级以上城市和西部地区省会城市，要加快发展，力争在两三年内取得明显进展。

为进一步落实该指导意见精神，卫生部、财政部、发展改革委、人事部、民政部、劳动保障部、中医药局等七部门研究制定了《城市社区卫生服务机构管理办法（试行）》等九个配套政策文件，内容涉及社区卫生服务机构管理、财政补助、编制标准、队伍建设、医疗服务、药价管理、医院支援、医疗保险和中医药服务等方面。该办法进一步明确了推进城市社区卫生服务的有关政策措施，重点是：完善社区卫生服务的功能和职责，明确由社区卫生服务机构承担公共卫生和基本医疗服务；完善社区卫生服务财政补助政策；明确社区卫生服务机构编制标准；加强社区卫生服务人才队伍建设；促进医疗保险进社区，积极扩大定点社区卫生服务机构范围；加强社区卫生服务的医疗收费和药品价格管理。

2006 年，国家积极推进新型农村合作医疗试点工作，新型农村合作医疗制度试点的覆盖面将达到全国总县数的 40%，覆盖 3 亿农民。对此，中央财政将加大对中西部地区农民参加合作医疗的支持力度。从 2006 年开始，凡是参加合作医疗的中西部农村，中央财政将给予每人 20 元的补助，地方政府也将相应给予每人 20 元的补助。根据各部门的部署，全国试点县（市、区）2006 年数量要达到全国县（市、区）总数的 40% 左右，2007 年扩大到 60% 左右，2008 年在全国基本推行，2010 年实现新型农村合作医疗制度基本覆盖农村居民的目标。

目前中国看病、住院费城乡差距较大，进城农民工长期游离于医保之外，收入低、负担重，一旦遇有重大疾病便束手无策。为解决农民工有病难医问题，在充分考虑农民工流动性强、工资收入偏低等实际情况的基础上，2006 年，河北、天津、山东、河南、吉林等地相继将农民工全部纳入基本医疗保险范围，调动用人单位和农民工的参保积极性，使农民工享受到平等的医疗保障权利，明确规定所有招收农民工的用人单位，必须在招工后 30 日内到所在地医疗保险经办机构为其办理参保手续。

2006 年，中国还将艾滋病、血吸虫病等重大疾病的防治纳入法制化轨道。2006 年 1 月 29 日公布的《艾滋病防治条例》是从 1998 年开始起草的，在出台前，中国制定的与之相关的法律、法规、规章以及中国参加或认可的国际组织公约、文件等，已有 500 余件。超过 20 个省份制定了地方性艾滋病防治条例或办法。这部行政法规为艾滋病的防治提供了日趋完善的环境。除了将已在一些地方实行的通过政府财政支持，为经济困难的感染者和病人提供免费的检测和药物治疗，以及对有高危行为的人群采取行为干预的举措等写入条例，该条例的进步之处主要涉及 3 个方面。其一，在原则上作出了反歧视（第 3 条）和保护隐私权（第 39 条第 2 款）的规定。反歧视，就是保护每一个人的权利；保护隐私，就是要尊重个人，划清公私领域界限，使一切都在法治的原则下进行。其二，明确规定了"医疗机构不得因就诊的病人是艾滋病病毒感染者或者艾滋病病人，推诿或者拒绝对其其他疾病进行治疗"（第 41 条第 2 款）；明确规定仍要防止艾滋病的医源性和血缘性传播（第 33 条和第 35 条）。其三，作出了政府应对"有关组织和个人开展艾滋病防治活动提供必要的资金支持"的规定（第 51 条）。政府以财政支出支持社会团体和志愿者参与公共事务，既是艾滋病防治中多部门合作、全社会参与的需要，更是公民作为国家主人的地位体现①。

2006 年 4 月 1 日，国务院公布了《血吸虫病防治条例》。该条例总结了半个多世纪以来中国血吸虫病防治工作的经验，明确各级政府责任，保障防治经费，引导群众改变传统的生产生活方式，使血吸虫病防治工作走上了规范化、法制化防治的轨道。

4. 基础设施

（1）铁路投融资。路港车船等公共设施和公共产品，直接承载着人和物的空间移动，为商品流通和人员流动提供基本条件。为满足"十一五"期间大规模建设资金的需求，改善铁路融资结构，2006 年出台的《"十一五"铁路投融资体制改革推进方案》明确了改革的七方面重点工作：扩大合资建路规模、积极推进铁路企业股改上市、扩大铁路建设债券发行规模、研究建立铁路产业投资基金、扩大利用外资规模、研究探索铁路移动设备的融资租赁、合理使用银行贷款。为推动改革的进行，铁道部从三方面加快制定推进投融资体制改革的政策措施：一是加快铁路自身改革，研究切实可行的政策措施，鼓励各类资本参与铁路建设经营；二是加快相关立法，为铁路投融资体制改革提供法制保障；三是积极争取国家给予政策支持。

2006 年 9 月 4 日，保监会主席吴定富表示，保险资金参与投资京沪铁路改造项目，投资额确定为 800 亿元，占该项目全部投资额的 50%。此外，还有 120 亿元保险资金投资基础设施运作；中国人寿还出资 10 亿元，参与渤海产业投资基金的首期投资计划。

（2）水利水电工程。大中型水利水电工程建设征地补偿和移民安置关系到水库移民的切身利益。为做好大中型水利水电工程建设征地补偿和移民安置工作，维护移民合法权益，保障工程建设的顺利进行，2006 年 7

---

① 正如转型过程中的许多法律法规都存在问题一样，条例还有许多需要通过中央政府相关部门或地方政府制定规则予以细化，或者需要在今后予以改进和完善的地方。比如，应该明确政府各个部门和各个级别间的职权划分、衔接、配合及其程序，以形成政府机关之间、政府和民众之间的相互制衡。首先应在条例中规定，细化与艾滋病防治相关的政府各个部门（艾滋病防治涉及政府的几十个部门）和各级政府之间的职责权限及其相互配合、协调、协同工作的规则。

月 7 日，国务院公布了《大中型水利水电工程建设征地补偿和移民安置条例》。该条例明确了移民工作管理体制，强化了移民安置规划的法律地位，对征收耕地的土地补偿费和安置补助费标准、移民安置的程序和方式、水库移民后期扶持制度以及移民工作的监督管理等问题作了比较全面的规定，充分体现了中共中央、国务院以人为本、执政为民的理念。

（参见法治蓝皮书《中国法治发展报告 No.5（2007）》）

第四章 2007年中国行政法治

摘　要：2007年7月，国务院召开全国市县政府依法行政工作会议，具体部署下一步推进市县政府依法行政的主要任务。《地方各级人民政府机构设置和编制管理条例》《行政机关公务员处分条例》和《人事争议处理规定》出台，行政组织和公务员法制进一步完善。行政立法的清理工作取得重大进展，许多地方出台了对行政立法的备案审查规定。国务院要求推行行政处罚裁量权基准制度，一些地方进行了积极探索。相对集中行使行政处罚权和综合执法改革继续推进。为打造公开透明政府，国务院制定了《政府信息公开条例》。行政执法责任制和行政问责制深入推进。《行政复议法实施条例》将《行政复议法》规定的各项制度具体化。十七大报告成为之后五年中国行政管理体制改革和行政法制建设的重要指引。2007年度发生的一系列事件也表明，中国行政职能转变和行政管理体制改革尚需大力推进，行政决策的科学化和民主化水平亟待提高，行政监督和权利保障力度仍需加强。

2007年，中国依法行政、建设法治政府的事业继续推进，从中央到地方出台了大量规制行政组织及其活动的法律规范，行政管理的制度化、规范化和程序化大幅提升，对行政的监督制约机制和对公民权利的保障机制更加健全。

一　推进行政管理体制改革和依法行政的总体状况

深入推进政府行政管理体制改革，建设服务型政府，是深化改革、解决中国经济社会生活中深层次矛盾和问题的重要环节。2007年，行政管理体制改革稳步推进。根据国务院的部署，国务院办公厅牵头研究深化行政管理体制改革总体方案。中央编办牵头继续推进政府职能、机构和编制的科学化、制度化和法定化。国务院审改办牵头深化行政审批制度改革，进一步减少审批项目，规范审批行为。中央编办牵头研究制订事业单位分类改革方案和相关配套政策。发展改革委牵头贯彻落实加快推进行业协会、商会等自律性组织改革与发展的政策意见。中央编办、国管局牵头推进政府机关后勤服务社会化改革。法制办牵头大力推行行政执法责任制，建立健全规范和监督行政执法活动的工作机制。监察部牵头推行以行政首长为重点对象的行政问责制度。

2007年7月，国务院召开全国市县政府依法行政工作会议，这是国务院第一次就市县政府依法行政工作召开全国性会议，会议对下一步推进市县政府依法行政的主要任务作出了具体部署。各地方采取多种形式全面推进市县政府依法行政，取得初步成效。目前，全国90%以上的市县政府成立了依法行政领导机构并制订了依法行政实施方案；超过90%的市县政府建立了领导干部学法制度和行政执法人员资格制度；全国约80%的市县两级政府建立了政府决策合法性审查制度、行政执法人员考评和责任追究制度；80%以上的市县政府建立了行政执法投诉举报制度和矛盾纠纷排查制度；超过70%的市县政府建立了依法行政定期报告制度，出台了规范行政决策的专门规定，并建立了政府决策公开听取公众意见制度①。2007年9月25~26日，第六次全国政府法制监督工作协作会议在湖南省长沙市召开。会议总结了各地区贯彻落实《国务院全面推进依法行政实施纲要》和《国务院办公厅关于推行行政执法责任制的若干意见》，以及加强政府法制监督工作的情况和经验。

二　行政组织和公务员

2007年2月24日，国务院公布了《地方各级人民政府机构设置和

---

① 《国务院2007年法制工作综述：重视民生开门立法》，《人民日报》2007年12月20日。

编制管理条例》，自 2007 年 5 月 1 日起施行。这部条例规范了地方各级
人民政府机构的设置、职责配置、编制核定以及对机构编制工作的监督
管理。4 月 29 日，国务院公布了《行政机关公务员处分条例》，自 2007
年 6 月 1 日起施行，这是中国第一部全面、系统地规范行政惩戒工作的
专门行政法规。为规范人事争议仲裁制度，推动人事争议仲裁工作发
展，中组部、人事部、解放军总政治部联合印发了《人事争议处理规
定》。2007 年 10 月，中央机关及所属事业单位人事争议仲裁委员会成
立，一些省份也设立了人事争议仲裁委员会。为整合预防腐败职能，
2007 年 9 月国家预防腐败局揭牌仪式正式举行，列入国务院直属机构
序列，监察部部长兼国家预防腐败局首任局长强调，这一机构"要以加
强对权力运行监督制约为重点，采取有效措施防止权力滥用"。行政执
法人员资格管理制度继续推进，目前，全国有 28 个省、自治区、直辖
市和 5 个国务院部门制定、完善了本地区、本部门的行政执法人员资格
管理办法。

　　市管县体制的改革是近年来各界关注的一个热点问题。2007 年 4 月
《中国青年报》披露了山东省滕州市（县级）与代管其的枣庄市之间的多
年矛盾，使得这一问题的讨论升温①。中国的市管县（包括县级市）体制
在一定历史时期、在部分地区确实实现了制度设计的初衷，即发挥中心城
市的经济拉动作用。但地级市政府实践中往往将工作重心放在城市，忽视
农村和农民的利益需求，出现重城市轻农村、重工业轻农业、促公压农的
现象，有的市与县争投资、争原料、争项目，市刮县、压县、卡县的现象
时有发生。必须根据新的经济社会形势和技术条件，审慎重构中国的市县
关系。重构时必须正视中国经济社会发展不平衡的现实，根据不同地区的
实际情况确立市县关系结构，绝不能再搞一刀切。

　　2007 年 8 月 10 日，新华社的《经济参考报》曝光了山东沾化县多达
15 名县长助理一事（《山东省级贫困县配 6 名副县长、15 名县长助
理》），引起各界对这一事件真正关注的是经济欠发达地区的政府角色定

① 张伟：《山东强县 19 年追求省直辖，市管县体制遭质疑》，《中国青年报》2007 年 11 月
14 日；易强：《县域失血，滕州谋求省辖》，《财经时报》2005 年 10 月 9 日。

位和职能承担问题。中国经济欠发达地区的一个普遍现象是，政府将招商引资作为所有工作的重中之重，其利弊得失如何迄今尚缺乏严谨科学的实证分析。

2007 年 5 月 27 日，山西省洪洞县破获一起"黑砖窑"虐工案，解救出 31 名被强迫劳动的工人。这一严重问题经媒体披露后，引起国家高层领导人密切关注，胡锦涛、温家宝、吴官正、李长春等作了批示。为此，山西开展"打击非法用工，解救被拐民工"专项行动，共检查小砖窑、小采矿厂、小冶炼厂等 6256 处，解救被拐骗农民工 374 人，刑事拘留 30 人，行政拘留 24 人，其他治安处罚 38 人。95 名党员干部、公职人员受到处分。山西"黑砖窑"事件暴露出有关地方政府在保护人权方面的严重失职，以及一些地区基层政权治理的严重危机。

2007 年 7 月 10 日，国家食品药品监督管理局原局长郑筱萸被执行死刑。最高人民法院经复核确认，郑筱萸利用职务便利，为 8 家制药企业谋取利益，收受财物 649 万余元，并在全国范围统一换发药品生产文号专项工作中，擅自批准降低换发文号的审批标准，其中 6 种药品是假药。在郑筱萸伏法前后，国家食品药品监督管理局的多名高级官员，如郝和平、曹文庄等也纷纷落马。这一药监系统窝案不仅具有刑法和反腐败意义，而且也说明中国现行药品监管体制存在诸多弊端，亟待进行根本性重构。中国药品监管体制改革，必须保证药品监管机构相对于被监管者的独立性，完善监管决策机制和程序、加强决策的公开性和透明度，加强权力制衡和监督，强化专家的作用和责任，理顺国家药监局与省级以下药监局的关系等。

三 行政立法和行政规定

中国处在全方位改革的时代，经济社会形势急剧变化，有必要对不符合形势发展需要的行政法规和规章及时进行清理。国务院法制办将行政法规规章清理作为 2007 年的重点工作，在面向社会公开征求意见的基础上，对 655 件行政法规逐件进行分析研究。目前，行政法规的全面清理工作已基本完成。各地方、各部门的规章清理工作，也取得了实质性进展，于

2008 年上半年全部完成。为保障国家法制的统一，国务院继续完善法规规章备案制度，加大备案审查工作力度，加强对地方政府规范性文件备案制度建设的指导，推动地方建立四级政府、三级备案的规范性文件监督体制。目前，全国 90% 以上的市级政府和 80% 以上的县级政府建立了规范性文件备案制度，地方四级政府、三级监督的备案审查制度初步形成，监督力度不断加强。2007 年国务院共收到备案的地方性法规 667 件、地方政府规章 633 件、部门规章 209 件，经审查发现问题的有 51 件，已经对 47 件进行了不同方式的处理①。

行政立法实施效果考评工作是行政立法的继续和延伸，有利于及时总结立法工作的经验和教训，对其加以适时修订、完善乃至废止。2007 年 11 月 19 日鞍山市人民政府常务会议通过了《鞍山市政府行政立法实施效果考评办法》，自 2008 年 1 月 1 日起施行。该办法规定，重点考评市政府提报市人大立法议案的地方性法规和市政府规章。针对地方性法规和市政府规章实施过程中存在的问题，从七个方面确定了考评内容，将重点考评与专项清理、定期清理相结合。该办法还鼓励并动员社会力量参与此项工作，建立并启动社会监督机制。

加强对行政立法和行政规定（其他规范性文件）的监督是 2007 年度地方立法的一个亮点。相关地方立法有《陕西省规范性文件监督管理办法》《广东省各级人民代表大会常务委员会规范性文件备案审查工作程序规定》《河北省人民代表大会常务委员会关于地方政府规章备案审查的规定》《武汉市行政规范性文件管理规定》《哈尔滨市政府规章制定程序规定》等，四川省人大常委会对《四川省人民代表大会常务委员会关于规章及规范性文件备案审查的规定》进行了修改完善。

行政规定（行政规则）作为上级行政机关指导下级行政机关的内部规则，体现了行政的自我拘束，对增强行政活动的规范化、统一性和可预见性具有重要意义。裁量基准就是行政规定中的一类。在 2007 年 7 月的全国市县政府依法行政工作会议上，国务院明确要求推行行政处罚裁量权基准制度，一些地方进行了积极探索。例如，2007 年 7 月，《北京市人民

---

① 《国务院 2007 年法制工作综述：重视民生开门立法》，《人民日报》2007 年 12 月 20 日。

政府关于规范行政处罚自由裁量权的若干规定》出台，目前，北京市 1/3
以上的部门统一了细化尺度。在河南省郑州市，行政执法部门已将自由裁
量的 2804 件罚款项目一一细化，建立罚款自由裁量阶次制度，并要求在
行政处罚决定书中说明。《宁波市行政处罚自由裁量权行使规则》和《福
州市规范行政处罚自由裁量权规定》也获得通过。从 2008 年开始，中国
将全面推行行政处罚自由裁量权基准制度。

四 行政执法和行政程序

2007 年 8 月 30 日第十届全国人民代表大会常务委员会第二十九次会
议通过《突发事件应对法》，自 2007 年 11 月 1 日起施行。该法规范了突
发事件的预防与应急准备、监测与预警、应急处置与救援、事后恢复与重
建等应对活动，对预防和减少突发事件的发生，控制、减轻和消除突发事
件引起的严重社会危害，保护人民生命财产安全，维护国家安全、公共安
全、环境安全和社会秩序，具有重要意义。

行政决策是现代政府管理活动的重要环节，行政决策程序的完善有利
于行政决策更加符合经济社会发展的实际需要，提高决策质量和效率，最
大限度地减少决策失误，具有更强的正当性与可接受性，降低执行成本。
2007 年广西壮族自治区人民政府出台了《广西壮族自治区行政机关重大
决策程序暂行规定》，该规定从决策调研、咨询论证、征求意见、合法性
审查、会议决定、决策纠错和决策责任等环节对行政机关重大决策程序进
行了规范。

现代行政程序特别强调信息公开功能。信息公开有利于促进政府信息
资源的充分利用，增进公民对公共行政的积极参与，促进政府与公民之间
的良性互动，防止政府官员腐败。为打造公开透明政府，国务院制定了
《政府信息公开条例》，有利于统一规范政府信息公开工作，强化行政机
关公开政府信息的责任，明确政府信息的公开范围。国家环保总局公布了
《环境信息公开办法（试行）》。

行政执法证件管理是行政执法规范化的一个重要环节。2007 年《山
西省行政执法证件管理办法》和《河北省行政执法证件和行政执法监督

检查证件管理办法》获得通过，《厦门市行政执法证件管理办法》得到修改完善。

行政审批（行政许可）改革是中国政府行政职能转变和监管体制改革的重要组成部分。2001 年 10 月以来，国务院全面推行行政审批制度改革，先后三批取消和调整行政审批项目 1806 项，为合理界定政府在经济调节、市场监管中的职能，更有效地发挥政府的社会管理和公共服务职能，奠定了良好基础。2007 年 9 月 26 日召开的国务院常务会议决定，在此基础上再取消和调整 186 项行政审批项目，其中取消行政审批项目 128 项，调整行政审批项目 58 项。各地方和部门在进一步开展行政审批改革工作的同时，也加强了相关的制度建设，《广东省行政审批管理监督办法》《江西省行政机关实施行政许可听证办法》《重庆市行政许可补偿暂行办法》《湖南省行政许可监督检查规定》《山东省实施行政许可听证办法》《山东省行政许可过错责任追究办法》《郑州市实施行政许可监督规定》《南宁市实施行政许可若干规定》《黑龙江省行政许可监督条例》和中国保险监督管理委员会《保险许可证管理办法》《通用航空经营许可管理规定》（修订）等获得通过。

在实践中，一些地方具有行政管理职能的部门、组织和垄断性行业及其工作人员违反法律法规规定，直接或间接地向企业乱收费、乱罚款和乱摊派等增加企业负担的行为以及妨碍企业正常生产经营活动的现象时有发生。为营造企业生存和发展的良好外部环境，2007 年度《辽宁省企业负担监督管理规定》和《长春市企业负担监督管理条例》获得通过。

相对集中行使行政处罚权和综合执法改革是现阶段中国行政执法体制改革的一项重点内容，自 1996 年起一直在持续推进。2007 年，《北京市实施城市管理相对集中行政处罚权办法》《天津市城市管理相对集中行政处罚权规定》《郑州市城市管理相对集中行政处罚权规定》《鞍山市综合行政执法规定》等获得通过，规范了有关地方的相对集中行使行政处罚权和行政执法工作。

规划环评是防范工业化、城市化过程中环境风险的重要手段。2007 年度规划环评工作取得了一定进展，环保总局已将《规划环评条例》的送审稿上报国务院。环保总局决定先期选取内蒙古、新疆、大连、武汉等

10 个典型行政区作为规划环评试点。在此基础上，将战略环评或规划环评的政策在环渤海经济圈、成渝经济区、北部湾经济区、海西经济区、黄河中上游能源富集地区推行，通过整体的环评规划来协调各个子项目的建设发展。2007 年 6 月 22 日，环保总局组建了一个由 16 位院士和 23 名教授组成的战略环评专家咨询委员会，他们将集中对以上区域进行研究，以引导产业布局与环境承载能力的协调一致。此外，环保总局还将对铁路、石化、铝业、钢铁、煤化工业等重点行业进行规划环评。

2007 年度环保领域发生的一个具有重要影响的事件是厦门 PX 项目事件。厦门市政府拟投资 108 亿元在距市中心不到 7 公里的海沧南部建造 PX（即对二甲苯，属危险化学品和高致癌物，对空气、水和土壤均可造成严重污染，对胎儿有极高的致畸率）化工项目工程，该项目每年会给厦门带来 800 亿元的收益。对这一项目，在 2007 年两会期间曾有百名全国政协委员联名上书建议迁址（被称为"全国政协头号提案"），但该市政府起初未予理会，结果引发厦门几千名市民上街抗议。在多方压力下，2007 年 5 月 30 日厦门市政府宣布暂停该项目建设，7 月厦门市人民政府委托中国环境科学研究院开展"厦门市城市总体规划环境影响评价"，中国环境科学研究院于 11 月底完成"厦门市城市总体规划环境影响评价"专题报告，并从 12 月 5 日开始，在为期 10 天的"公众参与"阶段广泛听取厦门各界的意见、建议。该项目迁址已成定局。本案一方面凸显了经济增长和环境保护之间的紧张和冲突，中国地方政府在贯彻落实以人为本的科学发展观方面存在缺陷和不足；另一方面，也向世人展现了公民理性参与的巨大威力和中国公民社会的可喜成长。

为引导、激励各级行政执法机关及其人员的主观能动性，促使其自动积极地贯彻落实行政执法责任制，推进依法行政，贵州省颁布了全国第一个行政执法奖励地方规章《贵州省行政执法奖励办法》。

廉租房建设是政府社会保障职能的要求。2007 年度财政部印发了《廉租住房保障资金管理办法》，自 2008 年 1 月 1 日起实施。该办法明确了廉租住房保障资金的来源，规定廉租住房保障资金实行专项管理、分账核算、专款专用，专项用于廉租住房保障开支，包括收购、改建和新建廉租住房开支以及向符合廉租住房保障条件的低收入家庭发放租赁补贴开支，不得用于其他开支。廉租住房保障资金实行项目预决算管理制度，并由国库集中支付。市县财政部门要按照批准的项目预算，根据廉租住房保障计划和投资计划，以及实施进度拨付廉租住房保障资金，确保廉租住房保障资金切实落实到廉租住房购建项目以及符合廉租住房保障条件的低收入家庭。

2007 年 9 月，上海社保资金案审结。该案中有数十亿元社保资金遭到挪用，有数十亿元国有资金被借用违规入市炒股，有数亿元国有资产私相授受，有重大工程招标暗箱操作，涉及近 30 位政府官员、企业高管。上海社保资金案警示我们，随着中国政府社会保障职能的加强、社会主义和谐社会建设的推进，社会保障资金运营的规范化已经极为紧迫。

2007 年 11 月 26 日召开的东莞市党政领导班子联席会议研究决定，从 2009 年 1 月 1 日起在全市范围内禁止养猪，仍进行生猪养殖活动的场所发现一个、清理一个、查处一个。出台这一政策的出发点据称是治理环境污染以及实现产业经济转型等，对这一决策很多人提出批评，指责其夸大了养猪对环境的污染程度，未听取养猪户的意见，未合理照顾养猪户的利益，采取粗暴方式禁止一个合法行业的发展，明显抵触了《国务院关于促进生猪生产发展 稳定市场供应的意见》。这一个案表明，中国地方政府决策的科学化和民主化仍然任重而道远。

2007 年北京和上海两大城市各自在房屋出租领域制定的行政规定受到强烈批评。北京市公安机关规定了"五不租"，即无合法有效证件的人员不租，从事非法经营活动的人员不租，从事非法宗教活动的人员不租，所租房屋用于非法生产、储存、经营易燃易爆等危险违禁物品的人员不租，违背生活作息规律、有利用所租房屋进行违法犯罪活动的可疑人员不租。违反"五不租"禁令将被最高处以月租金 10 倍的罚款，或 5 日以下拘留。批评者指责该规定内容荒谬，侵犯了房屋租赁双方的正当权益，把行政管理的责任和成本转嫁给私人，与上位法相抵触。这一严厉规定最终没有正式公布。上海市房地产局要求在《业主公约》和《业主临时公约》中增加限制"群租"的新条款，包括"民房出租，一间房只能出租给一个家庭或一个自然人居住"；"不得擅自改变房屋原设计功能和布局，对房屋进行分割搭建，按间或按床位出租或转租"；"不得将厨房、卫生间、不分门进出的客厅改成卧室出租或转租"；等等。批评者指责这一规定没有区分群租的具体情况，没有适当考虑因经济状况而迫不得已群租者的利益，为了管理和执法的方便不计社会成本。

劳动教养是中国对部分具有轻微违法犯罪行为的人进行强制性教育的一种行政措施。中国劳动教养制度的性质一直缺乏明确的定性，其权力来源、适用范围、程序设置和执行等，长期以来受到诸多质疑与诟病。2007年12月4日是全国法制日，茅于轼、贺卫方等69名学者和律师等向全国人大提交公民建议，要求启动对劳动教养制度的违宪审查，废除劳动教养制度。他们认为，劳动教养制度直接侵犯中国宪法保护的人身自由权，劳动教养制度与《立法法》《行政处罚法》等上位法相冲突，劳动教养制度与中国已签署的国际公约无法接轨，从政治管理的角度来讲，劳动教养制度堪称当代中国的一大弊政。目前"违法行为矫治法"已进入全国人大常委会的立法计划，我们期待这部法律能够克服现行劳动教养制度的诸多弊端，厘清治安处罚、刑事处罚和保安处分等之间的关系，体现国家对人权的尊重和保障。

五　行政监督和救济

行政执法责任制是规范和监督行政执法活动的重要机制。2007年8月1日至8月3日，国务院法制办公室政府法制协调司在北京召开了第五次地方推行行政执法责任制重点联系单位工作座谈会。会议认为，行政执法案卷评查工作是上级人民政府对下级人民政府、上级行政执法部门对下级行政执法部门、行政执法部门对所属执法机构，对其依据法律、法规、规章的规定作出的行政执法行为，以及在行政执法活动中对制作和收集的有关立案、调查取证、审查决定、送达执行等执法文书和材料经整理形成的卷宗材料进行评议和监督的活动。开展行政执法案卷评查工作对规范和监督行政执法行为、发现并纠正违法执法行为具有重大意义。会议认为，在全国各地开展行政执法案卷评查工作实践中，北京市的工作经验最具代表性，作为这一经验一部分的"十步工作法"，要求明确案卷评查的内容和标准、制订公布评查工作方案、遴选案卷评查员、报送案卷目录、定量随机抽卷、集中评查、听取申述申辩、制发评查通报和分析报告、纳入行政执法考核、总结案卷评查工作。在地方，2007 年度《山西省行政执法责任制规定》《江苏省行政执法责任制规定（试行）》《北京市行政执法责任追究办法》《吉林省行政执法监督办法》《安徽省行政执法责任追究暂行办法》《陕西省行政执法责任制办法》《江苏省行政执法责任追究办法（试行）》《上海市行政执法过错责任追究办法》等地方政府规章出台。

行政问责制是建设责任政府、促进行政机关及其工作人员依法良好行政的重要机制。2007 年度《安徽省人民政府行政问责暂行办法》《青海省行政机关和公务员行政不作为问责暂行办法》和《广西壮族自治区行政过错责任追究办法》等规定获得通过。

信访制度是中国行政制度的重要环节，对保障公民合法权益、监督行政机关依法行政具有重要作用。自 2005 年 5 月 1 日开始施行的《信访条例》，对中国信访制度的发展具有积极推动作用。2007 年度，辽宁省人大常委会修改了《辽宁省信访条例》，广西壮族自治区人民政府专门就信访听证制定了政府规章——《广西壮族自治区信访听证暂行办法》，卫生部制定了《卫生信访工作办法》，《郑州市人民政府关于维护信访秩序的若干规定》出台。

2007 年 5 月国务院通过了《行政复议法实施条例》，总结了行政复议的实践经验，把《行政复议法》规定的各项制度具体化，进一步增强了行政复议制度的可操作性。8 月份国务院法制办公室召开了全国市县政府行政复议工作座谈会。2007 年国务院共收到行政复议申请 701 件，办结率为 96%。其中受理 65 件，已审结 46 件。在已经审结的案件中，发出改进意见书 19 份，改变被申请人的具体行政行为 6 件。一些地方探索行政执法人员执法情况计分考核、公众评议、明察暗访等新机制，强化了对行政执法的监督①。《宁夏回族自治区行政复议条例》《湖北省行政复议实施办法》和国家安全生产监督管理局《安全生产行政复议规定》等政府规章出台。

---

① 《国务院 2007 年法制工作综述：重视民生开门立法》，《人民日报》2007 年 12 月 20 日。

　　各级人大及其常委会对政府行政活动依法进行有效的监督，是依法行政、建设法治政府的必然要求和有效保障。2006 年 8 月 27 日十届全国人大常委会表决通过《各级人民代表大会常务委员会监督法》，自 2007 年 1 月 1 日起施行。2007 年度一些地方制定了实施该法的办法，如《辽宁省实施〈中华人民共和国各级人民代表大会常务委员会监督法〉办法》《黑龙江省实施〈中华人民共和国各级人民代表大会常务委员会监督法〉办法》，有的地方根据监督法对之前的相关规定作了修改完善，如《河南省人大常委会关于修改〈河南省人民代表大会常务委员会监督工作暂行办法〉的决定》、《苏州市人民代表大会常务委员会关于执法检查的规定（修订）》《北京市预算监督条例修正案》等。上海市人大常委会推迟上海城镇医保的修改方案表决是 2007 年度人大监督行政的一大亮点。2007 年 11 月 28 日，上海市人大常委会对上海城镇医保的修改方案进行一审；按照计划，此方案将在审议后立即进行修改，并在当天下午形成表决稿交付人大常委会进行表决。会上代表提出，鉴于目前大家对许多条文存在很大争议，如批评其"没有按国家有关规定进行操作""制度设计过于烦琐""政府出资没有到位"等，仓促付诸表决是对人民赋予代表权力的不负责任，因此建议推迟此议案的表决。上海市人大常委会以 57 票的绝对优势，赞成此次会议不通过上海医保修改方案。

　　为了防止和排除地方非法干预，近年来浙江台州市法院对行政案件实行"异地交叉管辖"，这一做法在第五次全国行政审判工作会议上获得最高人民法院主要领导的认可，最高人民法院审议研究了《关于行政诉讼管辖若干问题的规定》。随着因农村土地征收、城市房屋拆迁、企业改制、劳动和社会保障、资源环保等问题引发的群体性行政争议增多，以协调方式处理行政案件的重要性凸显。2007 年上海市高级人民法院出台了《关于加强行政案件协调和解工作的若干意见》。最高人民法院正抓紧制定有关行政诉讼协调和解问题的司法解释。2007 年度行政首长出庭应诉的事例有了显著增加。例如，从 2007 年 5 月起连云港市两级法院审理行政诉讼案件时全面推行行政首长出庭应诉制度。上海市闸北、徐汇、闵行等区已先后作出规定，要求区属行政机关法定代表人重视以本机关为被告的行政诉讼案件，要亲自出庭，主动应诉。浦东新区则将行政机关首长出庭应诉情况列入新区各委、办、局（不包括垂直管理的行政机关）年度目标管理中依法行政的考核指标。这对提升政府法治形象、提高行政执法水平具有积极意义，对维护司法权威、优化行政审判环境也起到了良好的推动作用。

在中国经济快速发展和城市化加速推进的背景下，由于现行《城市房屋拆迁管理条例》的诸多缺陷，在城市房屋拆迁领域，近年来政府、开发商和业主利益博弈特别激烈。2007 年度的一个焦点事件是重庆"钉子户"事件，该户被称为"史上最牛钉子户"。因多方面的因素①，这一个案成为一个公众事件甚至网民口中的"伟大的标志性事件"。这一事件在一定程度上促进了保护私人财产权这一法治理念的传播。重庆市政府在这一事件中表现的冷静、理性和务实态度总体而言也是值得称道的。但法律界对该案的讨论总体而言受到社会情绪的很大影响，对相关的规则和体制问题缺乏严谨的深入分析。

2007 年度城市房屋拆迁领域的另一个焦点是北京酒仙桥危房改造拆迁事件。2005 年 5 月 20 日，北京电控阳光房地产开发有限公司获得核准负责实施酒仙桥危房改造项目，但由于很大一部分居民对补偿方案不满，该项目迟迟不能推进。之后电控阳光公司拿出了新的方案，提高了补偿数额和回迁面积，并在当地街道办事处的主导下组织了居民投票。在危房改造拆迁过程中，由涉及的全体居民对拆迁政策、进度进行投票表决，这在北京市甚至全国都尚属首次。尽管这一表决只具有咨询和参考意义，而且并未触及现行拆迁体制的症结，但还是在一定程度上体现了行政文明的进步。

六　十七大为行政管理体制改革和
行政法制建设勾画蓝图

十七大报告为我们勾画出未来一个时期中国行政管理体制改革的蓝

---

① 有人举出了下述因素：《物权法》刚通过及国内在拆迁问题上的宏观背景；"钉子户"女户主吴苹风韵犹存的外表、知法守法的理性姿态，使她成为镜头前最好的发言人及辩护人；"钉子户"男户主杨武渝州散打冠军的身份增添了事件的娱乐性，他站在屋顶挥舞国旗的场景深具震撼力与感召力；媒体几乎一边倒的支持姿态更稳固了网友的民意基础。金羊网，http://www.ycwb.com/special/node_ 4389.htm，最后访问日期：2008 年 1 月 5 日。

图，促进这一蓝图的顺利实现，必须加快行政法制建设，为行政管理体制改革的深入推进提供法制保障。

改革开放迄今中国已进行了五次行政管理体制改革，这些改革取得了很大成绩，使政府职能得到很大转变，行政机构和人员得到优化精简。但存在的一个共同缺陷是缺乏总体规划，导致改革的总体目标和总体对策不够明确，改革的步骤、顺序、时限缺乏规定，各项具体对策之间衔接配套不足，行政体制改革与经济体制改革、社会体制改革以及政治体制改革的相互关系不够清晰等问题。十七大报告要求抓紧制定行政管理体制改革总体方案，正是在吸取这一教训的基础上提出的。为增强总体方案的审慎性与科学性，建议国务院设立行政管理体制改革审议会，吸收部门、地方的同志和公共管理学、经济学、行政法学等方面的专家参与，为决策提供咨询。中国以往行政管理体制改革的另一个教训是，改革的方案一概由国务院制订，改革带有很大的运动式色彩，其民主性、科学性和权威性均存在很大欠缺。按照依法治国、建设社会主义法治国家的要求，应该尽可能改变先改革、后立法的模式，重视运用法律来规范和保障改革进程，建议国务院向全国人大常委会提交以行政管理体制改革总体方案为主要内容的行政改革推进法草案，经全国人大常委会审议通过。

科学的政府职能配置是行政管理体制改革的首要要求。经过多年的探索，中央现已明确，在社会主义市场经济条件下，政府的主要职能是经济调节、市场监管、社会管理、公共服务。但在实践中，各级政府对微观经济运行关注、干预过多，对包括环境保护、质量安全、医疗、卫生、教育和社会保障等在内的社会管理和公共服务职能则重视不足，贯彻以人为本的科学发展观的自觉性有待提高。市场中介组织作为社会自律组织，本应具有灵活高效的优点，但因受到政府的过多限制，沦为政府的附庸，功能难以有效发挥。因此，要按照政企分开、政资分开、政事分开以及政府与市场中介组织分开的原则，合理界定政府职责范围，加强政府社会性监管和对国有垄断行业的监管，强化各级政府的社会管理和公共服务职能，加快以民生为重点的社会建设，建设服务型政府。

为与政府职能转变相适应，必须深化政府机构改革，优化组织结构，减少行政层次，精减行政人员。在中央政府层次上，应探索实行大部门体制，将职能相近的部门尽可能集中于一个部门，实行大农业、大交通、大文化等管理体制，这有利于减少部门职能的交叉和冲突，降低协调成本，强化政府的整体功能。为防止外部问题内部化，在推行大部制的同时应健全独立监管机构，重构若干部外或部内的独立监管机制。中国目前处理职能交叉部门的关系，主要依赖建立各类议事协调机构及其办事机构，这加剧了机构的臃肿，影响职能部门作用的发挥，应精简和规范各类议事协调机构及其办事机构，健全部门间协调配合机制。要统筹党委、政府和人大、政协机构设置，特别是解决党委与政府在组织人事和宣传文化等方面的职能部门重叠设置问题。应当建立健全决策权、执行权、监督权既相互制约又相互协调的权力结构和运行机制。减少行政层次，要求对计划单列市建制、市管县体制和省级区划数量等进行重新考虑。要合理划分中央与地方及地方各级政府间的权责，规范垂直管理部门与地方政府的关系。要建立健全决策权、执行权、监督权既相互制约又相互协调的权力结构和运行机制。要理顺执法体制，推进综合执法，切实解决多头执法、重复执法问题，落实"收支两条线"，保障执法机关必需的行政编制和经费，纠正"自费"执法现象。为节约政府财政支出，提高行政效率，必须进一步精减人员，减少领导职数，严格控制编制。推进行政组织和编制管理科学化和规范化，要求加强行政组织法制和编制法制建设。中国现行的行政组织法制极不完善，编制法制则基本上是空白，应通过立法明确中央行政组织的结构和规模、地方公共团体的法律地位和组织构造、中央与地方的关系以及编制管理的基本规则。对行政组织设置中的重大问题必须由宪法和法律加以规范，必须更多地发挥权力机关在行政组织设置和编制管理等问题上的作用。建议大幅修改《国务院组织法》和《地方各级人民代表大会与地方各级人民政府组织法》，制定编制管理法，加快《公务员法》配套法律法规的制定工作。

行政审批作为现代政府的重要规制手段，对克服市场失灵、维护社会秩序具有积极作用，但设置过度则有导致经济社会失去活力的危险。必须根据社会发展需要，调整行政审批的范围，重点是大幅取消不必要的审批，减少政府对微观经济运行的干预，同时对行政审批程序加以严格规范，通过程序制度保障私人权利。应及时、认真总结《行政许可法》实施过程中暴露的立法、执法问题，通过多种方法弥补立法缺憾，建立成本收益分析等相关制度，设立或者确立推进《行政许可法》实施的综合协调机构等。

行政管理体制改革和行政法制建设要求规范行政行为，健全决策体系，推行电子政务。规范政府行为，是法治政府建设的一个重要内容。应加快行政强制法、行政程序法的立法进程，或通过单行法的制定或修改，规范行政行为的方式、步骤、程序和时限，切实贯彻落实《政务公开条例》，促进行政程序的公开透明、公民参与和公平理性。推进决策科学化、民主化，完善决策信息和智力支持系统，增强决策透明度和公众参与度，完善重大事项集体决策、专家咨询、社会公示和听证以及决策失误责任追究制度，提高行政管理的科学化和民主化水平。电子政务建设是现代信息技术发展对政府管理提供的最大机遇和挑战，推行电子政务建设，有利于政府公共服务从以提供者为中心向以使用者为中心转移，对服务型政府建设具有重要意义。应抓紧制定电子政务法或电子政务条例，为电子政务的推进提供法律标准和法制保障。

事业单位是中国主要承担公共服务职能的公共机构，改革开放以来，中国事业单位的改革一直在不同层面上持续推进，但许多深层次的体制机制问题尚未解决。必须依法分类推进事业单位改革，以提高公共服务的效能效率，促进社会和谐。应当将行使行政监管与执法职能以及进行营利性活动的公办组织从事业单位剥离，将其定性为相对独立承担公共服务职能的组织，从组织结构角度分为两类。公务法人作为公法人，独立履行法定职责，同时必须遵守国家法律并接受国家的监督。公务法人的治理结构主要由两部分组成，即决议机关和执行机关。决议机关为理事会，负责对重大问题的审议、决策，理事一般包括相关政府机构代表、雇员代表、用户代表、独立专家等。执行机关为主席或总经理，主要负责日常管理工作。另一类是执行机构。执行机构不具有独立的法律人格，法律责任由所属政府部门承担，但为保障执行机构的活力与效率，应赋予其一定的自主权，并对其运作机制进行改革。例如，可从公务员队伍之外招聘职业经理人作为首席执行官，按照其与相关政府部门签订的框架协议进行管理，相关政府部门依据框架协议定期对其进行绩效考评。目前事业单位改革主要依据各相关部门或地方制定的事业单位改革相关政策性文件分散推进，难以避免部门和地方视角的局限性，很多需要由中央政府决断的重要事项也难以在其中规定，建议下一阶段的事业单位改革应由中央做整体规划、统一部署和综合协调。为保证改革方案的科学性和权威性，应由全国人大常委会制定事业单位改革法，或者至少由国务院制定综合性的事业单位改革条例，明确事业单位改革的目标、原则和步骤，规定推进事业单位的负责机构和利害关系人，专家与公众参与改革的方式、途径，设定未来事业单位的组织形态、治理结构、活动原则和监督机制等。

（参见法治蓝皮书《中国法治发展报告 No. 6（2008）》）

第五章 2008 年中国行政法治

摘　要：2008 年中国行政法治建设走过了多头并进、全面总结、深刻反思、理性展望并继续奋进的一年，在深化行政管理体制改革、推进服务型政府建设、加强市县政府依法行政、强化行政问责制、完善行政程序制度、加强突发事件应急管理制度建设等方面都取得了很大进展。面对新的形势和任务，行政法治建设将在加快法治政府建设、深化行政管理体制改革、完善行政法制度、健全行政执法体制、强化行政法制监督和行政问责、提高公务员依法行政意识和能力、加强行政法学理论研究等方面作出更大努力，迈出更大步伐，推动建设法治政府的目标如期实现。

2008 年中国的行政法治建设走过了多头并进、全面总结、深刻反思、理性展望并继续奋进的一年[①]。在行政法治建设上，中国进一步改进行政立法，加强行政执法，强化行政法制监督，健全行政纠纷解决机制，各级人民政府的行政权力进一步被纳入法治化轨道，依法行政取得了很大进展。

一　2008 年行政法治建设进程

（一）深化行政管理体制改革

行政管理体制改革既是中国行政法治建设的重要任务，又是建设法治

[①]　2008 年正值中国改革开放 30 周年，自 2008 年 2 月 28 日国务院颁布《中国法治建设》白皮书，法学界开始对中国 30 年来的法治建设进行全面总结、深刻反思和理性展望。

政府的体制保障。在改革攻坚的关键时期，现行行政管理体制仍然存在一些不相适应的方面。政府职能转变不到位，对微观经济运行干预过多，社会管理和公共服务仍比较薄弱；部门职责交叉、权责脱节和效率不高的问题仍比较突出；政府机构设置不尽合理，行政运行和管理制度不够健全；对行政权力的监督制约机制还不完善，滥用职权、以权谋私、贪污腐败等现象仍然存在。这些问题直接影响政府全面正确履行职能，在一定程度上制约经济社会发展。为解决这些突出矛盾和问题，加快行政管理体制改革的步伐，2008 年 2 月 27 日中国共产党第十七届二中全会通过了《关于深化行政管理体制改革的意见》（以下简称《意见》）。《意见》明确提出了推进行政管理体制改革的指导思想、基本原则、总体目标和主要任务，是中国今后一个时期行政管理体制改革的纲领性文件。

关于行政管理体制改革的指导思想，《意见》提出，要高举中国特色社会主义伟大旗帜，以邓小平理论和"三个代表"重要思想为指导，深入贯彻落实科学发展观，按照建设服务政府、责任政府、法治政府和廉洁政府的要求，着力转变职能、理顺关系、优化结构、提高效能，做到权责一致、分工合理、决策科学、执行顺畅、监督有力，为全面建设小康社会提供体制保障。

关于行政管理体制改革的基本原则，《意见》提出：一是必须坚持以人为本、执政为民，把维护人民群众的根本利益作为改革的出发点和落脚点；二是必须坚持与完善社会主义市场经济体制相适应，与建设社会主义民主政治和法治国家相协调；三是必须坚持解放思想、实事求是、与时俱进，正确处理继承与创新、立足国情与借鉴国外经验的关系；四是必须坚持发挥中央和地方两个积极性，在中央的统一领导下，鼓励地方结合实际改革创新；五是必须坚持积极稳妥、循序渐进，做到长远目标与阶段性目标相结合、全面推进与重点突破相结合，处理好改革、发展、稳定的关系。

关于行政管理体制改革的总体目标，《意见》提出，到 2020 年要建立起比较完善的中国特色社会主义行政管理体制。要通过改革，实现政府职能向创造良好发展环境、提供优质公共服务、维护社会公平正义的根本转变，实现政府组织机构及人员编制向科学化、规范化、法制化的根本转变，实现行政运行机制和政府管理方式向规范有序、公开透明、便民高效的根本转变，建设人民满意的政府。

关于行政管理体制改革的主要任务，《意见》提出，要加快政府职能转变，以此为核心加快推进政企分开、政资分开、政事分开、政府与市场中介组织分开，把不该由政府管理的事项转移出去，把该由政府管理的事项切实管好，从制度上更好地发挥市场在资源配置中的基础性作用，更好地发挥公民和社会组织在社会公共事务管理中的作用，更加有效地提供公共产品；要推进政府机构改革，按照精简、统一、效能的原则和决策权、执行权、监督权既相互制约又相互协调的要求，紧紧围绕职能转变和理顺职责关系，进一步优化政府组织结构，规范机构设置，探索实行职能有机统一的大部门体制，完善行政运行机制；要加强依法行政和制度建设，把宪法和法律作为政府工作的根本原则，加快建设法治政府，推行政府绩效管理和行政问责制度，健全对行政权力的监督制度，加强公务员队伍建设。

（二）推进服务型政府建设

为贯彻落实中国共产党十七大提出的建设服务型政府的重大决策，各级党委和政府采取切实有效措施推进服务型政府建设。2008 年 2 月 23日，中共中央政治局第四次集体学习的内容为国外政府服务体系建设和中国建设服务型政府。中央主要领导同志在主持学习时强调，建设服务型政府，是坚持中国共产党的全心全意为人民服务宗旨的根本要求，是深入贯彻落实科学发展观、构建社会主义和谐社会的必然要求，也是加快行政管理体制改革、加强政府自身建设的重要任务，并提出，要在经济发展的基础上，不断扩大公共服务，逐步形成惠及全民、公平公正、水平适度、可持续发展的公共服务体系。之后，北京、上海、广东等各级党委和政府坚持以人为本，纷纷出台相关政策，通过创新行政管理体制、完善公共财政体制、提高政府工作透明度、改善政府信息公开制度、转变机关工作作风等，大力推进服务型政府建设①。许多市、县、乡（镇）等基层党委和政

---

① 参见《08 热点：建设服务型政府》，新浪网，http：//edu.sina.com.cn/official/，2008 年 11 月 6 日访问；《上海要加快建设服务型政府》，《解放日报》2008 年 4 月 2 日。

府也纷纷开始了建设服务型政府的探索和试点，并取得了一些宝贵的经验①。

（三）　加强市县政府依法行政

市县两级政府是国家法律法规和政策的重要执行者，处在政府工作的第一线，承担着经济、政治、文化、社会等各方面的管理职责，直接面对各种利益关系和社会矛盾。市县政府能否切实做到依法行政，很大程度上决定着政府依法行政的整体水平和法治政府建设的整体进程。推进市县政府依法行政，是巩固中国共产党执政基础的必然要求，是落实科学发展观的重要保障，是构建社会主义和谐社会的重要基础，是加强政府自身改革和建设的重要途径。为此，2008 年 5 月 12 日，国务院颁发了《关于加强市县政府依法行政的决定》，阐述了加强市县政府依法行政的重要性和紧迫性，要求大力提高市县机关工作人员依法行政的意识和能力，努力完善市县政府行政决策机制，建立健全规范性文件监督管理制度，严格执法，强化对行政行为的监督，增强社会自治功能，加强领导，明确责任，扎扎实实推进市县政府依法行政工作。该决定是落实依法治国方略、建设法治政府的重要文件，是今后中国地方政府法治建设的纲领性文件，同时也标志着中国的依法行政工作进入了新的发展阶段。

（四）　强化行政问责制

2008 年是重要的"行政问责年"。在《国务院 2008 年工作要点》中，行政问责制位列其中；2008 年 5 月国务院颁布的《关于加强市县政府依法行政的决定》强调，要加快实行行政问责制。随着下半年一系列重大事故的发生，从中央到地方掀起了一场"问责风暴"，一批官员相继落马。此后，各地政府相继着手制定专项规章来规范官员责任，中国的行政问责正朝着常态化、制度化、规范化的方向迈进。2008 年行政问责次数之多、范围之广、所涉官员级别之高、人数之众，都远超往年，这表明行

---

① 参见《建设镇（街）服务型政府试点情况汇报》，合智工作情报网，www.hezhici.com，2008 年 11 月 6 日访问。

政问责制正越来越成为一种严厉的常态程序①。进一步加强行政问责的法律化和制度化，明确问责条件，细化问责程序，强化问责的法律后果，完善问责制度体系是行政法治建设的重要任务。

（五）完善行政程序制度

完善行政程序制度，严格按照法律规定的程序行使行政权，对加强依法行政具有十分重要的意义。2008 年中国行政程序立法取得重要进展，主要体现在国务院《政府信息公开条例》的正式实施和湖南省人民政府制定颁布的《湖南省行政程序规定》。

《政府信息公开条例》于 2008 年 5 月 1 日起正式施行，这是中国政府行政管理理念和方式的一次重大变革，标志着中国各级政府将迈入信息公开的新时期。《政府信息公开条例》颁布后，各省、自治区、直辖市和国务院各部门都积极采取各种措施，加强政府信息公开工作②。

2008 年 10 月 1 日，中国首部系统规范行政程序的地方规章——《湖南省行政程序规定》生效。该规定的亮点在于创新了行政决策机制，对涉及公众重大利益、公众对决策方案有重大分歧、可能影响社会稳定等重大行政决策，必须举行听证会。此外，还创新了行政权力运行方式，在《政府信息公开条例》的基础上，进一步要求政府办事的依据、过程、结果都向社会公开，县级以上人民政府及其工作部门的规范性文件未在本级政府公报和政府门户网站上统一发布的，不得作为行政管理的依据等。这部规定的意义在于首次进行集中、统一的行政程序立法，有助于推动中国其他地方行政程序立法的步伐，为国家制定统一的行政程序法典积累了经验。

（六）加强突发事件应急管理制度建设

2008 年中国突发事件很多，为保障重大公共利益和公民根本利益，维护经济与社会秩序，保障社会稳定协调发展，中央和地方各级政府加

---

① 参见陈晓英《行政问责渐行渐深 呼唤专门法律面世》，法制网，2008 年 10 月 20 日访问。

② 资料来源于网络，http: //blog. sina. com. cn/s/blog_ 50b312bf01009doz. html，2008 年 10 月 20 日访问。

强了处置重大突发事件的制度建设。例如，"5·12"四川汶川特大地震后，国务院于 2008 年 6 月 9 日颁布了《汶川地震灾后恢复重建条例》。该条例确立了灾后恢复重建的基本原则，恢复重建的领导、组织和协调机构，恢复重建的资金渠道，并对恢复重建的各个环节，如过渡性安置、调查评估、恢复重建规划、恢复重建的实施、资金筹集和政策扶持、监督管理等都作出了详细具体的规定。河北"三鹿婴幼儿奶粉"事件发生后，国务院于 2008 年 10 月 9 日颁布了《乳品质量安全监督管理条例》，对监管部门的职责和法律责任、乳品质量安全国家标准、生鲜乳收购特别是如何保障婴幼儿奶粉质量安全作出了明确规定，为今后加大对违法生产经营行为的处罚力度，加重监督管理部门不依法履行职责的法律责任，保证乳品质量安全，更好地保障公众身体健康和生命安全，提供了有效的法律制度保障。

（七）　继续清理现行法律法规

在 2008 年行政法治建设的进程中，行政法律法规的清理工作继续开展。2008 年 1 月 15 日，国务院公布了《关于废止部分行政法规的决定》。截至 2006 年底对现行行政法规共 655 件进行了全面清理，废止了主要内容已被新的法律或者行政法规所代替的 49 件行政法规，宣布适用期已过或者调整对象消失、实际上已经失效的 43 件行政法规失效。对需要修改的行政法规，将依照法定程序抓紧进行修改。各地方、各部门的规章清理工作也已取得实质性进展，均于 2008 年上半年完成了清理任务①。

二　中国行政法治建设展望

总的来看，2008 年中国行政法治建设取得了较大成就，朝着法治政府的目标又迈出了可喜的步伐。面对新的形势和任务，行政法治建设将会在进一步推进法治政府建设、深化行政管理体制改革、完善行政法制度、

---

① 参见 2008 年 2 月 28 日国务院颁布的《中国法治建设》白皮书第五部分"依法行政与建设法治政府"。

健全行政执法体制、强化行政法制监督和行政问责、提高公务员依法行政意识和能力等方面迈出更大步伐，以确保建设法治政府目标的如期实现。

（一）法治政府建设步伐将进一步加快

行政法治建设是中国法治建设的重点和难点。2004年3月国务院颁布的《全面推进依法行政实施纲要》明确提出，要经过10年左右坚持不懈的努力，基本实现建设法治政府的目标。现在时间已近过半，任务紧迫而又艰巨。各级党委和政府要更加重视行政法治建设，下更大的决心、花更大的精力来领导和推进行政法治建设，通过完善行政组织，健全行政程序，加强行政责任，强化行政救济，促进中央与地方关系的规范化、制度化、法律化，来推动行政法治建设的快速发展。

（二）行政管理体制改革将不断深化

深化行政管理体制改革在推进依法行政中起着先导性和基础性作用。《关于深化行政管理体制改革的意见》明确提出，到2020年建立起比较完善的中国特色社会主义行政管理体制，并对今后5年改革的主要任务进行了部署。2008年上半年，国务院机构改革的任务已经基本完成，地方各级政府机构改革正在依次展开。在深化行政管理体制改革的过程中，各级政府会触及许多更加深刻的理论与实践问题，如政府职能转变的方向与速度，如何建立规模适度、高效有力的政府机构，政府横向结构中的"宽职能、大部制"如何渐进实施，政府纵向结构中的事权、财权责任应当如何划分，如何形成决策权、执行权、监督权既相互制约又相互协调的权力结构和运行机制，如何加强对行政管理体制改革成果的法律规范和法律保障，加快完善行政组织法律制度，等等。解决这些问题既是深化行政管理体制改革的过程，也是推进行政法治建设的过程。伴随着这些问题的解决，行政法治建设与行政管理体制改革联系不紧、互动不力的"两张皮"现象，将会有根本改观。

（三）行政法制度将逐步完善

改革开放30年来，中国行政法在底子薄、起步晚、保护公民权任务繁重、制约公权力十分困难的情况下快速发展，总体建立了以宪法为统帅，以行政组织法、行政行为法、监督行政与行政救济法为主要组成部分的行政法制度框架，成就显著。下一步中国行政法制度建设将会以制约行政权和保护公民权为核心，在行政立法、行政决策、行政执法、行政程序、监督行政、行政纠纷解决与行政救济等各主要环节的行政法制度建设上，更加重视制约、规范和监督行政权，保护、扩展和救济公民权，政府改进经济调节、严格市场监管、加强社会管理、更加注重公共服务的立法步伐将会进一步加快。十一届全国人大已经将制定行政强制法和有关全面正确履行政府职能的法律、修改《行政诉讼法》和《国家赔偿法》、研究制定行政收费管理法等列入立法规划，同时，统一行政程序法典的制定也会逐步提上日程。随着这些法律的出台和修改，中国的行政法制度将会日益健全和完善。

（四）行政执法体制将日益健全

当前，中国行政法治实践中出现的许多问题主要不是无法可依，而是有法不依、执法不严、违法不究。2009 年，各级政府和执法部门将会围绕公正和严格执法，在加大行政综合执法改革力度、加快推进相对集中行政处罚权改革、推行行政执法责任制等方面迈出更大步伐，并从体制机制、队伍建设等方面入手进一步加强和改善行政执法工作。在体制建设方面，主要是按照职权法定、权责一致的原则，清理和规范行政执法主体，明晰职责权限，从源头上解决多头执法、重复执法、交叉执法的问题。在机制建设方面，主要是深化行政执法体制改革，进一步推进行政执法责任制。在队伍建设方面，主要是加强行政执法队伍建设，增强行政执法人员依法行政、依法办事的能力，既不能失职不作为，也不能越权乱作为。这些举措将会使中国的行政执法体制更加健全，机制更加完善，队伍更加精干高效。

（五）行政法制监督和行政问责将更加强化

决策、执行、监督是政府运行的三个重要环节。只有坚持做到决策科学民主，执行有力高效，监督权威公正，才能减少决策失误，提高行政效能，有效防止腐败。当前，强化行政法制监督和行政问责已经成为社会各界的共识。2009 年，中国的行政法治建设将会更加重视对关键领域、岗位和环节行政权力的规范、监督和制约，对群体性事件、重大安全事故、环境污染等方面失职渎职或负有重要责任的行政官员的问责，以及对制定法规、规章和规范性文件等抽象行政行为的监督。对抽象行政行为的监督是行政法治建设的薄弱环节，国务院已经加强了对法规、规章的备案审查，下一步还会逐步健全省、市、县、乡的规章、规范性文件备案制度，以促进地方各级政府严格依法行政。随着不断强化行政法制监督和行政问责，扎实有效地推进制度改革，加大从源头上防治腐败的力度，行政权力在法治轨道内运行的体制、机制、制度将会得到进一步健全和完善。

（六）公务员依法行政意识和能力将明显提高

公务员依法行政的意识与能力是整个依法行政体制机制中最为关键的因素，也是最具可塑性的因素，是中国行政法治建设走向良性发展的关键。在中国行政法治建设 30 年的过程中，中国公务员队伍依法行政的意识和能力提高很快，依法行政正在逐步成为广大公务员办事的基本准则。2009 年，中国政府将会越来越注重以公正并得到严格执行的制度来培育全体公民尤其是公务员的法治观念，以全体公民尤其是公务员对法律的信仰和遵守来确保制度的严格实施，从而真正保证每一部法律、每一项制度都能得到严格执行和切实遵守。这样，全体公民遵法守法、依法维权的良好社会环境就会逐步形成，公务员队伍依法行政的意识和能力就会得到大幅度提高。

（参见法治蓝皮书《中国法治发展报告 No. 7（2009）》）

第六章　2009年中国行政法治

　　摘　要：本报告主要关注了2009年行政法治在立法和执法诸领域取得的成就及面临的挑战。立法方面，中央和地方立法都体现了较强的针对性和创新性；机构改革方面，地方政府新一轮的机构改革启动；"责任型政府"和"服务型政府"的建构也在内外力的交互作用下逐步推进。报告同时指出了行政法治建设在行政审批、政府信息公开和行政法治综合水平等方面暴露出的一些问题。

　　2009年，中国人民共同庆祝了祖国的60华诞，行政法治也献上了一份丰厚的贺礼。在立法方面，《食品安全法》及其实施细则的颁布，为理顺中国食品安全监管体制、提升食品安全整体水平提供了较系统的法律保障；《行政强制法》和修订后的《国家赔偿法》呼之欲出；地方立法直面社会热点问题，体现了较强的针对性、先行性、创新性和自主性。中央层面的机构改革尘埃暂且落定之后，在中央的稳步协调和大力推动下，地方政府也先后开始创造性地尝试在本地启动新一轮的政府机构改革。一方面，"责任型政府"和"服务型政府"的建构在内力和外力的交互作用下逐步推进。另一方面，在金融危机席卷全球和网络社会迅猛发展的情境下，行政法治建设也暴露出一些问题，集中表现在行政审批制度、政府信息公开制度和行政法治综合水平等方面。

一　2009 年行政法治发展及成就

（一）行政法治领域的立法稳步推进

1. 中央立法：稳步实施立法计划

2009 年行政法治领域的法律制定和修改活动，涉及数量并不多，但亮点不少。

（1）《食品安全法》及其实施细则出台。

2009 年 2 月 28 日，历经四审、广纳各界建言的《食品安全法》终于出台，标志着中国食品安全法规体系的进一步完善和新的食品安全监管体制的基本理顺。

2008 年，三鹿"问题奶粉"引发的食品安全危机，使政府相关部门认识到食品安全及其监管的严峻性。《食品安全法》重新明确了各部门的监管职责，确立了分段监管体制，主要是卫生、农业、质检、工商和食品药品监督各司其职，分别负责对食品安全风险的评估、食品标准的制订，对初期农产品，对食品生产环节、食品流通环节和餐饮服务方面的监管，实现从原料到产品，从生产到流通、餐饮的全程监管。之前更多地强调食品卫生方面的标准，而新的监管链条更加完善，食品安全的整个监管链条中特别重视食品安全的风险监测和评估，表明了监管理念的变化。在此基础上，还设立了国务院食品安全委员会，以加强对各个监管部门监管工作的协调和指导。该法为适时调整食品安全监管体制留下了空间，其附言规定，"国务院根据实际需要，可以对食品安全监督管理体制作出调整"。《食品安全法》及其实施条例的实行，为系统有序地解决当前的食品安全问题提供了法律制度保障，并有望开启中国食品安全监管的一个新阶段，切实提高中国食品安全整体水平。

为了配合《食品安全法》的实施，国务院通过了《食品安全法实施条例》。

（2）《行政强制法（草案）》继续接受审议。

2009 年 8 月 24 日，十一届全国人大常委会第十次会议对《行政强制法（草案）》进行了第三次审议，此次审议距离第二次审议已有两年。

《行政强制法》的立法要义首先是限制行政权力的滥用。《行政强制法》与已经出台的《行政处罚法》和《行政许可法》一道，被称为中国行政法治立法的三部曲。《行政强制法》意在通过制定职权和程序方面的规范防止行政权力滥用，同时也为执法提供依据，是一部监督和保障行政机关依法履行职责的重要法律。

作为一部"限权法"，《行政强制法（草案）》的许多规定着眼于限制公共权力的行使、保障公民权益：首先，草案列举了行政强制措施和行政强制执行的种类，并规定了行政强制的设定权限；其次，增加了行政强制的事前论证和实施中的评估程序；再次，进一步规范了执法主体，规定"行政强制措施权不得委托，行政强制措施应当由行政机关具备资格的正式执法人员实施，其他人员不得实施"。同时，草案对限制公民人身自由这类行政强制措施，规定了严格程序，对查封、扣押、冻结等常用的行政强制措施，也分别设计了具体细致的程序。例如，草案规定，"行政机关应妥善保管所查封、扣押的场所、设施或者财物，不得使用或者损毁"，"不得查封、扣押公民个人及其所扶养家属的生活必需品"，"延长查封、扣押的决定应当告知当事人"等。

同时，作为一部实际上亦赋予行政机关行政强制权力的法律，《行政强制法》关系到公民权利与公共权力之间的艰难博弈，这从这部法律的"命运多舛"可见一斑。这部从 1999 年就开始着手制定的法律，业经三审，目前仍难预期其出台时间。根据《立法法》规定，法律草案一般经三次常委会会议审议后可交付表决，然而本次常委会会议暂未考虑表决通过《行政强制法（草案）》。究其"难产"的原因，一是立法动力不足；二是对一些关键问题仍存在很大争议，如立法的必要性、立法的位阶、强制执行体制等；三是行政机关的接受程度不一。

可以想见，《行政强制法》依然会在公民权利与公共权力的博弈中跋涉，除了将草案及草案修改情况向公众公布并征集意见外，还需要有更多的方式有效吸纳公众和专家的意见和建议，使他们充分参与草案的制定和修订，就关键问题达成共识，以早日完整奏响行政立法的"三部曲"。

（3）《国家赔偿法修正案（草案）》经历两次审议。

《国家赔偿法修正案（草案）》于 2009 年 6 月 22 日、10 月 27 日，分别经全国人大常委会二审、三审。较之 2008 年 10 月的初次审议稿，提交二审的法律草案在具体内容上有所改进。二审草案扩展了公民可以申请国家赔偿的范围，如规定被采取拘留、逮捕等强制措施，最终被判无罪的，公民可以申请国家赔偿。除了对具体情形的调整，二审草案还就国家赔偿的归责原则进行了修改，删除了以违法性作为国家赔偿的前提的规定，国家赔偿的归责原则趋于多元化。提交三审的法律草案又在前两稿的基础上作了进一步修改和完善，如扩大了刑事赔偿的赔偿义务机关范围，将看守所也纳入赔偿主体的范围，还特别强调"及时赔偿"，明确规定赔偿义务机关应当依照本法及时履行赔偿义务。此外，完善赔偿程序、畅通赔偿渠道也是重点，精神损害赔偿也被写入了草案，但赔偿标准并未明确。

在第三次审议中，有些常委会委员对草案的部分规定，如赔偿原则和赔偿程序方面的规定，提出了一些不同的意见。经全国人大常委会委员长会议决定，关于修改《国家赔偿法》的决定草案拟继续深入研究、修改，提出新的方案后，再提请以后的常委会会议继续审议。

对于这次《国家赔偿法修正案（草案）》未获通过，学者们普遍表示，它体现的是全国人大常委会对立法的认真态度，相信在经过一段时间的深入研究，听取各方意见后，这部法律出台之时会更完善，更具可操作性。

2. 地方立法直面社会热点问题

2009 年，地方在行政领域的立法有较大突破，直面社会管理的热点问题和与公众利益攸关的问题，勇于破除体制障碍，为深化改革留出了空间，体现了针对性、先行性、创新性和自主性。

（1）浙江："居住证"取代"暂住证"。

经两次审议，浙江省十一届人大常委会第 11 次会议表决通过了《浙江省流动人口居住登记条例》，这是中国流动人口居住登记方面的第一部地方性法律。

该条例的出台目的在于解决原有暂住人口管理制度无法适应当前流动人口服务保障的需求。根据《浙江省流动人口居住登记条例》，依照《浙江省暂住人口管理条例》规定领取的暂住证，在其有效期内，继续有效；

有效期满需要继续居住的，按规定换领"浙江省临时居住证"或者申领"浙江省居住证"。也就是说，领取浙江省临时居住证和居住证成为已经办理居住登记的流动人口的权利而非义务。暂住证和居住证二证除了名称上一字之差外，其内涵和外延都具有质的区别，表现了政府执政理念的转变——暂住证强调管理，而居住证主导服务。居住证持有人可享受的社会保障、公共服务等具体待遇由居住地县级以上人民政府规定，临时居住证涵盖了子女就学、社会保障、卫生防疫、计划生育、技术服务等方面可享受的公共服务待遇，暂住证则更多是治安管理的需要。在使用范围和有效期上，居住证也比暂住证更便利于持有人。居住证的立法理念更显人性化，管理体制更加科学规范，有利于消除"本地人"和"外地人"的"泾渭之别"，增强流动人口的归属感。可以明显看出，居住证含有某种程度的身份认同，体现了对人的尊重，是对公民权利与社会保障有力的制度性保护。

需要指出的是，除了在浙江之外，深圳和太原市也已经对非本地户籍人口实行居住证管理制度，这一更为进步和文明的制度的生命力或将越来越强。

（2）辽宁：普通高等学校毕业生就业由政府承担责任。

《辽宁省促进普通高等学校毕业生就业规定》于2009年7月1日起实施。作为国内首部促进高校毕业生就业的地方政府规章，该规定不仅在多项制度的确定上均属首创，而且在内容上也有创新。它首次规定了"失职追责"政府部门和高校拒不实施就业扶持政策和措施、虚报就业考核指标、重大决策失误导致较多高校毕业生失业等，将被追究法律责任。此外，关于科研经费使用等政策、大学生自主创业政策扶持力度、就业协议的法律地位等规定也都是亮点。

这部规章的出台适逢其时，有极强的针对性和实用性。它为政府有关部门和高校设立了相关法律责任，不失为2009年地方立法中贯彻责任型政府理念的典范。

（二）政府机构改革继续深化

在中央层面的机构改革尘埃暂时落定后，2009年，在中央的稳步协调和大力推动下，地方政府也先后开始创造性地尝试在本地启动改革。中央为地方因地制宜改革预留了广阔的探索空间，对地方政府机构设置的具体形式、名称、排序等，中央不统一要求上下对口。可以说，这是历次地方政府机构改革中，给地方自主权最大的一次。

1. 新一轮地方政府机构改革有序推进

2009 年，改革开放以来第五轮地方政府机构改革有序推进。此轮地方机构改革中，与国务院机构"大部制"改革衔接的"大部门制"成为突出特点，在省级地方政府施行"大厅局制"，而在县市级政府或将施行"大科处制"。

根据已公布的省级政府机构改革方案，每个省份都在积极探索建立符合本地特色的"大厅局模式"，所有省、自治区、直辖市都在工业与信息化、交通运输、住房与城乡建设、人力资源与社会保障、卫生与食品药品监管 5 个方面对机构进行了调整整合。各省、自治区、直辖市政府厅局级机构得到不同程度的精简，全国共减少厅局级机构 80 多个①。大部门体制改革就是要进一步理顺机构职责关系，尽量做到"一件事情一个部门负责"。

作为第一个获批的地方政府机构改革方案，上海市合理调整了一些职能相近的部门，构建具有地方特色的大部门体制。该市组建了城乡建设和交通委员会，将原建设和交通委员会的职责、农业委员会参与指导郊区城镇规划建设的职责、市政工程管理局的重大工程规划建设和资金安排等职责整合到一起，原建设和交通委员会、市政工程管理局不再保留。青海省则积极构建大文化管理体制，整合文化厅、新闻出版局和版权局的职责，组建了省文化和新闻出版厅。

"大部门制"改革的目标，不仅在于机构的重新整合，更在于政府职能的转变。"大部门制"同时还包含着政府职能进一步转变的内容，以及职责关系在部门之间进一步理顺的问题，最后才是机构的合并。随着改革的深入，大农业、大水务等新型体制已在部分地区出现。

----

① 《转变职能，稳步推进——省级政府机构改革已取得初步成效》，《人民日报》2009 年 7 月 3 日。

"大部门制"改革在实践中也难免遇到障碍和问题。河南省淮阳县一份机构改革调研报告显示，城市管理工作涉及县城管、工商、公安、交通、卫生、环保等部门，由于管理体制不健全，责任追究机制难以形成，出现了以收代管、以罚代管、只审批不管理等现象。此外，一些相关部门职能交叉，出现了推诿扯皮现象。

2. "省管县"财政体制改革启动

与"大部门制"机构改革相并行，省管县改革亦在进一步推进。2009 年 2 月 1 日，中共中央、国务院《关于 2009 年促进农业稳定发展、农民持续增收的若干意见》提出：推进省直接管理县（市）财政体制改革，稳步推进扩权强县改革试点，鼓励有条件的省份率先减少行政层次，依法探索省直接管理县（市）的体制。7 月 9 日，财政部公布了《关于推进省直接管理县财政改革的意见》，从政府间收支划分、转移支付、资金往来、预决算、年终结算等五个方面实行省财政与市、县财政直接联系，在省和县财政间绕开了市财政。

"省管县"财政体制作为中央"省管县"行政体制改革的试点所具有的意义是不容忽视的。"省管县"行政体制改革的核心问题是人事权和财政权，而财政权改革又是重点和核心，因而，一旦"省管县"财政体制改革顺利完成，"省管县"行政体制改革也就具备了顺利推进的坚实基础。

（三）责任型政府建设逐步推进

责任型政府建设是一项涉及行政理念、发展目标、治理模式、政策工具等方面的系统工程，是一场深刻的政府革命。这场"革命"能否成功，在很大程度上取决于决策层和领导干部、公务员的认知度、认同度，其核心是问责机制的建立和制度规范的保障。2009 年，《关于实行党政领导干部问责的暂行规定》（以下简称《暂行规定》）和《关于建立促进科学发展的党政领导班子和领导干部考核评价机制的意见》的发布，体现了中央决策层对推进责任型政府建设的坚定决心，而问责机制的引入并制度化、规范化，是确保责任型政府建设目标实现的关键。此外，广泛的公众参与也是责任型政府建设的关键。有了公众的积极参与，规范化责任型政府建设才能在良好的氛围中、在强大的公众舆论和期待压力中焕发政府执行的强大动力。随着互联网的普及，至 2009 年，公民通过互联网渠道"捕捉"了许多"问题官员"，发现了公权力运作过程中的许多问题，初步展现出网络在监督行政法治和反腐败领域的功能。

1. 党政领导干部问责制的引入：以权力制约权力

党政领导干部问责是一种特定的由问责主体对党政领导干部的职责承担和义务履行情况实施监督和责任追究的一种制度，核心内容是对违法或者不当的行为进行责任追究。

《暂行规定》的出台是"党政领导干部问责制"步入法制化的重要步骤，基本完善了制度层面对公共权力控制与监督的责任追究、纪律追究、法律追究三大机制。而党政领导干部问责制的引入，又是政府改革的新切入点，是建立责任型政府要求的体现。领导干部问责制和行政及政治责任之间紧密联系，责任本身是行动的一个基本价值取向。

以往"问责"基本上是采用行政系统内部问责的方式，与之不同，《暂行规定》明确将党委系统也纳入问责体系，这使问责的范围覆盖到政府和党委两个系统，消除了以往只在行政系统问责而同样负有领导和决策责任的党委系统却置身事外的弊端。同时，《暂行规定》对实行问责与党纪政纪处分及刑事处罚的衔接作了规定，党政领导干部受到问责，同时需要追究纪律责任的，依照有关规定给予党纪政纪处分，涉嫌犯罪的，移送司法机关依法处理。

2. 网络监督力量的介入：以权利制约权力

2009 年以来，网络在"权利监督权力"的公民参与和监督实践中的重要作用愈加明晰。"别墅门""公款旅游门""名表门""行贿黑名单"等不时传出。公民通过互联网渠道"捕捉"了许多"问题官员"，初步展现出网络在反腐领域的功能。另有统计显示，目前活跃在网络上的中文民间反腐网站已达数十家，这预示着网民反腐的组织化、专业化发展方向。网络监督以其技术性方式推进，部分化解了政府与公众之间的积怨，避免了更暴力甚至更为严重的群体性事件，也实质性地推动了廉政建设。

腐败并不只是政府面临的问题，而是整个社会面临的问题，因而需要整合政府、市场、社会和公民的力量。从网络社会出发，积极培育公民社会并促使它发展壮大，应当成为目前可行的一项反腐败社会战略。严格划分社会权力与政府权力的边界，是反腐败的社会基础，也是社会力量和公民个人"以权利制约权力"的前提。比起政府内部的权力制衡，这种来自外部的制约只要使其作用得以发挥，就能产生更为有力的效果。

（四）电子政务推动服务型政府建构

电子政务的发展成为适应服务型政府要求并推动其发展的有效制度。第一，各政府网站体系以门户网站为总门户，由各县、市、区政府网站或各部门子网站构成，畅通便捷、资源共享、分工协同，初步形成了统一政府门户和统一运行与服务监管的管理机制。门户网站着重就重大问题加强权威政府信息发布，是政府与公众、企业交流沟通的桥梁，也是政府及各部门为企业、市民提供在线办事和服务的平台。地方政府网站将本地各党政部门的网站整合为一体，着重搭建与公众互动交流的平台，拓宽社情民意表达渠道。第二，网上公益服务力度进一步拓展。着眼于便民利民，针对不同公众和不同群体，努力组织提供公益性信息资源和便民服务。政府门户网站进一步加强对各子网站服务资源的整合，提供与公众生活和工作密切相关的便民提示类信息、社会关注的热点信息和多种实用类信息查询。各部门网站结合本部门职能，注重为公众提供相关信息。第三，网上互动栏目建设进一步加强。许多政府网站开设了网上调查、民意征集、网上评议等互动栏目，完善网上征集公众建议工作，并在网上公开；完善政府公文发布前网上征求意见工作，建立相关工作制度，确保每一件政府公文正式发布前，在政府门户网站征求意见并公布征求意见采纳的情况。此外，一些城市多年来开展的行政许可项目网络在线办理及电子监察工作，规范了在线办理及电子监察流程，按照在线公示、表格下载、在线受理、在线办理和在线反馈多个层次的在线办理程序，分别确定具体的项目，减少了审批环节，规范了审批程序，简化了前置手续，优化了流程，缩短了审批时限，创新了行政权力运行机制。例如，浙江宁波北仑边检站就以信息化建设大大提高了边检服务水平。整个港口只需两名官兵坐镇监控室，就实现了"电脑站岗、鼠标巡逻"，监管效率大幅提高。边检站还推出了集网上报检、网上短信、网上船情为一体的"电子通关工程"，使办理通关手续的时间缩短到两分钟①。

二　2009 年行政法治面对的挑战及暴露的问题

2009 年行政法治所取得的成就是主流，但仍然暴露出一些问题，尤其是在金融危机席卷全球和网络社会迅猛发展的环境中，这些问题更显得突出和集中。

（一）金融危机下的行政法治

历史经验表明，在应对严重的经济危机的过程中，政府治理方式的不足会暴露得更为充分，而历次全球性经济危机都将引发政府职能的转变和政府治理方式的革新。在此次席卷全球的金融危机中，中国政府治理的诸领域，包括行政审批制度、政府信息公开制度建设等方面都出现捉襟见肘之态。当然，也可以预见到，为避免经济陷入衰退以及因经济衰退而引起的社会矛盾集中爆发，各级政府在许多领域将会改变某些明显不适应经济社会发展的做法。

1. 检验行政审批制度改革成果

2009 年 9 月 22 日举行的"新中国法治建设成就新闻发布会"上，全国人大常委会法制工作委员会负责人介绍，截至 2009 年 8 月底，中国国务院和地方各级政府分批取消、调整行政审批项目，国务院分四批取消了1992 项行政审批项目，地方各级政府共取消、调整 77692 项行政审批项目②。在金融危机的大形势下，为鼓励投资、扩大内需，特别是吸引非公有制资本进入市场，自 2008 年以来，各级政府已经在不断清理、精简各种行政审批事项，特别是减少和放宽投资审批和项目核准，其清理、精简的范围已经从地方和部门设定的审批事项扩展到国务院行政法规设定的审批事项；同时，各级政府（尤其是中央政府）也纷纷下放审批权限，精

---

① 《浙江宁波北仑边检站电子通关仅需两分钟》，《人民日报》2009 年 5 月 20 日。
② 《国新办举行发布会介绍新中国 60 年法治建设成就》，新华网，http://news.xinhuanet.com/legal/2009-09/22/content_ 12096234.htm，最后访问日期：2009 年 11 月15 日。

简审批环节，以保护和增进投资者的信心。

行政审批制度改革的推动显示了政府职能的进一步转变，政府自身建设切实加强。但需要指出的是，在应对本轮金融危机过程中，也出现了两个尤其需要克服的错误倾向：一是将本轮改革措施仅仅视为应对金融危机的权宜之计；二是为完成保增长、保就业的目标，无原则地降低行政审批门槛，特别是借机为国家已经明令淘汰、与产业结构升级目标相背离的落后产能"开绿灯"。

2. 拷问政府信息公开制度

金融危机发生前后，正值中国《政府信息公开条例》颁布施行之际，社会公众申请获取政府信息的热情空前高涨。由于对金融危机的发展前景、危害后果和对世界未来经济格局的影响以及政府救市措施等问题的判断关乎每一个人未来的生活质量，社会公众对每一次最新公布的经济统计数据，对每一项政府救市措施的出台背景和预期成果，对每一次新近发生的重大经济事件都显得格外关心。正因如此，公众对各级政府应对金融危机中的信息公开怀有极高的期待，提出了更高的要求。但政府公开信息的主动性与公众的热情不相符，有专家戏称，《政府信息公开条例》的实施尚未完全推开"玻璃门"。迄今为止，政府信息公开行政诉讼中原告胜诉案件极少，打造透明政府的道路依旧曲折而漫长。

（二）互联网迅猛发展中的行政法治

互联网的迅猛发展暴露出当前中国互联网络管理中存在的问题，主要表现为以下几个方面。

首先，强调对互联网络的信息管理，但缺乏权利救济程序，当事人的利益受到损害后，难以通过正常的、公开的程序表达自己的意见。

其次，把监管的重点放在互联网产品服务的消费环节，而忽视加强对互联网络运营商和服务商的管理，易导致互联网络服务商逃避承担法律责任。

再次，行政监管对互联网技术创新带来的问题应对乏力，这突出地反映在"谷歌中国案"中。2009 年 6 月 18 日，中国互联网协会互联网违法和不良信息举报中心对"谷歌中国"网站公开进行强烈谴责。举报中心指出，2009 年 1 月和 4 月，"谷歌中国"网站因存在大量淫秽色情和低俗信息链接已被举报中心公开曝光过两次；但下半年，经公众举报，举报中心发现"谷歌中国"网站仍存在大量传播淫秽色情和低俗信息的情况。从企业的角度分析，搜索引擎这种技术所具有的优越性能够吸引更多的网民，从而最终达到增强企业竞争力的目的；从国家角度探讨，企业技术创新是国家技术力量发展的一部分，技术创新能够给公民、企业、国家等多方带来利益，应该对此予以鼓励。但技术创新带来的法律问题随着技术的广泛使用也日益凸显，"谷歌中国案"只是冰山一角。关于搜索引擎服务商义务与责任的法律规定目前主要集中在《信息网络传播权保护条例》中，该条例主要规范网络环境下搜索引擎服务商在著作权保护方面的义务和责任，调整范围比较小。而对搜索引擎服务商涉及的其他问题，中国目前基本没有涉及，遑论相应的管制措施。

（三）执法经济驱动下的"钓鱼执法"

"钓鱼执法"对大多数中国人来说本是鲜有知晓，却因发生在上海的一系列案件而家喻户晓。"钓鱼执法"是"栽赃式执法"的典型表现，与行政执法的正当性不相符合，与诚实信用原则不相符合，对社会的公序良俗也是沉重打击。当一个执法部门为了私利而"执法"时，特别是引诱守法者"违法"时，社会对法律就会产生强烈的质疑。执法者所损害的也不仅仅是这一部门的形象，而是整个政府和法律的形象，动摇了人们的法治观念和信心。行政执法中的"钓鱼执法"行为，不但会让公众在守法与违法的困惑中模糊守法与违法之间的界限，更是对社会道德釜底抽薪般的打击。

三 2010 年行政法治展望

第一，几部行政法治领域重要法律的立法攻坚。2010 年是形成中国特色社会主义法律体系的关键一年。行政领域的重要法律是此一法律体系不可或缺的组成部分。在这一目标下，尽管 2009 年审议的《国家赔偿法修正案（草案）》《行政强制法（草案）》中一些问题仍然存在疑惑和争议，但可以预见，它们仍将是本届人大 2010 年立法工作的重中之重，并有望于 2010 年获得通过，成为中国特色社会主义法律体系的坚实支撑。同时，为保障行政法治的统一、协调和促进行政法治的全面实施，行政程序法作为行政法的基本法，其立法进程也有望实现重要突破。

第二，中央和地方行政管理体制改革继续推进。深化行政管理体制改革一直是近年来政治体制改革的重点。2010 年，中央"大部制"改革将在总结两年来经验的基础上继续磨合再造，地方的"大部门制"改革也将因更彰显地方特色从而更趋成熟。"省管县"的模式有待从财政管理体制扩展至全方位，成为地方政府管理体制改革的突破之作。

第三，监管理念的转变、监管真空的填补和行业监管能力的提升。经过金融危机、信息社会、公共卫生危机等多重"洗礼"的政府，其监管理念将有更大的提升空间，监管手段也将更趋多元和先进。对近年来日益兴起的新兴行业，如分时度假行业、信息服务业、彩票业、代驾行业等，将探索更先进的监管模式，综合运用监管手段，在规范行业发展的同时促进行业的良好发育。

（参见法治蓝皮书《中国法治发展报告 No. 8（2010）》）

第七章 国务院《全面推进依法行政实施纲要》述评

摘 要：2004 年 3 月 22 日，国务院发布了《全面推进依法行政实施纲要》。这是一份指导各级政府依法行政、建设法治政府的纲领性文件。它确立了建设法治政府的目标，明确了今后 10 年全面推进依法行政的指导思想、基本原则、基本要求、主要任务和保障措施。本文梳理了《纲要》出台的背景、《纲要》的主要内容、《纲要》的意义以及《纲要》的贯彻落实情况。

2004 年 3 月 22 日，国务院发布了《全面推进依法行政实施纲要》（以下简称《纲要》）。这是一份指导各级政府依法行政、建设法治政府的纲领性文件。它确立了建设法治政府的目标，明确了今后 10 年全面推进依法行政的指导思想、基本原则、基本要求、主要任务和保障措施。《纲要》对中国 20 多年来的行政法制建设实践予以总结，具有现实性、前瞻性、原则性和可操作性。《纲要》的发布实施标志着中国依法治国方略在政府管理层面的大踏步推进，对进一步推进依法行政、建设法治政府、建构社会主义政治文明和建设社会主义和谐社会，将产生深远影响。

一 《纲要》出台的背景

十一届三中全会以来，中国社会主义民主与法制建设取得了显著成绩。1997 年十五大确立了"依法治国、建设社会主义法治国家"的基本方略，

1999 年全国人大九届二次会议将其载入宪法，国务院于 1999 年发布实施《关于全面推进依法行政的决定》。中国法治政府建设取得了可喜的成绩。但与完善社会主义市场经济体制、建设社会主义政治文明以及依法治国的客观要求相比，依法行政还存在不少差距，主要表现在依法行政体制、行政决策机制、行政立法和行政规范性文件的制定、执法责任制、解决纠纷机制、法制统一原则和政令畅通、行政权制约和监督机制以及公务员的法律素质等方面①。

　　《纲要》基于对依法行政、建设法治政府的重要性与紧迫性的认识，通过深入细致地分析实践中存在的突出问题，有针对性地规定了解决措施并作出了制度安排，为依法行政的健康、快速发展提供了制度保障。

二　《纲要》的主要内容

　　《纲要》在制度安排和框架体系上，力求全面反映和准确体现依法行政的基本要求和基本内容，为各级政府依法行政提供行动指南。《纲要》的核心目标，就是促进从全能政府到有限政府，从管制政府到服务政府，从封闭政府向开放政府，从权力政府到责任政府，由经验型政府到科学决策型政府的历史转型。

　　《纲要》前三部分分别对依法行政的重要性和紧迫性、指导思想和目标、基本原则和基本要求作了集中规定。

　　《纲要》确立了中国用十年左右时间基本实现建设法治政府的目标。这一目标包含七个方面的要求。①政企分开、政事分开，政府与市场、政府与社会的关系基本理顺，政府的经济调节、市场监管、社会管理和公共服务职能基本到位。中央政府和地方政府之间、政府各部门之间的职能和权限比较明确。行为规范、运转协调、公正透明、廉洁高效的行政管理体制基本形成。权责明确、行为规范、监督有效、保障有力的行政执法体制基本建立。②提出法律议案、地方性法规草案，制定行政法规、规章、规范性文件等制度建设符合宪法和法律规定的权限和程序，充分反映客观规

---

① 袁曙宏：《依法行政的蓝图》，《法制日报》2004 年 4 月 22 日，第 1 版。

律和最广大人民的根本利益，为社会主义物质文明、政治文明和精神文明协调发展提供制度保障。③法律、法规、规章得到全面、正确实施，法制统一，政令畅通，公民、法人和其他组织合法的权利和利益得到切实保护，违法行为得到及时纠正、制裁，经济社会秩序得到有效维护。政府应对突发事件和风险的能力明显增强。④科学化、民主化、规范化的行政决策机制和制度基本形成，人民群众的要求、意愿得到及时反映。政府提供的信息全面、准确、及时，制定的政策、发布的决定相对稳定，行政管理做到公开、公平、公正、便民、高效、诚信。⑤高效、便捷、成本低廉的防范、化解社会矛盾的机制基本形成，社会矛盾得到有效防范和化解。⑥行政权力与责任紧密挂钩、与行政权力主体利益彻底脱钩。行政监督制度和机制基本完善，政府的层级监督和专门监督明显加强，行政监督效能显著提高。⑦行政机关工作人员特别是各级领导干部依法行政的观念明显提高，尊重法律、崇尚法律、遵守法律的氛围基本形成；依法行政的能力明显增强，善于运用法律手段管理经济、文化和社会事务，能够依法妥善处理各种社会矛盾。

《纲要》概括了依法行政的六条基本要求。①合法行政。行政机关实施行政管理，应当依照法律、法规、规章的规定进行；没有法律、法规、规章的规定，行政机关不得作出影响公民、法人和其他组织合法权益或者增加公民、法人和其他组织义务的决定。②合理行政。行政机关实施行政管理，应当遵循公平、公正的原则。要平等对待行政管理相对人，不偏私、不歧视。行使自由裁量权应当符合法律目的，排除不相关因素的干扰；所采取的措施和手段应当必要、适当；行政机关实施行政管理可以采用多种方式实现行政目的，应当避免采用损害当事人权益的方式。③程序正当。行政机关实施行政管理，除涉及国家秘密和依法受到保护的商业秘密、个人隐私外，应当公开，注意听取公民、法人和其他组织的意见；要严格遵循法定程序，依法保障行政管理相对人、利害关系人的知情权、参与权和救济权。行政机关工作人员履行职责，与行政管理相对人存在利害关系时，应当回避。④高效便民。行政机关实施行政管理，应当遵守法定时限，积极履行法定职责，提高办事效率，提供优质服务，方便公民、法人和其他组织。⑤诚实守信。行政机关公布的信息应当全面、准确、真实。非因法定事由并经法定程序，行政机关不得撤销、变更已经生效的行政决定；因国家利益、公共利益或者其他法定事由需要撤回或者变更行政决定的，应当依照法定权限和程序进行，并对行政管理相对人因此而受到的财产损失依法予以补偿。⑥权责统一。行政机关依法履行经济、社会和文化事务管理职责，要由法律、法规赋予其相应的执法手段。行政机关违法或者不当行使职权，应当依法承担法律责任，实现权力和责任的统一。依法做到执法有保障、有权必有责、用权受监督、违法受追究、侵权须赔偿。

　　从第四部分至第十部分，《纲要》以行政权运行过程为主线，按照依法行政的内在逻辑依次展开。

　　第一，科学的政府职能配置和完善的行政管理体制是推进依法行政的前提和基础。《纲要》第四部分"转变政府职能、深化行政管理体制改革"对此作了规定。《纲要》要求，依法界定和规范经济调节、市场监管、社会管理和公共服务的职能，合理划分和依法规范各级行政机关的职能和权限，完善依法行政的财政保障机制，改革行政管理方式，推进政府信息公开。

　　第二，行政决策是现代政府管理活动的重要环节，建立健全民主、科学的行政决策机制，是法治政府建设的一个重要内容。《纲要》第五部分"建立健全科学民主决策机制"对此作了规定。《纲要》要求，健全行政决策机制，完善行政决策程序，建立健全决策跟踪反馈和责任追究制度。

　　第三，行政立法担负着为政府管理提供具体规则的重要功能，建设法治政府，提高制度质量是前提。《纲要》第六部分明确了提高制度质量的标准，要求科学合理制定政府立法工作计划，改进政府立法工作方法，对制度文件适时进行修改、清理。

　　第四，行政执法是对决策和立法的执行，是依法行政的关键环节。《纲要》在第七部分对此作了集中规定，强调要理顺行政执法体制，加快行政程序建设，规范行政执法行为。《纲要》规定，要深化行政执法体制改革，严格按照法定程序行使权力、履行职责，健全行政执法案卷评查制度，建立健全行政执法主体资格制度，推行行政执法责任制。

　　第五，化解社会矛盾、解决各类纠纷是现代政府的重要职能。《纲要》在第八部分"积极探索高效、便捷和成本低廉的防范、化解社会矛盾的机制"对此作了规定。《纲要》要求，积极探索预防和解决社会矛盾的新路子，充分发挥调解在解决社会矛盾中的作用，切实解决人民群众通过信访举报反映的问题。这些规定有利于保证行政性纠纷解决机制的效能，保障社会的和谐稳定。

第六，加强对行政权力的制约和监督是依法行政的核心，也是中国目前依法行政制度中的薄弱环节。《纲要》在第九部分"完善行政监督制度和机制，强化对行政行为的监督"对此作了规定。《纲要》提出，要自觉接受人大监督和政协的民主监督；接受人民法院依照《行政诉讼法》的规定对行政机关实施的监督；加强对规章和规范性文件的监督；认真贯彻《行政复议法》，加强行政复议工作；完善并严格执行行政赔偿和补偿制度；创新层级监督新机制，强化上级行政机关对下级行政机关的监督；加强专门监督；强化社会监督。

第七，依法行政最终要靠人去实施，提高公务员依法行政观念和能力至关重要。《纲要》第十部分"不断提高行政机关工作人员依法行政的观念和能力"对此作了规定。《纲要》要求，要提高领导干部依法行政的能力和水平；建立行政机关工作人员学法制度，增强法律意识，提高法律素质，强化依法行政知识培训；建立和完善行政机关工作人员依法行政情况考核制度；积极营造全社会遵法守法、依法维权的良好环境。

《纲要》中对法治政府建设各项要求的具体落实，有赖于切实有效的保障措施。《纲要》第十一部分"提高认识，明确责任，切实加强对推进依法行政工作的领导"，规定了把依法行政工作落到实处的四条措施。《纲要》要求，要提高对全面推进依法行政的必要性和紧迫性的认识，加强领导；明确责任，严肃纪律；定期报告推进依法行政工作情况；充分发挥政府法制机构在依法行政方面的参谋、助手和法律顾问作用。

三 《纲要》的意义

社会各界对《纲要》的发布实施给予高度评价。各地方、各部门普遍反映，《纲要》以科学理论为指导，认真总结了中国依法行政的经验，深刻分析了存在的问题，高度概括并全面阐明了建设法治政府的奋斗目标和措施，顺应了进一步完善社会主义市场经济体制的必然要求，顺应了建设社会主义政治文明的内在要求，顺应了加强政府自身建设的客观要求，是建设法治政府的纲领性文件。《纲要》的发布实施，昭示了国务院坚持执政为民，全面推进依法行政，建设法治政府的坚强决心。

《纲要》的基本精神和主要内容反映了行政理念的三个转变，即在人民与政府的关系上，从公民义务本位和政府权力本位向公民权利本位和政府责任本位转变；在法治理念上，从以法治民、治事向依法治官、治权转变；在责任意识上，从片面强调公民责任向同时强化政府责任转变。有人认为，《纲要》体现了新一届政府对十一届三中全会以来中国依法行政所取得成绩和存在问题以及当前依法行政所面临形势的准确把握。《纲要》是新一届政府的施政目标和理念的具体化，它将推进依法行政与政府职能转变和行政管理体制、机制、方式的改革和转变紧密结合，涵盖了政府全局工作，赋予了依法行政更全面的内涵，为各地方、各部门的行政管理活动提供了基准，体现了宏观上的纲领性、中观上的指导性以及微观上的针对性和可操作性①。

但是，由于《纲要》本身不具有法律上的约束力，应当尽快将《纲要》规定的制度上升为相关法律，以增强其效果。

四　《纲要》的贯彻落实

《纲要》发布之后，特别是国务院主要领导同志在 2004 年 6 月 28 日电视电话会上发表重要讲话之后，各级政府和政府各部门按照《纲要》的规定和国务院的部署，为贯彻执行《纲要》做了大量扎实、细致的工作，取得了初步成效，主要表现在以下八个方面②。

---

① 国务院法制办协调司：《认真学习 积极组织 周密安排 全面贯彻落实〈全面推进依法行政实施纲要〉》，资料来源：www.chinalaw.gov.cn/jsp/contentpub/ browser/contentpro. jsp? contentid=co123179875--14k-。

② 国务院法制办公室主任曹康泰在贯彻实施《纲要》座谈会上发言材料之一，国务院法制办公室秘书行政司编，资料来源：www.chinalaw.gov.cn/jsp/contentpub/ browser/contentpro. jsp? contentid=co75884678-7-9k-。

（1）加强领导，周密部署，狠抓落实。各省、自治区、直辖市政府和国务院部门都召开了专门会议，对落实《纲要》和温家宝总理的重要讲话作了具体部署。

（2）广泛宣传，认真学习，加强培训。绝大多数地方和部门都制定了具体的宣传、学习、培训方案。通过召开座谈会，在报纸杂志上刊发社论、开辟专栏、答记者问，组织专家学者发表理论文章，编辑出版《纲要》辅导读本等方式，对《纲要》的内容进行了广泛宣传。通过组织党组中心组专题学习，举办依法行政研讨班、培训班、报告会、专题讲座，编发辅导材料和工作简报等方式，对行政机关的工作人员特别是领导干部进行了培训。

（3）多数省、自治区、直辖市政府和国务院部门，根据本地区、本部门的实际情况制定了贯彻执行《纲要》的总体规划、五年规划和年度计划，制定了贯彻落实《纲要》的实施意见、具体办法和有关配套措施，为《纲要》的贯彻执行奠定了制度基础。

（4）以贯彻实施《行政许可法》为契机，进一步转变政府职能、深化行政管理体制改革，减少了一大批行政许可和非许可审批项目，简化了办事程序，创新了行政管理方式。比如，国务院先后分三批取消、调整行政许可和非许可审批项目1795项，占国务院部门全部审批项目的48.9%。

（5）不少省、自治区、直辖市政府和国务院部门制定了有关推进行政决策科学化、民主化的实施办法，进一步完善了工作规则，通过建立、实施重大事项行政决策的集体讨论、专家咨询、社会公示和听证以及向人大报告工作、决策跟踪与评估、决策失误责任追究等制度，提高了决策的科学化、民主化、制度化水平，有效减少了决策失误现象。

（6）在政府立法中，普遍采取深入调查研究，召开论证会、听证会，向社会公布行政法规草案、规章草案等方式，广泛征求社会各方面的意见，进一步提高了政府立法的公众参与度和政府立法工作的透明度，制度建设质量进一步提高。

（7）大多数地方和部门继续开展相对集中行政处罚权工作，进行综合执法试点，加强岗位培训，推行行政执法主体资格制度，建立行政执法责任制度和过错责任追究制度，行政执法水平有了进一步提高。例如，公安部下发了《关于解决执法突出问题 推进公安执法制度建设的工作计划》，确定了近期需要制定的 18 项公安执法制度，以整体推进公安执法制度建设。

（8）进一步加强了行政复议工作，加大了法规、规章和规范性文件的备案审查工作力度。截至 2004 年底，全国已有 26 个省、自治区、直辖市政府通过地方立法建立了规范性文件备案审查制度，完善了备案审查工作程序和工作机制，有效地维护了法制统一和政令畅通。

五 小结

依法行政是法治国家对政府行政活动提出的基本要求，中国自 20 世纪 80 年代开始逐渐确立依法行政的基本原则。《纲要》将实行依法行政的基本目标界定为：按照合法行政、合理行政、程序正当、高效便民、诚实守信、权责统一的要求，规范行政行为，提高行政效能，防止权力滥用，建设具有现代意识的法治政府，这种对依法行政内涵的理解是准确而深刻的。《纲要》体现了本届政府对推进依法行政必要性的深刻认识，对保障法治政府建设的决心，其中提出的目标令人鼓舞，所归纳的原则全面准确，所拟定的措施切实可行。我们有理由对《纲要》的发布与实施感到欣喜，《纲要》的具体落实情况值得我们高度关注。但我们也应注意到，依法行政与法治政府建设，涉及行政机关及其工作人员的切身利益，涉及政府职能转变等深层次复杂问题，更涉及政治体制改革（其核心是国家权力体制的优化配置）这一带有全局性、根本性的问题，而《纲要》只是政府自我革命的一个纲领性文件，这提醒我们，不应当对它的作用估计过高，依法行政、建设法治政府的事业，仍将依赖中国政治体制改革的推进与依宪治国体制的完善。

（参见法治蓝皮书《中国法治发展报告 No. 3（2005）》）

政务服务与行政审批制度改革

第八章 行政审批制度改革：行政管理体制改革的突破口

——海南省行政审批制度改革经验分析

摘 要： 本文基于对海南省人民政府政务服务中心推行行政审批制度改革实践的调研，分析了其通过集中行政审批事项、集中行政审批人员、集中行政审批权，加强对行政审批权的管理监督，并优化行政审批流程，提升行政审批服务质量的经验。本文提出，改革行政审批管理体制是行政审批制度改革的关键，行政审批制度改革则是行政管理体制改革的突破口。

行政审批权是各级政府依法组织和管理公共事务的一项重要公权力，它的科学配置和正当行使，事关政府管理的有效性、廉洁性和合法性。因此，改革和完善行政审批制度，不仅是世界许多国家和地区行政改革的重要课题，也是中国不断深化行政管理体制改革，着力转变政府职能、创新管理方式、规范权力运行、提高行政效能的重要内容。改革开放以来，尤其是近十年来，国务院高度重视推动行政审批制度改革，国务院部门经过五次清理，共取消和调整行政审批事项 2183 项，占原有总数的 60.6%；各省、自治区、直辖市本级共取消和调整行政审批事项 36986 项，占原有总数的 68.2%。实践证明，行政审批制度改革已成为推动中国行政管理体制改革、转变政府管理职能、构建服务型政府、从源头预防腐败的一个重要突破口。

20 世纪 90 年代中期，一些地方政府就尝试引入政务服务中心（以下简称"政务中心"）模式，实行行政审批"一站式"办理。此后，集中行政审批权、实行统一受理办理行政审批事项的做法得到了《行政许可法》的确认。近年来，不少地方在积极推进政府职能转变、构建法治政府、服务型政府和廉洁政府的过程中，不断探索政务中心的职能定位，创新行政审批管理模式，积累了宝贵经验。中共中央办公厅、国务院办公厅印发的《关于深化政务公开 加强政务服务的意见》（中办发〔2011〕22号）指出，政务服务中心是实施政务公开、加强政务服务的重要平台，凡与企业和人民群众密切相关的行政管理事项，包括行政许可、非行政许可审批和公共服务事项均应纳入服务中心办理，充分发挥服务中心作用，统筹推进政务服务体系建设。在 2011 年 11 月 14 日召开的全国深入推进行政审批制度改革工作电视电话会议上，国务院主要领导同志明确指出，要创新行政审批服务方式，推进服务型政府建设，加强政务中心建设，原则上实行一个部门、一级地方政府一个窗口对外。

为深化行政审批制度改革的理论研究，中国社会科学院法学研究所法治国情调研组（以下称"调研组"）于 2011 年 9 月对海南省行政审批制度改革的情况进行了全面调研。调研发现，海南省以省人民政府政务服务中心（以下简称"海南省政务中心"）为依托，相对集中行政审批权，改革行政审批管理体制，强化行政审批的阳光政务，取得了显著成效。海南省政务中心在深化行政审批制度改革方面的观念创新和实践探索，与中办发〔2011〕22 号文件提出的改革方向相吻合，与国务院主要领导同志提出的推进行政审批制度改革的要求相一致，为中国继续推进行政管理体制改革提供了有益经验。

一 行政审批制度改革的路径：找准政务中心的定位

成立政务中心、搭建政务大厅，是近年来各地行政审批制度改革的普遍做法。但实践中各地运行模式差异较大：有的地方纳入政务中心的审批事项少，大部分审批事项仍需在政府各个部门办理，政务中心基本上流于形式；有的政务中心只管受理申请和发放证照，不能办理，功能上不够完整；有的政务中心则实现了多数审批部门、审批事项进驻，且绝大部分进驻事项均能在大厅办理，政务中心真正成为同级政府的行政审批管理与服务机构。

上述第一种模式仅在形式上建立了政务中心，基本上是行政审批制度改革的"形象工程"。第二种模式中政府各部门的审批职能没有调整归并，政务中心成为行政审批材料的收发室和转运站。第三种模式则找准了政务中心的功能定位，形成了以政务中心为依托的高效、廉洁、便民的行政审批管理机制。海南省近年来推行的行政审批制度改革是第三种模式的代表。

（一）审批项目应进必进

解决绝大多数审批事项的进驻问题，是办好政务中心的前提。2007年海南省政务中心建立之初，就确立了"一个中心对外、项目应进必进"的原则。2008年中心正式运行后，将省政府34个单位的776项（大项）行政审批事项，集中在省政务中心公开办理。截至2011年9月，海南省43个具有省级行政审批权的部门中，有34个进驻了省政务中心，集中办理的行政审批事项达1240项。实行垂直管理的海口海关、海南出入境检验检疫局、省地震局、省气象局、国家外汇管理局海南分局也进驻了中心。个别部门业务量少但审批事项涉及多部门的，海南省允许其委托其他业务相近部门代办或受理转办。例如，省国家税务局是"电子口岸用户资格审查"多部门联合审批过程中的一个部门，但因业务量少，没有进入省政务中心，而是委托海口海关代受理后通过网上转办。另外，具有涉密、场地限制等特殊情况的部门，经省政府批准可不进入政务中心办理。

审批项目应进必进，迈出了行政审批制度改革的重要一步，为强化政务中心的办事功能，统筹推进行政审批制度改革，科学配置行政审批权，提高政务服务水平，奠定了坚实的基础。

（二）强化办事功能

强化办事功能，提高公共服务水平，是行政审批制度改革和成立政务中心的目标。为此，海南省政务中心创建了对外"四个一"（一个窗口受理、一站式审批、一条龙服务、一个窗口收费）和对内"五到位"（授权到位、机构到位、人员到位、职能到位、监督到位）的行政审批办理模式，推行"一站式服务"①，有效落实了政务中心的功能。

对于简单事项（即程序、条件简单和在大厅内具备条件办理的审批事项），各部门充分授权进驻中心的"首席代表"，实行"窗口人员受理并审查，首席代表核准"的"一审一核办结制"或"二审一核办结制"，做到办件不出中心大厅。对于复杂事项（即程序、条件相对复杂，受到设施、场地等条件制约，须作出检验、勘察、听证、论证、研究等而不能即时办理的审批事项），"首席代表"根据所在部门的相对授权，行使分办权和督办权，依靠会审会签、会议研究、委托评审、专家论证、检测检验等制度，保证项目按时、公开办理，按法定审批时限承诺办结。对涉及两个或两个以上部门办理的审批事项，实行"首办责任制"，由首办窗口或海南省政务中心协调相关部门按时办结。不管哪种审批事项，均须由行政审批办公室（以下简称"审批办"）受理和办理，且受理、初审、告知、发证等行为均须在窗口完成。据统计，当前海南省政务中心内部循环即可办结的审批事项办件量占审批事项办件总量的88.7%。

（三）强化管理、协调和监督功能

政务中心的职责定位，事关行政审批制度改革的具体成效。如果政务中心只是为各部门提供办公的场所、设施和条件，而不从根本上明确职责定位、优化行政审批流程、提升政务服务水平，那它将变为行政审批业务的"集贸市场"。海南省政务中心由海南省政府提供审批受理场所和安全

---

① 参见海南省《关于34个单位776项行政许可和行政审批事项集中在省人民政府政务服务中心办理的决定》（琼府〔2007〕69号）。

保卫，省直机关事务管理局负责场所物业管理；海南省政务中心的核心职能是推动行政审批制度改革，负责对政府各部门进驻、委托事项办理的组织协调、监督管理和指导服务，对进驻窗口工作人员进行管理培训和日常考核，依法为公众提供高效便民服务。

1. 组织协调行政审批工作

从中央和地方实施行政审批的实践看，由于有些审批机关各自为政，不清楚也不关心其他部门的情况和要求，不愿意或不能够牵头实行联合审批，因此普遍存在"外部流程优化难"和"联合审批推进难"等问题。针对这些问题，海南省政务中心着力强化了自身组织协调的职能：①按照合法、合理、效能、责任、监督的原则，组织协调进入（退出）中心办理的各项政务服务事项并报省政府决定；②组织协调各部门对进驻中心办理的项目的清理、调整工作，拟订取消、调整、下放方案；③组织开展审批事项网上审批、标准化审批，对行政审批事项运转情况进行沟通协调，及时、准确反映项目运转情况并提出合理化建议，适时通报政务服务工作情况；④开通重点项目审批"绿色通道"，建立联合审批会议制度，突破项目审批条框，由中心统一协调相关单位实施并联审批；⑤组织各窗口单位提供规范、高效、优质服务，提高窗口服务效率和质量，做好窗口标准化建设工作，指导各委、厅、局编制办事指南，明确项目名称、政策依据、申报条件、申报材料、办事程序、承诺时限、收费标准、投诉渠道等；⑥负责对审批办工作人员的日常管理、培训和考核，通过抓党建工作、抓窗口人员政治学习、抓思想教育开展创先争优活动。

2. 监督行政审批行为

海南省政务中心根据《海南省人民政府办公厅关于编制海南省行政审批事项目录的通知》（琼府办〔2011〕167号）的规定，对行政审批事项实行目录管理，组织编制行政审批事项目录，相关事项未列入目录而实施审批的，依法追究责任（特殊情况，须报省人民政府同意）；监督各进驻单位公开办事承诺的执行情况；对进驻中心办理的审批事项优化流程、精简环节、缩短时限。中心还利用电子政务平台，建立了审批事项的动态管理机制。截至2011年9月，海南省政务中心已会同海南省人民政府法制工作办公室先后 3 次对行政审批事项进行清理、调整和压缩，调整审批事项 176 项，对 630 个事项（含减少环节、精简申报材料的所有事项）的审批流程进行了不同程度的压缩和精简，有效解决了审批环节多、时间长、效率低等问题。

3. 指导和规范行政审批工作

海南省政务中心按省委省政府的决定，指导各委、厅、局按照行政审批制度"三集中"（审批事项、审批人员、审批权力的集中）改革要求，科学配置审批权，为各类市场主体创造公平的发展环境，为群众提供良好的公共服务；指导各审批办填报"办事指南""行政审批业务指导书""申请人办事指引"，不断提高行政审批项目以及行政审批过程和结果的公开透明度。省政务中心建章立制，实行首问负责制、一次告知制和统一收费制度，对进入大厅项目、办件程序、审批专用章使用、窗口服务态度、举止仪表、文明用语等作出统一规定，努力提高窗口标准化、规范化服务的水平和质量。

4. 科学管理进驻人员

海南省对进驻政务大厅的审批办及工作人员实行双重管理：业务工作由其所在部门管理，行政隶属关系在原单位不变，工资福利由原单位发放；党（团）组织关系转入中心，参加中心的组织生活，日常工作接受中心的管理。为此，海南省政务中心专门设立人事教育处，成立机关党委，负责进驻人员的思想工作以及培训、教育、考核，组织党（团）活动和党课教育。海南省政务中心根据审批办工作人员在任期间的现实表现，对于表现突出、工作优秀的，向其所在单位和上级组织部门提出晋职晋级任用建议；对于不能胜任工作或有违纪行为的，向有关部门提出处理意见或要求派出部门更换人员；部门提出调换工作人员或临时顶岗换人时，须征得海南省政务中心的同意。海南省政务中心根据考核结果，每年向所在部门或省组织人事部门推荐素质高、能力强、表现好的工作人员，已先后有 31 名干部得到提拔或重用。这种管理方式，不仅消除了审批办人员远离本单位被"边缘化"的担忧和顾虑，而且增强了其归属感，调动了其工作积极性。

二 行政审批制度改革的关键：审批权力的 集中行使与运行模式的再造

行政审批制度改革的目的，是转变政府职能，有效监督行政审批权，提高审批效率，降低公众办事与政府管理成本。实现这一切的关键，在于科学配置和有效运行行政审批权。为此，海南省在不改变行政审批权既有归属的前提下，通过集中审批权，推行电子政务，创新审批权运行模式，优化审批流程。

（一）集中行政审批权

"三集中"是海南省行政审批制度改革的一大亮点，其核心是审批权的集中。通过"三集中"，海南省实现了对行政审批事项和审批权的科学整合和有序管理，提高了依法行政水平，提升了行政审批效率。

审批权的集中，主要是审批权在审批机关内部以及从各审批机关向政务中心的集中。海南省成立政务中心伊始，即提出了"三集中"的改革思路，从改革行政管理体制入手，要求凡有行政审批职能的单位，均须在现有编制条件下成立审批办，将内部各处室审批职能向审批办归并。海南省机构编制委员会出台了《关于省政府有关部门设立行政审批办公室的通知》（琼编〔2008〕14号文件），批准设立行政审批办公室，审批事项较多的21个单位增设审批办，增配处级领导职数1正1副；审批事项较少的8个单位加挂审批办，增配处级领导职数1名。上述审批办所需人员编制，由各部门（单位）内部调剂解决。在不增加人员编制的情况下，一次性批准50名处级领导职数。

集中审批职能，主要是将本部门所承担的行政审批职能和相关项目收费职能全部移交审批办；择优选配审批办工作人员，把政治素质高、业务熟、能力强、服务优的工作人员，集中到省政务大厅审批办窗口办公。另外，各审批机关行政首长对作为审批办主任（首席代表）依法委托授权，统一启用行政审批专用章。比如，海南省住房和城乡建设厅共有48项审批事项，以前分散在7个内设处室，由3位领导分管，涉及53位审批工作人员，使用 7 枚行政审批专用章进行审批。进入省政务服务中心后，改为 11 人一个窗口对外，"首席代表"全权审批，只需一枚审批专用章。同时实行岗位负责制，将工作人员的岗位分为窗口受理、主办审核、首席代表审批，明确各岗位责任和职责，确保依法审批，规范审批。

实行"三集中"之前，各项审批权力过分集中于各单位一把手或分管领导手中，他们大权在握，最终定夺，容易造成办事拖拉或个别人对审批工作的干预，形成了领导自己审批、自己监督的格局，容易产生腐败和权力滥用。实行"三集中"之后，大多数审批权从各单位一把手或分管领导手中移交给了审批办主任（首席代表），把审批权推向窗口统一行使，接受多层监督；实行"谁审批、谁负责"，各单位一把手或分管领导对被授权的审批办主任实行监督。

此外，海南省明确规定"大厅之外无审批"。除特殊情况外，凡未列入行政审批事项目录的不得实施或变相实施审批；凡与企业和人民群众密切相关的目录内行政管理事项，包括行政许可、非行政许可和公共服务等事项，均应进入政务中心集中办理审批。海南省政务中心、海南省监察厅可以联合进行专项调查后上报省政府，责令违规部门改正并予以通报批评①。

几年来的实践证明，体制改革是审批制度改革的前提和保障，而以集中审批权为重点和关键的审批制度改革，则是体制改革的突破口。海南省在不改变行政审批权既有归属的前提下，通过集中审批权，依法科学配置权力，有序推动了行政审批制度改革，提高了行政审批水平，加强了行政审批廉政建设。

（二）实行审批权的分权制衡

海南省的行政审批制度改革，是既有权力集中又有分权制衡的改革：不但强调各委、厅、局的审批权相对集中于审批办并集中派驻省政务中心，更强调对审批权进行适度分权制衡，加强对审批权的监督制约，消除因权力集中而可能滋生腐败的因素。分权的目的，是要形成审批过程各个

---

① 参见《海南省人民政府政务服务中心行政审批办公室及工作人员管理暂行办法》。

环节的权力监督制约机制，解决审批权在审批办内部的权力制衡问题。由于审批权向审批办集中，进而向海南省政务中心集中，审批权从原来各厅局的各业务处室剥离出来。原处室的职能由过去侧重行政审批转变为主要制定规划、调查研究、拟订政策措施、加强监督检查，从而形成了决策、执行、监督适度分离而又相互制约的权力运行机制。被剥离行政审批权职能的处室需要根据审批办的审批结果进行管理，对审批办自然具有内在的监督动力。

部分项目审批由于受场地、设施、技术等条件的限制，需要在大厅之外采取委托办理、分办督办模式的，审批办将其授权给相关业务处室办理，审批办则牵头并利用网络对各业务处室进行督办。比如，海南省国土环境资源厅审批办推行"项目集中、过程委托、网上审批、统一监管"的审批模式。依据法律法规，审批办在行政审批系统中对每个审批件及每个审批环节都规定了承诺办结期限。审批时限到期，行政审批系统自动亮红灯提示。审批办负责对每个审批件及每个审批环节进行跟踪，向承办处室进行电话督办并发送"审批项目督办通知书"进行书面督办（见图1）。

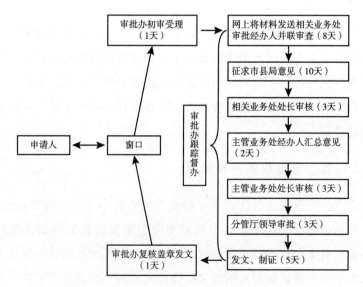

图1　海南省国土环境资源厅审批办探矿权授予许可流程示意

对由审批办首席代表批准的审批事项，实行审批办工作人员之间的分工负责，审批办主任或窗口具体办理人员都只是整个审批流程中的一个环节，无法左右整个审批过程和结果。比如，海南省质量技术监督局审批办将开展食品生产许可证核发审批项目的七个关键环节交由不同人员、不同机构办理，建立了"受理、评审、审批"三分离的工作机制，在内部做到权力分离而不脱节、责任明确而不推诿（见图2）。

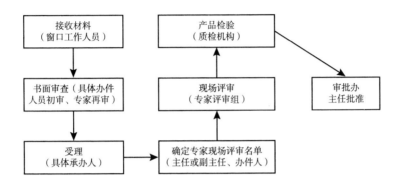

**图2　海南省质量技术监督局审批办食品生产许可证
核发审批三分离工作机制示意**

实行集中审批后，所有审批业务由审批办一个窗口对外，对办理条件、所需材料等实行一次性告知，审批办主任、各委厅局及其处室不接触申请人，实现了审批业务人员与申请人的物理和制度双重隔绝。

审批权力是人民通过法律授权公职人员行使的，由于权力具有可交换性和扩张性的特点，一旦公职人员以权谋私，人民授予的权力就可能蜕变成侵犯人民权利的工具。因此，在集中审批权的同时，建构权力运行的监督制约机制显得格外重要。海南省对行政审批权进行层层分解、环环制衡，有效地避免了权力集中可能造成的权力滥用和以权谋私。海南省政务中心运行3年来，无一起廉政方面的投诉。

（三）审批流程的优化再造

行政审批制度改革的直接目的，是提高审批效率和降低审批成本，但审批权的集中本身并不能自然实现这一目的，还必须对审批流程进行优化再造。

1. 海南省根据审批业务的特点和审批项目的复杂难易程度，设计了不同的流程，形成四套不同的审批运行机制

（1）即时办理审批机制。申请人递交申请后，材料齐全的，审批办当场或当天予以办结。目前有 29 个单位采用这种审批机制。据统计，海南省政务中心现共有即时办理事项 65 项（含法定即办事项和承诺即办事项）。2008 年 7 月 1 日至 2011 年 9 月 30 日，海南省政务中心办结累计达 441431 件，即办件办结量累计达 218299 件，即办件占全部办结件的 49.5%，有的部门如省商务厅，即办件比例甚至达到 70%。

（2）承诺办理审批机制。对程序、条件相对复杂，或需组织现场勘察、专家评审、听证等不能即时办理的审批项目，审批办根据项目审批条件和法律规定时限承诺办结。承诺审批分为两种方式。一是中心内部循环审批。此类项目的法律法规依据、申请条件、申报材料明确，办理程序统一，无须现场核查、专家审评、抽样检验和论证等特殊环节，可由审批办在政务大厅全权处理。二是委托办理、分办督办。须通过现场核查、专家审评、抽样检验和论证等特殊环节不能在政务大厅内完成的项目，由审批办委托其他处室或机构办理，审批办督促其限时办理，但其受理、初审、告知、审核、发证等程序仍须在政务大厅审批办办理。2011 年有 26 个单位的部分项目采用委托方式审批办理。

（3）重点项目联合审批会议机制。对须多个职能部门作出审批意见的项目，海南省政务中心设立了重点项目联合审批会议协调机构和"省重点项目绿色通道窗口"。例如，洋浦第二源水管线工程项目的核准审批，海南省政务中心重点项目绿色通道窗口受理项目申请后，中心负责人召集相关审批办负责人为申请人提供并联咨询，协调解决审批工作中的难点、部门间互相配合、前置审批和后置审批的衔接等问题。在此期间，有关人员通过省重点项目绿色通道并联审批系统全程监督，督促各职能部门审批办完成办理审批。重点项目联合审批会议机制简化了办事程序，提高了办事效率，改善了海南的投资环境。

（4）上报审批机制。此类机制适用于在窗口受理初审、审核、审批办主任（首席代表）作出初审意见，报单位领导审核后，需要报省政府和国家有关部委审批的项目。2011 年，共有 217 项（其中须上报国家部委审批的项目 192 项，省政府审批的项目 25 项），约占项目总数的 17%。

2. 优化审批流程，减少审批环节与审批材料，增加即办件数量

据统计①，海南省政务中心原有法定的即办事项共 1 项，后经中心组织各审批办进行流程优化和压缩、精简，将 64 项审批承诺事项转为即办事项，使即办事项由原来的 1 项，增加到 65 项，占总进驻审批事项的 5.2%。

各审批办在海南省政务中心的指导下，不断细化概念模糊不清的申报材料条款，合并相近或重复设置的内容与环节，取消不必要的审批环节，进一步优化了审批流程。比如，省质量监督检验检疫局对组织机构代码证办理时机关、事业单位批准文件以及法定代表人（负责人）及经办人身份证件没有变化的办件，不再要求提供相关的复印件；组织机构代码证书上的名称、法人、机构类型和机构地址不变更的，取消了用户校对的程序。而且，该局还优化了代码证办理流程，把以前的 8 个环节合并简化为 3 个环节，把法定承诺的 10 个工作日改为当场办结件（见图 3）。

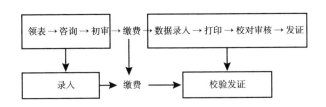

**图 3　海南省质量技术监督局组织机构代码证
办理流程整合优化示意**

3. 对涉及多个处室、部门的审批项目，推行并联审批

并联审批是各相关处室、部门同步启动各自审批程序，避免因不同部门之间交接审批造成拖延。海南省在行政审批制度改革中全面推行并联办理的方式。比如，省教育厅审批办对"高等专科教育中外合作办学"项目采取并联审批，涉及此项目审批的 4 个业务处室同时提出意见，审批办汇总分析后报厅领导审批。又如，海口海关审批办牵头办理的电子口岸

---

① 数据来源：海南省政务中心行政审批系统统计和各审批办报送的数据。

IC 卡网上并联审批项目，海口海关审批办收到申报材料后，通过互联网将材料发送给各有关审批办实行网上并联审批，海口海关、省商务厅、省工商局、省国税局、省质监局、国家外汇管理局海南分局等 6 个部门同时进行审批，然后由海口海关审批办将结果送达申请人。该项目以前需要10 个工作日批复，现缩短为 1 个工作日内批复，大大节约了审批时间，明显提高了审批效率。

效率低下是行政审批备受诟病的主因。例如，传统行政相对人要获得建设项目的行政审批耗时耗力，最长的甚至可达一年之久。低效率的政府运作模式，不能满足市场经济和现代社会快速发展的需要，更谈不上又好又快为人民服务。海南省对行政审批流程进行再造，可谓顺应时代、人民和社会的要求，迈出了建设服务型政府、效率型政府的重要一步。

（四）强化电子政务建设

电子政务是行政审批制度改革的重要手段。但是，实践中一些地方推行的网上审批平台只具有网上受理登记功能，实质性的行政审批在网上无法操作，电子监察也只能对办理时限进行监督，对规范和监督行政审批、提升办事效率，收效甚微。针对这种弊端，海南省政务中心强化电子政务功能，建立了项目管理、网上审批、电子监察、互联网办事、政务公开"五位一体"的电子政务平台。

项目管理平台，是审批事项集中管理和清理下放、集中审批的动态管理平台，它把定期开展清理下放和集中审批工作转变为日常工作，使之常态化。

网上审批平台，将行政审批流程各环节的审批条件、工作标准、审批要点、材料要求、特殊问题处理方法等具体审批要求整合到审批平台中，实现了按照审批实际情况制订审批流程。省级各部门审批业务系统及全省各市县政务中心审批平台与省政务中心审批平台部分实现了互联互通，部分实现了网上联合审批和网上委托审批。

海南省政务中心正在建设完善网上电子监察平台，突破只对时限进行监察的局限，实现审批过程网上全程监督。电子监察平台可以对各环节的审批意见以及形成的具体材料进行全方位、全过程同步监察，具有信息采集、流程监控、自动预警、绩效评估、异常处理以及报送等一体化功能。该平台还建立了网上立体监督机制，实现了群众监督与人大、政协、司法机关、省政务中心和审批机关相关部门实时监督的有机结合。

网上办事平台，具有申报审批、网上咨询、网上查询等功能，群众足不出户即可申请行政审批，咨询审批业务，查询办理结果或进展情况、存在问题及解决办法。例如，省财政厅开发了"会计从业资格管理系统"，使约占该部门全部审批业务量99%的"会计从业资格"审批实现了网上申报、审批办审核发证。省教育厅审批办实行"教师资格认定"网上申报，减少了申报者现场报名和现场录入环节。

政务公开平台，则深化政务公开内容，将群众关心的通知公告、政策法规及其解读，审批事项的审批条件、时限等"十公开"，审批中的常见问题及审批进展情况向社会及时公开。

海南省政务中心推行集五大功能于一体的信息化系统，是行政审批制度改革的又一亮点。自2011年1月1日至9月28日，互联网办件26979件，内网办件29451件①。电子政务为行政审批权设定、取消和精简行政审批项目提供了快捷、透明、方便的技术支持。电子政务在网上固化行政审批的各个程序和环节，实现了对行政审批项目的动态有序管理，强调了在线办事功能，朝向真正的电子政务时代迈出了坚实的一步，也实现了对审批程序和环节的全程监控。推行互联网办事和政务公开，为群众办事提供了便利，提升了行政服务水平，并有助于公众监督、规范权力行使。

（五）审批部门之间有机协调运行

为防止因集中审批权而造成管理弱化以及审批与管理环节信息沟通失灵、管理不同步、业务不熟悉等工作脱节问题，海南省建立了审批办与各业务处室之间的协调工作机制，主要包括会审会签、协同工作、信息和人

---

① 据海南省政务中心审批系统统计。

员交流等制度。会审会签制度是让负责监管的处室和承担管理责任的领导以及专业机构参与部分审批工作，一般适用于涉及重大投资、重大公共安全、重大民生问题、社会安定等的重大敏感事项。协同工作制度是让审批人员介入必要的管理工作，包括联合勘验、联合检查等。信息交流制度是审批办将审批项目的受理、办结情况进行登记，制成电子报表，在规定的时间，按不同内容和要求分别发送到所在审批机关网站、各相关业务处室、分管领导，同时，业务处室收到与审批工作相关的业务文件、会议信息等也即时通报审批办，保证不同部门之间的信息畅通。例如，在成品油经营许可工作中，省商务厅审批办同服务业和服务贸易处建立了完整的协同勘验、会签及信息交流制度。审批办负责对成品油经营企业申请材料进行审查。对新申报加油站、油库的选址及建设条件，审批办会同服务业和服务贸易处实施勘验并对勘验结果进行会签确认；为便于服务业和服务贸易处实施行业监管，审批办制定了成品油审批业务统计报表，按月将全省成品油经营企业设立、变更等许可事项的办理结果发送至该处，该处则及时将规划调整、行业政策等信息通报给审批办，确保了审批与行业管理的有效衔接。

实践证明，海南的上述改革实现了行政审批权科学配置和正当行使的"物理反应"，为行政审批制度改革提供了很好的经验。审批权集中，一方面是将审批权这一重要权力从各委、厅、局的各处室乃至部门负责人手中分离出来，并配套严格的监督机制，这个过程是"革各厅局各处室的命"，"不交权，就交帽"。在强大的政治意志推动下，海南省成功地实现了科学配置审批权意义上的"权力集中"，推动了行政审批管理体制改革。另一方面，权力集中容易导致权力滥用，风险很大，为此，海南省科学合理地处理了"集权"与"分权"的关系，使剥离出来集中行使的审批权受到全方位的监督制约，从体制机制上有效防止了因权力相对集中而可能产生的权力滥用。这一改革形式上是相对集中审批权，实质上是改变了过去审批权集中于个别领导的局面，通过审批权的科学配置，形成对审批权行使过程的有效监督机制。毫无疑问，无论是"集权"还是"分权"，都无异于是行政审批领域的一场革命，这不仅需要足够的政治智慧与改革魄力，更需要观念创新的理论探索和体制机制创新的实践推进。

2011 年，海南省政务中心正在进行新一轮的改革，着力打造更加先进完善的网上审批平台和电子监察平台，实行标准化审批，减少审批办主任的自由裁量权，实现用技术促服务、用技术促监督。新一轮的行政审批制度改革，将不仅是"革审批办主任之命"的改革，更是加快转变政府职能和加强政府管理创新的改革。

三　行政审批制度改革的宗旨：为人民用权、让人民满意

民众是政府存在的目的。公权力由民众权利产生，其职责是管理公共事务以保障公民权利。凡是与公共利益相违背的公权力行使都是不合法的。行政审批制度改革，就是要加快转变政府职能，构建服务型政府，践行"民为权之本、权为民所用"的理念，实现为人民用权、让人民满意的宗旨。

实践中，有的地方行政审批项目大幅削减，但人们并没有感受到行政审批更加方便、透明，办事成本没有明显降低，其原因是各级政府、各有关部门没有进行"三集中"改革，审批项目还分散在各委、厅、局及各处室内，有的将其已下放为核准、备案的项目又进行变项审批，审批制度改革治标不治本。这种审批制度弊端较多。一是各委、厅、局内部的审批权力分散。这是办事难的根源。以海南省为例，未成立政务中心之前，委厅局的行政审批权分散在各个处室，审批流程及其所需材料等都无法公开，且各处室职能不同，权力行使难规范，任何环节上的任何审批人员，都可能影响审批进程。例如，他们出差、休假、开会、外出办事等，就可能造成审批的拖延，而少数审批人员还可能利用手中的权力寻租，吃、拿、卡、要。二是审批权监管虚置。在原有体制下，审批权的行使由各委厅局掌握，外部监督无法深入审批过程内部，因此，容易在各部门之间产生相互推诿扯皮的现象。三是工作规范化程度低。一个项目有时需要跑多个地方、多个机关，甚至在一个机关内部还要跑多个处室，历时数月，盖无数公章办理一个项目的事例屡见不鲜。由于缺乏一次性告知制度，许多当事人办理审批事务时不得不"跑断腿、舍尽脸、花金钱、耗时间"。

海南省成立政务中心后，以"三集中"为核心的行政审批制度改革，则从制度上、流程上根除了上述弊端。

首先，阳光透明是规范审批政务公开的重要原则。为规范审批政务公开工作，海南省政务中心组织 34 个审批办对每个审批项目编制办事指南，制订示范文本、申请表格，在大厅公共场所提供 33 台自助查询计算机，通过中心和政府各部门网站、新闻媒体、办事卡片、电话、邮件等方式实现行政许可审批项目名称、法律依据、申请条件、申报材料、办理程序、审批进度、承诺时限、收费依据等"八公开"，项目办理结果都通过中心网站、手机短信、现场 LED 屏幕、触摸查询机等进行公布，极大方便了办事群众。省政务中心网站还为各审批办建立了个性化子站，各审批办可以在子站中发布政务信息；办事群众可以通过子站查询所需信息或进行在线申报、咨询建议、监督投诉。

其次，改变政府部门的"衙门"形象，以办事群众为"客户"，以满足公众需求、让公众满意为宗旨，从细节、细微、细心等做起。"客户"是企业经营者的常用词，但在海南省政务中心的单位文化中，这个词已内化为每个工作人员为办事群众服务的理念。海南省政务中心这种文化理念的深刻意蕴，是把行政审批行为视为政府服务而非单纯的政府管理，把行政审批的相对人视为服务对象而非管理对象。树立了以服务促管理、寓管理于服务之中的文化理念，从更深层次上保证并推动了海南省政务中心办事作风和行为方式的真正转变。

在政务中心，许多工作人员业务水平过硬，一岗多能，身兼多职。每个审批办的窗口都同时担当起咨询、受理、办件等工作，消除了群众办事一问三不知、在不同窗口反复排队等现象。比如，省工商行政管理局将内资企业注册处、外资企业注册处、个体私营经济监管处所承担的内资、外资、个私企业注册、变更、年检等 63 项审批事项，全部授予审批办首席代表全权负责办理，审批办所有窗口均可受理各项工商注册登记业务。而且，很多审批办还设立了专门咨询窗口，配备了沟通能力和业务能力强、能够使用标准服务用语的工作人员。这些人员能满足专业化咨询的需求，具有解决复杂问题的能力，避免了专业问题难说明、相关问题讲不清的现象发生，使办事群众高兴而来，满意而归。有些审批办编制了样本、模板、常见问题解答，放在中心和本部门网站，为企业编制申请材料提供帮助和指导，行政审批的办事效率明显提升。

对于办事群众而言，海南省政务中心建成以来，最大的变化不仅仅是工作人员的态度好了，更主要的是事情好办了、效率提高了、成本降低了，不再无休止地等待，也不用四处托关系、找门路了。一些曾经在政务中心办理过业务的企业代表向课题组表示，实行改革后，海南省行政审批工作可以说是发生了翻天覆地的变化。海南果蔬食品配送有限公司负责人介绍说，该公司出口鱼虾等海产品，办理食品出口许可要求高，过去花费时间长、手续烦琐，实行电子申报后，坐在办公室里就能把事情办成，大大节省了时间和办事费用，且审批办还积极指导企业适应国际市场的竞争。某房地产公司负责人说，该公司成立新公司，从有想法到准备材料，再到完成注册手续，只用了半个月的时间。过去政府机关衙门作风严重，工作人员脸难看，现在集中到政务中心后，只看审批办窗口的一张脸，工作人员精干、高效、廉洁，业务水平明显提高，使得企业有更多的时间考虑企业的发展，拓展发展的空间。海南圆通旅行社负责人介绍说，旅行社受众面广，导游队伍庞大，省旅游局现在简化审批手续，统一办事指南，办事流程更加清晰、收费标准更加明确，即使是公司新录用的员工也可以按照指南顺利办好审批。政务中心现在还追踪承诺服务时限，在规定的时限之前，审批办工作人员就会电话通知企业来取件。海南有导游13000多名，导游证每年年审人数多，而且，因为天气炎热潮湿，导游证照片被晒花的情况时有发生，但过去换证很麻烦，必须要找旅游局的特定人才能办，而现在只需在政务中心的固定窗口办理就可以了。海南时代东方文化传媒公司2011年引进了朝鲜国立民族艺术团演出的大型歌舞剧"盛开的金达莱"，但根据有关规定，该公司申报此项目的条件还不完全具备，省文化广电出版厅审批办根据实际情况，取消了一些不必要的审批材料，采取了特事特办，最终确保公司获得批准，演出如期成功举行。

海南省政务中心的"三集中"改革，改善了海南省的投资环境，重点解决了"拖""卡""推"的问题。例如，公开办理时限，办事群众提交了申请，会在承诺时限内得到结果。"一次性告知"使办事群众不再重复跑路补充材料。实行"首问负责制"，只要受理了申请，即便办事人员出差、开会、休假等也都要按照承诺时限作出审批。通过上述措施，办事群众申办即办件一般只需跑一次政务中心，其他审批一般也只需跑两次（一次递交材料、一次领取批件）。而且，经过审批流程再造，环节简化，不必要的材料被取消，行政审批时间缩短、成本降低。据海南省政务中心的不完全统计，在实行"三集中"之前，几乎所有审批项目都会超出法定审批时限（这其中虽然绝大部分是由反复补充材料、进行检验等造成，但毕竟使申请人耗费了时间、增加了成本）。改革之后，各审批办对60.9%的审批项目规定了短于法定时限的承诺时限，而且绝大多数审批项目都能在比承诺时限更短的时间内完成，而承诺时限也比法定时限提速最高达95.6%。以省商务厅为例，经过流程再造，其审批办按时办结率达100%，承诺件提前办结率达95%，其中95%的办件由首席代表批准，3%的办件依法由商务部批准，仅2%的重大或敏感办件由厅领导或集体研究批准。另外，海南省政务中心推行的并联审批新模式，减少了审批环节，加快了审批速度，使重点建设大型项目审批的时间由400多个工作日压缩到100个工作日以内。

"好的制度可以使坏人变好，坏的制度可以使好人变坏。"海南行政审批制度改革中的"集权"打破了传统上行政审批权集中于部门处室领导乃至个别工作人员的局面，为行政审批领域预防腐败提供了制度机制保障。长期以来，行政审批都是行政管理的主要内容，也是腐败高发易发的重要环节，个别部门、个别公职人员利用手中的审批权，以权谋私、滥用权力、吃拿卡要，违背了法治政府的原则和政府管理的宗旨，损害了国家和公众的利益，损害了管理机关在公众中的形象。海南省在推进行政审批制度改革过程中，对权力配置进行了大胆改革，努力转变工作观念，通过一套严谨的机制提升了办事效率，加强了监督，切切实实使"为民用权"落到了实处。

四　行政审批制度改革的目标：行政管理体制改革的突破口

加强政府管理创新，提高政府服务能力和水平，需要加快转变政府职能，不断深化行政管理体制改革。1978 年以来，中国已先后进行了六轮集中的行政管理体制改革。历次改革涵盖了行政管理的各个方面，对从整体上推进行政管理体制改革意义重大。在中国，行政管理体制改革的总体目标，是不断转变政府职能，理顺政府部门之间、政府与社会之间、政府与市场之间的关系，精简机构与人员，提高行政管理效率，降低行政管理成本，加强权力监督，实现政府依法行政、科学管理，促进廉洁透明，提高管理和服务水平。其主要改革任务是根据经济社会发展需要，不断调整政府机关部门设置和职能配置，精简机构和人员编制。行政管理体制改革是关系改革全局的重要环节，改革的好坏成败，直接影响到政治体制、经济体制、文化体制和社会体制等方面的体制改革。经过 30 余年的改革，政府机构臃肿、人浮于事、效率低下、管理不规范等问题在一定程度上得到了解决，但与预期目标还有较大差距。从某种意义上说，行政管理体制改革似乎陷入了怪圈。往往是，改革伊始，雷鸣电闪、大刀阔斧，但改革中途便出现回潮，故态复萌。其主要原因是，这些改革未抓住要害。

科学配置权力是行政管理体制改革需要着力达成的目标。而以往改革虽然都将机构改革和职能优化作为重点，解决了机构名称、牌子问题，乃至在一定程度上解决了职能归属问题，但在很多管理领域没有真正解决职能分工不清、管理协调不畅、权力监督不力等问题。一个重要原因是改革中没有更深入系统地对行政权力进行科学配置。

海南省在行政审批制度改革过程中，以打造法治政府、服务政府、责任政府为目标，以行政审批"三集中"为核心，科学配置行政审批权，建立健全了行政审批权行使的协调与监督机制，有效提升了行政管理效率和服务水平。海南省行政审批制度改革通过"三变"（人员集中、项目集中、权力集中）和"三不变"（职能、权力、人员编制不变），为行政管理体制改革突破权力配置瓶颈提供了重要的实践经验。

海南省行政审批制度改革，是在总结和借鉴其他地区行政审批制度改革经验的基础上进行制度创新的结果，其改革清除了制约海南经济社会发展的行政审批体制机制障碍，抓住了行政管理体制改革的精髓，代表了行政管理体制改革的方向。首先，海南省行政审批制度改革体现了政府职能的重大转变。海南经验表明，政府更新管理理念，强化服务意识，提供优质公共服务，从以行政管控为主向以服务公众为主转变，推进政府机构改革，优化了组织机构和人员编制。其次，海南行政审批制度改革贯彻了依法行政和服务行政的观念。改革过程中，海南实现行政审批机构的法定化，依法规范和监督行政审批权，转变了工作方式，提高了服务效率和质量，方便了公众办事。再次，海南省行政审批制度改革实现了政府管理创新。改革中坚持以人为本，把维护人民群众的根本利益作为工作的出发点和落脚点，科学配置审批权，规范审批行为，完善审批方式，简化审批流程，大力推行政务公开，使行政权力运行更加透明，从制度上保证了实权在握的公职人员不敢腐败、不能腐败和不想腐败。

海南经验昭示，行政审批制度改革是中国行政管理体制改革的关键领域，也是刺破行政管理体制改革僵局的利刃。行政审批制度改革与经济社会发展的关联度最高，行政审批制度是行政管理制度的核心要素，是政府管理服务好经济社会发展的重要手段，是经济管理体制改革和创新社会管理的重要方面。海南经验显示，行政审批制度改革成功，对转变政府职能、推进依法行政、提高政府效率、优化政府人事制度、促进公职人员廉洁、改善政府形象等，具有事半功倍的效果。目前，行政管理体制改革正处在攻坚阶段。在深化行政管理体制改革的过程中，选择行政审批制度进行改革，是从行政管理体制中最重要、最有效的环节入手，牵一发而动全身，是进一步深化行政管理体制改革的有效突破口。

当然，通过调研发现，海南行政审批制度改革的深入和拓展也面临一些问题与困难。其中有些是需要海南省自身推动的，有些则带有全局性、普遍性特点，需要在全国行政审批制度改革中引起重视。首先，海南行政审批制度改革存在进展不协调的情况。主要是海南行政审批制度改革仍然局限在省一级层面，市、县（区）的改革进展参差不齐，有的是"形象工程"，有的是收发室和转运站，形成了省级行政审批办事方便，市县行政审批办事难的现象。其次，审批目录管理制度尚在完善之中，在与清理、取消和调整行政审批事项，减少政府对微观经济干预的工作配合中，面临如下问题：一是行政审批概念不清，主要是非行政许可审批缺乏明确界定；二是审批项目界定和划分困难，全国没有统一标准，各省审批事项大同小异，但公布的项目数、项目名称差异极大；三是省级机关权限受限，省级审批大部分是由法律法规等设定的，其取消和调整在法律上的障碍较大，出现深化改革受法律限制、不改革又难以适应经济社会发展需要的尴尬局面；四是夹带审批难清理，一些部门在法律法规规定的审批条件和程序下，通过增设条件或环节，来达到管理控制目的，且很容易规避清理工作。

从海南经验看，全国行政审批制度改革同样还有一些问题应引起重视。首先，强化对改革重要性的认识是改革取得成效的关键。有的政府部门对行政审批制度改革不重视，不能从行政审批制度改革是行政管理体制改革的突破口，是建设法治政府和服务型政府的关键领域，是铲除行政权力腐败根源的有效举措这样的工作大局和战略高度，来认识和把握行政审批制度改革的重要意义。个别部门和个人甚至将审批权当成谋取部门利益和个人私利的工具，不愿意彻底改革、削减手中权力。其次，从体制机制上入手是改革成功的保障。近年来，有的行政审批制度改革陷入"运动式改革"的怪圈，有的部门只重视从数字上削减行政审批项目，未触及行政审批权和行政审批管理体制，未建立规范行政审批权力运行的长效机制，改革成效不理想。再次，应当给予政务中心应有的法律地位。当前各地政务中心普遍面临法律地位不确定、角色身份不明确、法定职责不清晰的问题。为有序推动和深化行政审批制度改革，应当根据中办发〔2011〕22号文件的精神，进一步从法律上、制度上明确其职能，使其在深化行政审批制度改革中发挥更大的作用。有关方面应当高度重视上述问题，并在今后改革中着力解决。

（参见法治蓝皮书《中国法治发展报告 No. 10（2012）》）

第九章 2014年行政审批制度改革与权力清单制度建设

摘 要：行政审批制度改革是本届政府的核心工作之一，2014年度行政审批制度改革继续深入推行。与之前相比，2014年最为显著的特征在于权力清单制度建设的地方政策试验。本文通过对该年度地方层面权力清单制度建设的微观解读，将其置于简政放权的宏观转型背景之下，试图解释权力清单制度建设的进步与不足，以及围绕行政审批制度改革、权力清单制度建设，政府规制与市场自我规制模式、事前审批与事后监管机制以及中央与地方政府之间的复杂博弈。

十八届三中全会作出的《中共中央关于全面深化改革若干重大问题的决定》提出，"要进一步简政放权，深化行政审批制度改革，最大限度减少中央政府对微观事务的管理，市场机制能有效调节的经济活动，一律取消审批，对保留的行政审批事项要规范管理、提高效率；直接面向基层、量大面广、由地方管理更方便有效的经济社会事项，一律下放地方和基层管理"。并且提出，"推行地方各级政府及其工作部门权力清单制度，依法公开权力运行流程"。十八届四中全会作出的《中共中央关于全面推进依法治国若干重大问题的决定》进一步指出，"各级政府及其工作部门依据权力清单，向社会全面公开政府职能、法律依据、实施主体、职责权限、管理流程、监督方式等事项"。按照中共中央的战略部署，2014年度，中央政府针对下一步的行政审批制度改革发布了大量重要的规范性文件，尤其是对于权力清单制度建设而言，依照中央政府的授意支持，各级地方政府展开了多个层面的政策试验。

一　国务院对行政审批制度改革与
权力清单制度的部署

本届政府的行政审批制度改革运动在 2014 年继续如火如荼地进行，早在年初 1 月 8 日，国务院常务会议就指出，2014 年按照全面深化改革的要求，要继续把简政放权作为"当头炮"，并决定推出深化行政审批制度改革的三项措施。一是公开国务院各部门全部行政审批事项清单，推进审批事项进一步取消和下放，促进规范管理，接受社会监督，切实防止边减边增、明减暗增。除公开的事项外，各部门不得擅自新设行政审批事项。向审批事项的"负面清单"管理方向迈进，逐步实现审批清单之外的事项，均由市场主体依法自行决定。二是清理并逐步取消各部门的非行政许可审批事项。对面向公民、法人或其他组织的非行政许可审批事项，原则上予以取消，确需保留的，要通过法定程序调整为行政许可，其余一律废止。堵住"偏门"，消除审批管理中的"灰色地带"。今后也不得在法律法规之外设立面向社会公众的审批事项，同时改变管理方式，加强事中事后监管，切实做到放、管结合。三是在 2013 年分三批取消和下放行政审批事项的基础上，重点围绕生产经营领域，再取消和下放包括省际普通货物水路运输许可、基础电信和跨地区增值电信业务经营许可证备案核准、利用网络实施远程高等学历教育的网校审批、保险从业人员资格核准和会计从业资格认定等 70 项审批事项，使简政放权成为持续的改革行动。

根据国务院的年初部署，各项行政审批制度改革措施有步骤地分步推行。2014 年 1 月 28 日，国务院颁布的《国务院关于取消和下放一批行政审批项目的决定》（国发〔2014〕5 号）再取消和下放 64 项行政审批项目和 18 个子项，另建议取消和下放 6 项依据有关法律设立的行政审批项目，国务院将依照法定程序提请全国人民代表大会常务委员会修订相关法规条款。

2014 年 3 月 5 日，国务院主要领导同志所作的政府工作报告中，再次重申了行政审批制度改革的重要性，计划在 2014 年再取消和下放行政审批事项 200 项以上，并建立行政审批权力清单制度，禁止在清单外创设和实施行政审批。

2014 年 4 月 14 日，国务院发布《国务院关于清理国务院部门非行政许可审批事项的通知》（国发〔2014〕16 号），将行政审批事项分为面向公民、法人或其他组织的审批事项和面向地方政府等方面的审批事项，将面向公民、法人或其他组织的非行政许可审批事项取消或依法调整为行政许可，将面向地方政府等方面的非行政许可审批事项取消或调整为政府内部审批事项，不再保留"非行政许可审批"这一审批类别。

2014 年 7 月 8 日，国务院发布《国务院关于促进市场公平竞争维护市场正常秩序的若干意见》（国发〔2014〕20 号），进一步明确提出"禁止变相审批。严禁违法设定行政许可、增加行政许可条件和程序；严禁以备案、登记、注册、年检、监制、认定、认证、审定、指定、配号、换证等形式或者以非行政许可审批名义变相设定行政许可；严禁借实施行政审批变相收费或者违法设定收费项目；严禁将属于行政审批的事项转为中介服务事项，搞变相审批、有偿服务；严禁以加强事中事后监管为名，变相恢复、上收已取消和下放的行政审批项目"；并且要求"推行地方各级政府及其市场监管部门权力清单制度，依法公开权力运行流程。公示行政审批事项目录，公开审批依据、程序、申报条件等"。

2014 年 8 月 19 日，国务院常务会议（第二十四次会议）决定推出进一步简政放权措施，使简政放权改革成为持续激发市场活力、优化市场环境的长效药。本次会议决定再次取消和下放 87 项含金量较高的行政审批事项。将营利性医疗机构设置审批、养老机构设立许可等 90 项工商登记前置审批事项改为后置审批，强化事中事后监管。取消 19 个评比达标表彰项目，建立目录管理制度。进一步取消一批部门和行业协会自行设置、专业性不强、法律法规依据不足的职业资格许可和认定事项。

2014 年 11 月 5 日，国务院常务会议（第三十三次会议）决定削减前置审批、推行投资项目网上核准，充分释放市场投资潜力，体现在四项具体措施：一是实行五个"一律"，更大程度上方便企业投资；二是确保企业中介服务由企业自主选择；三是推行前置审批与项目核准并联办理，加快办理速度；四是建立信息共享、覆盖全国的投资项目在线审批监管平台，实现网上办理、审批与监管，提升审批效率。

2014 年 12 月 12 日，国务院主要领导同志主持召开国务院常务会议（第三十八次会议），确定新一批简政放权、放管结合措施。一是进一步取消和下放 108 项主要涉及投资、经营、就业等的审批事项。二是将电信业务经营许可、道路货运经营许可证核发等 26 项工商登记前置审批改为后置审批，进一步降低市场准入门槛。三是取消景观设计师等 68 项职业资格许可和认定，推动市场化职业水平评价。会议还强调通过建立政府权力清单、责任清单，加强事中事后监管来构建激发市场活力的长效机制。

根据统计，2014 年，国务院 40 次常务会议中超过 20 次会议对简政放权改革措施进行了专项部署，可以说，行政审批制度改革成为 2014 年政府工作的核心事项。

二　权力清单制度改革中的地方试验与创新

根据中央部署，在行政审批制度改革的大背景下，中国各地纷纷以各类规范性文件的形式开展权力清单制度建设，按照简政放权与转变政府职能的要求，各地制定权力清单的主要任务在于结合行政审批制度改革，对各类行政权力事项进行全面清理，由此实现审批权力的取消、转移与下放。

取消审批权力是指对无法律法规依据的行政权力，以及市场机制能有效调节的经济活动原则上予以取消。面向公民、法人或其他组织的行政许可以外的各类审批事项，原则上予以取消，需要保留的应按规定予以确认，并应当设定过渡期，过渡期满仍缺乏合法依据的，应当予以取消。虽有法律法规依据，但不符合全面深化改革要求和经济社会发展需要的行政审批权力，提请修改相关法规规章后予以取消。

转移审批权力是指行规行约制定、行业技术标准规范制定、行业统计分析和信息预警、行业学术和科技成果评审推广、行业纠纷调解等行业管理和协调事项，原则上应当转移给行业组织承担。对公民、法人和其他组织水平能力的评价、认定，以及相关从业、执业资格、资质类的管理，原则上交由社会组织实行自律管理。

下放审批权力则是指直接面向基层、量大面广、由下级地方政府管理更加方便、有效的经济社会管理事项，一律下放。对行政许可、行政确认、行政给付、备案、年检等类型的行政权力，按照效率主义、监管高效的原则，原则上应当下放至下级地方政府主管部门予以管理。

可以说，通过权力清单制度建设力图实现行政审批权力的取消、转移与下放，从性质上而言，实际上是旨在通过运动化治理的改革手段，来实现《行政许可法》第13条所构造的政府—市场、国家—社会的传统二元架构。《行政许可法》第13条规定，通过下列方式能够予以规范的，可以不设行政许可：①公民、法人或者其他组织能够自主决定的；②市场竞争机制能够有效调节的；③行业组织或者中介机构能够自律管理的；④行政机关采用事后监督等其他行政管理方式能够解决的。因此，权力清单制度建设的目的便在于履行《行政许可法》第13条确立的市场主义理念，将过度管理的行政审批事项交付市场自我规制机制、转移给社会自治组织，最大限度地向市场、社会、基层放权。

与此同时，地方政府在权力清单制度建设的各类通知与规范性文件中，纷纷着重强调了权力清单制度建设的三结合要求。

第一，将权力清单制度建设与政府职能转变目标相结合。各地需要按照中央关于改进政府治理方式的要求，进一步实现国家治理能力的现代化，健全完善事中、事后监管制度，加快实现政府管理方式从注重事前审批向事中、事后监管模式的转变。

第二，将权力清单制度建设与机构改革工作相结合。权力清单制度建设要与机构改革"三定"修订工作相统一，借此调整政府部门职责配置，推进机构内部的权限分配整合。进一步完善机构编制绩效评估制度，优化配置编制资源，由此实现机构人员编制的效用最大化。

第三，将权力清单制度建设与信息公开、电子政府建设相结合。通过权力清单"公开晒权"的方式，推进网上办事和行政权力行使的依据、过程、结果公开，借此实现建立完善电子政府、提高政府效率之目的。并且，按照信息公开的要求，政府需要公布行政权力清单和运行流程，并在政府门户网站、机构编制部门网站、各有关部门网站上予以公开①。对于清理后需保留的行政权力事项，需要编制行政权力运行流程图。除涉及国家秘密及依法不予公开的外，应当完整、准确地向社会公开每项行政权力的基本信息。

各地政府在权力清单制度建设中，除了上述依循中央对简政放权、审批制度改革、电子政府建设的一般性要求之外，一些地方政府还通过政策创新与试验的方式，开展了诸多具有鲜明地方试验色彩的制度创新。

1. "一库四平台"制度

以山东为代表的诸多省份的制度创新在于，要求地方政府在制定权力清单的同时，结合电子政府建设，设立行政权力"一库四平台"制度，即行政权力项目库和行政权力运行平台、政务公开平台、法制监督平台、电子监察平台。要求全省范围内各部门、单位要将行政权力事项纳入"一库四平台"予以管理，固化行政权力行使程序，并结合上网运行、廉政风险防控的需要优化内部流程，通过网上政务大厅提供便民服务。通过"一库四平台"建设，不仅实现了对权力清单的有效控制，亦就此实现了电子政府的资源整合与完善。

2. 权力清单工作联席会议制度

地方层面另一项重要制度创新则是各地推行的权力清单工作联席会议制度与工作联络员制度。譬如，《福建省推行省级行政权力清单制度实施方案》（闽政〔2014〕40号）中设立的行政权力清单清理和行政审批制度改革工作联席会议制度，联席会议办公室设在福建省编制办公室，抽调相关成员单位人员集中办公，承担清理相关工作。同样，《杭州市人民政府办公厅关于开展部门职责清理　推行权力清单制度的通知》（杭政办函〔2014〕53号）中指出，杭州市政府建立由市编制委

---

① 譬如，按照淮南市的具体要求，需要公开行政权力清单总表、分表和流程图，明确行政权力的项目名称、项目编码、实施主体、承办机构、实施依据、实施对象、办理时限以及廉政风险点、收费（征收）依据和标准等，明确行政权力运行的办理程序（包括申请、受理、审查、决定等）、涉及部门、承办机构和岗位、办理期限、服务方式、相对人权利、监督投诉途径等。详见《淮南市人民政府办公室关于推行行政权力清单制度的通知》（淮府办〔2014〕28号）。

员会办公室牵头，市政府办公厅、市监察局、市财政局、市法制办、市审管办、市政府研究室等部门组成的杭州市权力清单工作联席会议制度，采用定期或不定期会议方式，研究解决权力清单制度推进过程中的重要问题，并对部门职责清理、推进权力清单制度各阶段工作相关事项进行会审。与此同时，为实现权力清单制定工作中各级部门横向与纵向之间的沟通协调，诸多地区还设置了工作联络员制度。譬如，山东滨州等地便专门设立了权力清单制度工作联络员，来加强权力清单制度推行工作中的政策传达与信息沟通。

3. 权力清单制作中的"三报三审"程序

《太原市推行权力清单制度实施方案》（并政办发〔2014〕52号）中创设性地建立了"三报三审"审议程序。① "一报一审"。"一报"：各部门对本部门及委托其下属事业单位执行的现有的权力事项进行认真梳理，并严格按照相关要求按时上报权力清单事项表格。"一审"：市审改办、市法制办、市财政局对报送资料进行分组初审，并提出修改意见。② "二报二审"。"二报"：市直各部门根据一审反馈意见对需要调整的权力事项内容研究提出补充答复意见，再次上报市审改办。"二审"：市审改办牵头，会同市政府办公厅、市发展改革委、市法制办、市财政局、市政务办等部门对全部内容开展联合审查，充分听取各方意见，研究汇总后再次反馈市直各部门。③ "三报三审"。市直各部门对联审中反馈的重点事项和问题进行研究，进一步调整完善相关资料，第三次上报市审改办；市审改办对拟公布内容进行补充修改，初步形成《太原市权力清单》。与之类似的报送审查程序还有杭州市、宁波市等地的"三报三回"程序，基本上也是依循了类似的三次报送与反馈程序，通过反复的修改磋商，从而形成最终的权力清单审核稿。

4. 权力清单制定中的公众参与机制

在实践中，权力清单制定程序并非完全封闭于行政科层内部体系之中，诸多地区的权力清单制定程序中往往设定了公众参与的要求。譬如，《浙江省人民政府关于全面开展政府职权清理 推行权力清单制度的通知》（浙政发〔2014〕8号）中便要求，"各级政府在组织相关职能部门开展职权审核的基础上，可邀请人大代表、政协委员、专家学者等参与审核，同时要建立社会参与机制，拓宽公众参与渠道，对于群众和企业反映强烈的权力事项，应通过座谈会、论证会等方式充分征求意见，进一步凝聚各方共识，形成改革合力"。设置公众参与机制不仅可以促进权力清单制度的民主合法性，而且专家学者的咨询论证程序亦提升了权力清单自身依据的科学性。

5. 权力清单动态调整机制

随着政府职能转变与简政放权的深入开展，权力清单的制定亦需要动态化及时调整与重组，《宁波市政府办公厅关于开展部门职权清理　推行权力清单制度工作的实施意见》（甬政办发〔2014〕62 号）中便提出，"建立部门权力清单和权力运行流程动态调整机制，根据法律法规和机构职责调整情况，以及转变政府职能的要求，定期修改完善并审核公布，确保权力清单科学有效、与时俱进"。因此，诸多地方政府通过这种动态调整机制，来实现权力清单的目录动态化管理。

6. 权力清单制度建设的工作督查制度

地方政府在权力清单制度建设中，为了防止下级政府的怠惰执行，在各地的规范性文件中均设置了工作督查的相关条款。譬如，《滨州市推行行政权力清单制度实施方案》（滨政字〔2014〕112 号）中便规定，各级政府要适时组织监督检查，简政放权工作领导小组办公室要及时跟踪了解工作进展情况，组织专门力量，定期调度、实地检查，确保按时完成任务。《河北省关于建立行政权力清单制度的实施方案》中亦规定，省编制委员会办公室和省政务公开办公室将适时对全省各级各部门的工作进行检查，对组织不力、不能按时完成工作任务的地方和部门，要予以通报批评，问题严重的，要进行行政问责。当前，在公共政策的执行领域被大量使用的约谈机制，在权力清单制度建设中也被诸多地方政府所采用。譬如，太原市在权力清单制度建设中，便要求对未按规定进度完成本级权力清单制度工作的部门及相关责任人进行约谈，同时对不落实权力清单制度的部门及相关负责人进行严格问责①。

---

① 《太原市推行权力清单制度实施方案》（并政办发〔2014〕52 号）。

三 2014 年行政审批制度改革与权力
清单建设面临的困境

（一）运动式治理模式的弊端

本届政府的行政审批制度改革自 2013 年起，先后四次以国务院文件的形式展开行政审批事项的大规模清理，分别为《国务院关于取消和下放一批行政审批项目等事项的决定》（国发〔2013〕19 号）、《国务院关于取消和下放 50 项行政审批项目等事项的决定》（国发〔2013〕27 号）、《国务院关于取消和下放一批行政审批项目的决定》（国发〔2013〕44 号）、《国务院关于取消和下放一批行政审批项目的决定》（国发〔2014〕5 号），并以 2014 年全国层面的"权力清单"制定运动为顶峰标志。这种疾风骤雨式的改革尽管在数字管理上实现了政府职能改革的绩效考核目标，体现在中央以及地方层面上各类审批数目的大规模下降。然而，这种以运动式治理为特征的改革模式也存在诸多弊端，首先体现在缺乏改革的顶层制度设计，对于行政审批制度改革背后的国家—市场、中央—地方关系，缺乏更深层次的制度改革构想；其次，改革过程中缺失严格的法定程序规范，行政审批制度改革过程中缺乏相关公众、专家、企业等社会主体的法定多元参与机制，对各类行政审批制度的存、改、废也缺乏类似于成本—收益分析的说明程序；最后，对地方层面的权力清单、行政审批制度改革实践也缺乏法定的监督机制，中央与上级政府往往是采取专项督察与约谈问责手段，这种政治监控机制尽管见效快，但缺乏持久拘束效力，使得行政审批制度改革的简政放权效果仅能维持一段时间，而后又死灰复燃。

（二）地方政府的选择性放权现象严重

地方政府在行政审批制度改革中，基于部门利益与地区利益考虑，往往采取诸多手段避免审批权的流失，通过化整为零、虚报、挂靠等诸多方式，将一个审批项目中的几个环节作为几个审批项目予以上报，将早已明令取消的项目作为减少项目予以申报，或者把一些存在显著经济收益、寻租空间大的审批项目挂靠到绝对不会取消的项目之上，其运作逻辑便在于，将经济性规制领域中的审批事项尽量掌控在自己手中。

另外，诸多地方政府当前借行政审批制度改革与权力清单运动之际，将大量本应属于政府监管领域的社会性规制事项主动放权。譬如，环保许可领域中，环评审批的减少和提速获得不少地方的青睐，简化审批程序，压缩审批时间，成为诸多地区普遍采取的措施，然而环评审批并非审批机关可自由裁量是否豁免的事项①。很明显的是，诸多地方政府在行政审批制度改革之际，为了实现地方层面的 GDP 竞争，假借简政放权之名，行放弃社会性监管义务之实，使得诸多本应加强规制的领域出现监管真空。地方政府的选择性放权现象，可以说是"地方发展型政府"的制度特征在行政审批领域的典型体现。

（三）缺乏事中监管与事后监管的配套机制

政府在经济性、社会性规制领域，可以灵活采取信息规制、技术标准、违法事实公布、责任追溯等规制工具，对违反市场竞争原则的市场主体进行有效的事中、事后监管，以及借助私法中的惩罚性赔偿制度、产品（服务）质量保险制度、行业准入和生产经营标准管理制度，通过这些事后配套机制实现对市场主体的立体化监管。然而，就当前政府的治理能力而言，尤其是诸多地方政府的监管能力存在显著差异，绝大多数地方政府在传统的行政审批思维下，并不熟悉或适应信息规制、标准控制、公私合作等现代化的监管工具。2014 年 8 月 27 日《国务院关于深化行政审批制度改革　加快政府职能转变工作情况的报告》中便鲜明指出，"个别部门和工作人员长期习惯于用审批方式管理经济社会事务，在宏观管理和事中事后监管方面经验不够、能力不足、办法不多，存在不会管、不想管的问题"。尽管就理想类型而言，从行政审批向事中、事后监管体系的衍化，的确代表了国家治理现代化的发展方向，但是，当前运动式的行政审批制度改革与权力清单建设，短期内将大量传统的行政审批事项取消或下放，

---

① 沈岿：《解困行政审批改革的新路径》，《法学研究》2014 年第 2 期。

完全寄托于事中、事后监管机制来填补监管真空，当前政府尤其是地方政府的治理能力恐怕无法满足需求。事前行政审批向事中、事后监管模式的转移，是一项长期且艰巨的治理革新任务，无法毕其功于一役，这不仅需要政府有计划地提升现代化的监管能力，亦需要侵权赔偿、产品质量保险等私法机制的发展与补充。

（四）市场自我规制手段的不足

就理论而言，在自我规制体系之下，更多应由行业组织或中介机构来凝聚行业、产业共识，主导规则和标准的制定。相对于传统政府监管机构而言，行业组织或者中介机构具有更多关于行业、产业的整体知识和信息，可以更为灵活、快捷地应对市场变化，形成能为产业界所接受的规则，有助于实现规制任务，降低规制成本①。因此，行业协会可以通过自我规制的方式，有效弥补国家监管层面的不足，实现对企业和市场的合作规制与立体化监管。2014 年市场自我规制方面的确有了长足的法治进步，最为典型的是 2014 年颁布了《企业信息公示暂行条例》《社会信用体系建设规划纲要（2014~2020 年）》，旨在通过建立企业信用体系，以行业自我规制的模式实现对市场主体的约束。

然而，就现实情况来看，中国社会转型的确导致行业协会的结构发生了一定的变化，涌现出一大批由企业自发组建的行业组织。虽然这些民间协会有一定的独立性，但是对政府的依附性依然较强，长期形成的国家理念导致政府对协会的作用并不清晰，在许多方面协会的实质性参与和监督功能并没有形成②。当前，以运动式治理为主导的简政放权模式，在极短期限内迫使政府将大量许可审批事项交付行业自治组织，这些行业协会组织是否已经具备相应的监管能力，却存在很大疑问。与此同时，诸多行业协会组织与政府存在千丝万缕的密切关系，实际运作中仍然受控于地方政府的指令，目前的行政审批制度改革与权力清单建设即便将审批事项交付行业协会，也并不一定就能够实现自我规制与简政放权的改革目标。

---

① Robert Baldwin & Martin Cave, *Understanding Regulation: Theory, Strategy, and Practice*, Oxford University Press, 1999, pp. 40-41.

② 义海忠、郑艳馨：《对我国行业协会性质错位的思考》，《河北法学》2008 年第 3 期。

四　结语

从 2014 年行政审批制度改革与权力清单制度建设的力度来看，本届政府在简政放权的改革方向上有了跨越式的进展，对此需要予以支持与肯定。首先，不难看出，在行政审批制度改革与权力清单制度建设中，中央与地方政府的利益博弈，以及地方政府的选择性执行等固有难题仍未得以解决；其次，在国家治理能力现代化的进程中，地方政府市场规制工具的类型匮乏与治理能力的低下，以及市场自我规制机制的不成熟，将会严重影响与制约事前审批模式向事中、事后监管模式的转移；最后，尤其需要强调指出的是，当前的权力清单制度建设与行政审批制度改革，仍然带有过于浓重的运动式治理色彩。这种过于重视量化考核的运动式改革模式，尽管能带来短期的数字效应，但也会引发后续的不良影响与制度弊端。

（参见法治蓝皮书《中国法治发展报告 No. 13（2015）》）

第十章　中国行政审批制度改革的
问题与完善路径

　　摘　要：近年来，行政审批制度改革的力度之大、成效之显著均可谓空前。但是，这项改革要向纵深推进仍然面临一些问题和挑战。改革缺乏统一权威的主管机构，审批事项清理下放不到位，相关法律法规滞后，信息化水平整体不高等问题都有不容忽视的负面影响。对此，建议完善体制机制，从主管机构、事项清理、加强立法、创新机制、规范中介服务、完善救济机制等方面继续深化改革。

一　行政审批制度改革的基本成效

　　行政审批制度改革是加快政府职能转变、深化行政体制改革的重要抓手，也是加快法治政府、廉洁政府建设，提升政府治理能力的有效途径。近年来，国家以深化行政审批制度改革为突破口和抓手，用政府权力的"减法"换取市场活力的"乘法"，分批次取消、下放、调整了一大批行政审批事项，提前两年多完成了本届政府承诺减少三分之一的目标。同时，统筹做好"放、管、服"工作，采取措施加强事中事后监管，进一步激发了市场活力和社会创造力，促进了稳增长、调结构、惠民生，也推动了政府治理能力提升和廉政建设，可谓一举多得，得到了社会各界的高度评价。

　　2013 年以来，中央政府的行政审批制度改革力度非常大，国务院分11 批次累计取消行政审批项目 490 项，下放 140 项，取消职业资格许可认定事项 207 项，前置审批改后置审批 134 项，非行政许可调整为政府内部审批事项 84 项，还有一批相关的行政事业性收费、评比达标表彰项目也被取消。

二 行政审批制度改革仍面临的问题与挑战

从总体上看，行政审批制度改革在法治化、制度化上仍然存在一些制约和局限，与经济社会发展的需要和广大人民群众的期盼还有不少差距。

（一）改革推进缺乏统一权威的主管机构

行政审批制度改革推行以来，中央政府的牵头单位先为监察部，本届政府又调整为中央机构编制委员会办公室（以下简称中央编办），国务院行政审批制度改革工作领导小组办公室（以下简称国务院审改办）相应设在中央编办。相比较而言，地方各级政府则缺乏一个统一权威的主管机构，经常发生变动，牵头单位五花八门，常见的有法制、纪检（监察）、编制、发展改革、政府办公厅（室）、政务服务中心等不同部门，更有甚者是跟着分管领导走，不同的领导分管就有不同的牵头单位。这样，在清理规范行政审批项目时，容易发生审改者与审批者之间信息不对称、不协调的情况，一些审批权力部门玩起了"捉迷藏""躲猫猫"，如审改者研究不深、底数不清、情况不明，则极易被蒙骗误导。

（二）行政审批事项清理下放不到位

在强大的行政推动下，一些部门和地方在清理行政审批事项时，热衷于拼数字、做表面文章，玩"数字游戏"，摸底时是"膨胀饼干"，准备你来砍；保留时是"压缩饼干"，搞项目打捆，存在明放暗不放、责放权不放、放小不放大、放手不脱手，有利的抢着管、无利的躲着管、有责的推着管等问题。从数量上看减少了很多，但企业和基层群众的获得感并不强。各级人大、政协、工商联的调研和众多第三方评估中，仍然听到不少关于"玻璃门""弹簧门""旋转门"的反映。

一是取消、下放项目有许多是"空放"，常年无办件，有的是大项目中的子项，含金量不高。比如取消方面，国家先后分 5 批次取消 26 项林业行政审批项目，以安徽省为例，在省级层面均无对应。再比如下放方面，国家累计下放 15 项农业行政审批项目，省级有办件的只有 3 项，分别是兽药生产许可证核发、执业兽医资格认定和设立饲料添加剂、添加剂预混合饲料生产企业审批，其余均为零办件。类似情况，在水利、国土资源、交通运输等行政审批项目取消中也存在。

二是下放不到位，有些项目下放到省级，国家还要求备案，或者下放到市县，省级仍然保留证照发放和赋码权，实质上保留了项目审批的最终审查权。比如，2013 年 7 月，《国务院关于取消和下放 50 项行政审批项目等事项的决定》（国发〔2013〕27 号）再次取消 4 项、下放 4 项原由国家新闻出版广电总局实施的新闻出版行政审批项目，随后国家新闻出版广电总局又制发了《关于做好国发〔2013〕27 号文公布取消、下放新闻出版行政审批项目后续监管工作的通知》（新出政发〔2013〕10 号），对已经下放的音像复制单位设立审批，电子出版物复制单位设立审批，音像复制单位变更业务范围或兼并、合并、分立审批，电子出版物复制单位变更业务范围或兼并、合并、分立审批，均要求省级出版行政主管部门批准后 20 个工作日内报国家新闻出版广电总局备案。

三是下放不同步，配套跟不上，造成新的办事难。比如，基本建设项目投资中，规划、国土、节能评估等核准前置条件审批已经下放，但环境影响评估、洪水影响评价等尚未同步下放，对项目核准有一定的影响。比如，"三证合一、一照一码"改革后，国家质检总局发布《关于贯彻落实"三证合一、一照一码"登记制度改革的通知》（国质检标函〔2015〕538 号）规定，自 2015 年 10 月 1 日起，不再向企业、农民专业合作社和个体工商户发放和更换组织机构代码证书。据此，全国组织机构代码管理中心已经关闭组织机构代码网上办理系统。一些存量市场主体（没有办理"三证合一"的）在注销完营业执照、税务登记证后，无法注销组织机构代码。正在开展的机关事业单位双重法人清理工作，也难以推进。一些银行机构没有正确执行国务院《个体工商户条例》规定，对于个体工商户银行开户申请，仍然要求提供不必要而又无法办理的组织机构代码证，造成个体工商户开户难。

四是偷梁换柱充数字、改头换面搞转移的现象仍然存在。近年来，国务院取消、下放的行政审批项目中，有些是重复取消和下放的，还有些是闻所未闻、子虚乌有的项目。地方政府因取消、下放的作为空间有限，大多采取合并、冻结、暂停实施或改为其他权力事项等方式，实际上行政权力减少的幅度并不大。特别是采取冻结方式后，该项行政审批就不列入政府权力清单，造成政府部门"法无授权不可为"而为之与市场主体"法无禁止即可为"但不可为的双重悖论。比如，营业性射击场设立审批、医疗机构开展戒毒脱瘾治疗审批等，在一些省市都是冻结项目，但近年来办事人又有申办营业性射击场等需求，申报还是不要申报、审批还是不要审批，都是困惑。比如，国家取消一级建筑师执业资格认定后，住房和城乡建设部又将该事项转为全国建筑师管理委员会办理，申请条件、所需材料、办理流程基本未变，省里只好作为公共服务事项继续保留。

截至 2015 年底，国务院有审批权的 60 个部门和单位仍有行政审批事项 1300 多项，如果按办事需求"最小颗粒化"拆分以后，将是一个可观的数字。从基层的感受来说，行政审批事项的取消比下放的效果要更好一些。尽管党的十八届三中全会决定已经有"三个一律"的刚性要求，但在具体实践中，究竟哪些审批项目属于市场机制能够调节的，哪些属于企业自主权，哪些属于由地方管理更为有效的，也是众说纷纭，甚至相互抵触。

（三）行政审批效能有待进一步提升

行政审批制度实施中，一方面有审批事项过多、过滥，管得过细，门槛过高的问题；另一方面也存在审批服务不优的问题，审批条件多、材料多，办理环节多、时限长，还有故意设卡拖延、寻租腐败，等等。由于政务服务中心建设发展一直缺少法律定位，自身的机构组成、职责权限、人员编制以及与进驻部门的关系等无法可依，政务服务中心和大厅窗口普遍存在临时机构、临时身份、临时人员、临时观念，"前店后坊""两头受理"的现象仍然存在，很多部门窗口俨然似"收发室""挂号处"，"一站式"服务变为"多一站式服务"。

（四） 部门化倾向损害法律权威

改革开放以来，中国有半数以上的法律是由部门起草、提交人大审议通过的。由部门起草通过的行政法规，比例则更高。尽管部门立法在专业性、可操作性上具有一定的优势，但其潜在弊端也日益显现，特别是部门利益固化、法条之间冲突和管理痕迹明显，已广受诟病。一些部门往往从自身利益出发，借法扩权，与民争利，不断增设审批权、处罚权、收费权等，逐步形成行政权力部门化、部门权力利益化、部门利益法制化。部门分散立法，惯于自成体系，容易导致不同法规之间权力冲突，出现"有利争着管、无利都不管"的多头管理和执法真空现象。有的部门免责思维严重，为自己管理方便，随意自我赋权，增设行政相对人的义务，刻意规避本应承担的责任和义务，忽视对行政相对人应有权益的尊重和保护，损害法律的权威。

（五） 相关法律法规滞后问题凸显

随着中央政府简政放权力度的不断加大，相应法律法规滞后的问题日益凸显。比如，《国务院关于印发注册资本登记制度改革方案的通知》（国发〔2014〕7号）规定，除暂不实行注册资本认缴登记制的行业外，其他行业审批项目涉及注册资金要求的，办理时，不再要求申报人提交验资报告。这一规定，因现行的法律法规未作修订，在实际办理中变成了无法可依。"一照一码"的营业执照在使用上同样存在"卡壳"现象，建筑等行业的一些行政审批、资质资格认定申请材料仍还保留填写三个证、三个号的模式，造成申请人办事无所适从。比如，国家质检总局对一些工业产品生产许可证已经取消或下放到市、县两级，但《工业产品生产许可证管理条例实施办法》（国家质检总局第156号令）却未作修改，明确只有国家和省级才能发证。还有一些行政审批因市场条件发生变化，已经过时不再需要，但因法律规章未能修改而仍然存在。比如，房地产开发企业资质标准由住房和城乡建设部于2000年颁布实施。依据该标准，新申报房地产开发一级资质需要企业近3年房屋建筑面积累计竣工30万平方米以上，或者累计完成与此相当的房地产开发投资额① （提供竣工验收备案证明）。但房地产企业在办理资质延续时，仍按原标准进行审批。在房地产市场宏观调控的大背景下，这个连年高速增长的资质标准要求，相对房地产开发市场来说已然脱离实际，应作适当调整。比如，粮食、棉花收购早已是市场主体自主决定的经营行为，无须审批，一些省市还作为下放项目，地方无所适从。比如，墙改基金、散装水泥基金，因市场条件与设立这两项基金时发生了变化，审批时再列入两项基金，不仅达不到管理的目的，而且明显不合理地加重了企业的负担，有以收费代替管理的嫌疑。比如，户外广告设置审批，只要公开了设置条件即可通过市场的方式采取合同管理。比如，生猪屠宰审批，机械化屠宰后，该项目审批处于限制或停止状态，在一定时期内就可以取消。比如，林木种子检疫员考核评定、营造林工程监理员职业资格审核项目，分别作为 2013 年和 2014 年的下放项目，基层普遍反映应该予以取消。同样，地方政府也有条例、规章修改滞后的问题。比如，国家发展改革委取消行政事业性收费和年审制度后，许多地方的收费管理条例、价格条例并未作相应修订。

（六）互联网与信息化水平整体较低

近年来，各地依托互联网技术，行政审批的信息化水平得到极大提升，但总体上看政务服务的信息化运用程度还比较低，难以满足广大群众和基层企业对政务服务的期望和需求。

一是网上办理的事项少。以安徽省为例，进驻省政务服务中心的 1258 个子项目（最小颗粒化）中，办事人可以通过互联网直接申报的只有 268 项（其中，全程网上办理的 37 项，部分环节网上办理的 231 项）。

二是网上服务能力弱。受安全认证、电子签名、电子印章、档案保密、办事习惯等多种因素影响，即使是全程网上办理的 37 个事项，办事人也至少需要到政务服务中心来一趟，验证原始资料、索取审批结果。当下所谓的网上审批，主要限于一般的便民事项，行政审批尤其是产业投资、基本建设等复杂事项，没有一项能像淘宝那样在家里就能办成，而只

① 2000 年 3 月 29 日，中华人民共和国建设部令第 77 号《房地产开发企业资质管理规定》。

能解决办事人少跑一趟、少跑一段的问题。

三是"信息孤岛"严重。实际工作中，国家部委与地方政府的电子政务系统各自为政，多网运行，互不联通，信息不能共享。特别是涉及行政审批业务方面，全国工商、公安、国税、地税、国土资源、环境保护、住房和城乡建设、人力资源和社会保障等部门都有各自专网，省、市对口部门办理行政审批业务时均使用内部专网，与省市政务服务中心的审批业务平台不能互联互通，数据不能对接共享，形成纵向层级的"信息孤岛"。办事人同样的信息、资料在不同部门反复提交，成本高、极不方便，既影响审批效率，也容易失去监管。

（七）行政审批中介服务腐蚀改革成果

行政审批过程中，需要一些关联审批的中介服务机构提供专业知识和技术服务，其结论（结果）是行政审批的前置要件。但由于一些领域中介组织发育不全、竞争不充分、缺乏规范，特别是从事中介服务的行政事业单位，服务质量差、耗时长、收费高，加重了企业和群众负担，影响了政府的公信力。一是中介评估涉及面广，种类繁多。以安徽省为例，目前进驻省政务服务中心的 213 个审批事项（大项），约有 27个部门 195 项涉及 33 类中介服务，甚至把服务环节一分为二、一分为三，重复评估、重复检测、重复收费。二是市场化程度低，垄断性强。安徽省上述 33 类中介服务事项中，有 21 项存在垄断经营或竞争不充分现象，占 63.6%。这些中介机构多为审批职能部门的二级机构，依附行政权力，服务不透明、收费高、监督难。三是中介业务耗时长，效率低下。即使在市场竞争比较充分的领域，也存在这个问题，特别是一些大的工业和建设项目，从项目立项到竣工验收、投产使用，整个过程几乎各个环节都需要不同类型的中介机构介入，中介办理的时限远远超过甚至数倍于审批时间。

三 进一步推进行政审批制度改革的路径与建议

行政审批制度改革向纵深推进，需要再出发再攻坚，强化顶层设计，在国家政治、法律层面同时跟进，只有统一协同推进改革，才能有所作为。中央政府层面，要深入研究深化行政审批制度改革的深层次问题，重点在厘清政府职能、划分权责边界、设计总体方案、明确时间路线、把握战略重点上下功夫，做到统一规划、分清主次、合理安排、分类指导，增强推动改革的系统性、协同性和自觉性，避免改革行动的单一性、随意性和碎片化。

（一）明确全国层面的统一主管机构

从中央政府到地方各级政府，应考虑成立行政审批制度改革工作领导小组。地方的领导小组，党政主要领导至少有一位担任组长，下设若干工作小组，由相关职能部门各司其职，形成齐抓共管、攻坚克难的整体合力。编制部门负责行政审批事项的清理审核确认工作，建立动态调整机制，法制部门负责相关法律法规的修订完善和法律监督工作，政务服务管理机构负责服务平台建设和审批流程优化工作，政务公开管理机构负责行政审批信息公开工作，电子政务管理机构负责业务系统开发建设和资源信息共享工作，政府监察、效能督察、目标管理考核和组织人事部门负责督察、考评、监察和问责等工作。行政审批制度改革工作领导小组可以与各级党委的全面深化改革领导小组，或者与各级机构编制委员会两块牌子一套人马；审改办比照中央设在编办，有利于上下衔接和统筹协调。各级审改办要成为地方政府的常设机构，赋予应有的机构职能，加强顶层设计和统筹规划，避免长期存在的牵头单位临时性、推进改革突击性、组织实施无序性。还要选好、配强审改人员，建立一支研究、精通行政审批业务的专职队伍，依法合规、科学有序地深化行政审批制度改革。

（二）全面清理行政审批相关事项

实现行政审批制度改革向纵深推进，要"减"字当头，"瘦身"为主，在大范围内先"砍"一刀。要坚持《立法法》《行政许可法》效力至上，以清理部门规章和省级人大条例、省级政府规章为重点，切断掌控行政权力者以此寻租、与民争利的灰黑路径。

一是合法性原则。保留的行政审批事项必须是法律、行政法规及国务院的决定设立的。各省、自治区、直辖市人大发布的地方法规和中央政府部门文件设立的审批项目，按照国务院常务会议的决定精神一律取消，或者列入下放、转变管理方式的范围。同时，按照《行政许可法》第12条、第13条的规定，对依法可以不采取审批方式管理的项目直接转变为监管或服务事项，不列入审批目录。凡是列入行政审批目录的事项必须有明确的法定实施条件，否则不予保留。

二是安全性原则。把政府实施事前审批的重点放在涉及国家安全、生态安全和健康安全等重大公共利益领域。这些领域的审批事项，不是越少越好，也不是越简单越好。对这些领域的审批项目，在实施过程中不实行超时默认，只实施超时追究。这些领域审批项目的下放也要从严监管，没有条件下放或下放后治理风险过大的，原则上不下放。

在清理行政审批项目的同时，还要同步清理具有审批特性的其他权力事项和公共服务事项。当前，各级各地都在建立政府权力清单制度，一些行政审批事项被更名为行政确认、其他权力事项，或被改变管理方式，成为内部管理事项和公共服务事项。从公布的政府权力清单看，其他权力的数目都很大，其中就隐藏了大量原有行政审批事项。这些审批事项披上"其他权力"的外衣，仍然行"行政审批"之实。有些地方还借口权力属性发生变化，撤出政务服务大厅，转到机关后台办理，不仅加重了群众负担，而且逃出了制度的笼子，规避了应有的监督和约束。

国务院审改办应尽快制订全国性的指导意见，依法界定行政审批等事项的内涵和外延，让地方摆脱涉及行政审批各类概念之争的困局。要遵循"合法性、合理性、便捷性和第三方服务"的原则，重点清理教育、文化、医疗卫生、社会保障、市场监管和项目评估、资格资质审查、职称评审等审批、备案事项，防止以服务之名行审批之实。

简政放权、转变职能，不仅要解决该不该管的问题，还要解决由谁管更合理的问题。在全面清理、取消行政审批项目的基础上，还要进一步加大放权力度。注重行政体系内部中央向省级、向市县放权，凡是直接面向基层、量大面广、由地方管理更方便有效的经济社会管理事项，一律下放地方和基层管理。

（三）加强立法，避免死灰复燃

要坚持在法治轨道上推进行政审批制度改革，适时修改《行政许可法》及有关法律、法规、规章，制定出台更具针对性、可操作性的实施性配套法律文件，使行政审批事项更合理、更清晰、更规范。

当务之急是要修改完善《行政许可法》。一是明确和扩大行政许可的适用范围，把所有针对行政相对人的行政审批都视为行政许可，不再给所谓的非行政许可审批以及备案、核准、登记等留下任何生存的空间。规范和限定行政许可的设定主体，坚决取消国务院部门的许可设定权，规范省、自治区、直辖市政府的临时性许可设定。二是细化不设行政许可的具体规定。《行政许可法》第13条规定公民自主决定的、市场能够解决的、事后监督的、中介组织能够解决的可以不设定许可，但这个标准比较原则，也很笼统抽象，建议细化不设行政许可的具体条款，最大限度地限制新设行政许可事项。三是完善配套法律法规。对国务院取消、下放和调整行政审批事项涉及的法律法规，要按照法定程序及时清理，进行修改，有些职权、职责需要从法律法规上取消或者重新表述，各部门各地区要根据修改后的法律法规对本部门本地区的规章和规范性文件及时进行清理，该修改的修改，该废止的废止，适时制定衔接和配套制度，确保行政审批制度改革于法有据。

在立法程序上，必须釜底抽薪，改部门起草为人大起草，改行政审批为法定审批，严格规范和限定行政许可设定权。今后，凡是国家法律、国务院条例及决定以外设立的行政审批、强制、收费、处罚等事项，要通过立法予以确认，否则，一律宣布无效，不得进入政府权力清单。凡是涉及行政许可事项的法律法规，应由人大专门机构与社会力量共同承担起草任务，引入公众参与，充分听取民意，全国人大应设专门机构负责草案审核，注重法条之间的平衡协调，避免在基层经常遇到的"法律打架""法规吵嘴"现象，维护法律的公正、统一和权威。

（四）创新行政审批运行机制

行政审批制度改革在清理调整任务完成后，要着力创新审批服务的运行机制和方式方法。清理调整是解决"审什么"的问题，而机制创新是解决"怎么批"的问题。实际上，办事群众和市场主体对行政审批的意见，有很大一部分来自办事过程和办事效率。这些问题都要靠规范权力运行、提高审批质量来解决。

一是优化行政审批流程。要制定出台全国统一的行政审批流程基本规范，明确审批流程的原则和要求，提出审批所需申请条件、申报材料、办理程序、时限承诺、审查细则、示范文本以及办事指南、审批流程图等方面的要求，并对行政审批信息、过程和结果公开提出具体意见。各级政务服务中心要本着方便办事原则，进一步优化审批流程，减少申报材料，压缩时限，提高效率。

二是强化窗口主导地位。中央编办要牵头，继续推进以"两集中、两到位"为主要内容的行政审批权相对集中改革，加大部门内部行政审批职责整合力度，归并审批职能，单独设立行政审批办公室，集中办理行政审批，在部门内部实现行政审批权的决策、执行、监管相分离。推动各部门行政审批办公室整建制进驻政务服务中心，强化首席代表的现场审批、组织协调和监督检查职能，一般事项由首席代表直接审批，复杂事项以行政审批办公室为主牵头组织协调，限时办结，建立以窗口为主导的审批运行新机制。探索在市县成立行政审批局专司行政审批，推进审批与监管相分离，实现"一颗印章管审批"，从根本上杜绝行政审批"两头受理""体外循环""前店后坊"现象。

三是推进行政审批标准化。审批时限压缩和环节减少后，并不必然带来审批效率提高。传统的组织架构、分散的审批职能、习惯的审批思维、随意的审查评估等等，仍然制约着审批效率，必须进行规范。要把服务标准化理念引入行政审批的服务过程，以办事群众需求为导向，及时全面规范行政审批事项目录、设立依据、申报条件、所需材料、审批流程、办理时限、收费依据及标准等，并在服务提供规范中引入时间矩阵和责任追溯流程，明确审批办理的步骤、责任人、工作时间、流转记录和追责情形，推行节点式控制。坚持"统一、简化、协调、优化"原则，贯彻执行已经发布的《政务服务中心运行规范》等7项国家标准，探索适合行政审批制度改革和发展要求的标准体系，建立完善以通用标准体系为基础，服务提供标准体系为核心，服务保障标准体系和服务评价与改进标准体系为支撑的政务服务标准体系，进一步促进行政审批服务的规范化、均等化和高效化。

审批服务要优化，审批监管也要加强，这些都是"放、管、服"的应有之义。既然有大量的行政审批事项已经取消、下放或者转变管理方式，按理说行政机关可以腾出更多的人手、更有能力科学决策、强化监管，但调研中发现，许多部门在审批事项调整后，内部职能、岗位职责并未作相应调整，更无从谈起加强事中事后监管了。特别是上级取消、下放事项后，编制、经费、人员并未下放，基层政府存在经验不够、能力不足、保障不到位等困难。下一步，要从加大监管力度、完善和创新监管方式、提升监管能力方面着手，分级分类明确监管的任务、内容、程序、方法、标准、制度，推进和完善跨部门、多领域综合执法监管体系，实施"阳光"监管、信用监管、"大数据"监管、"双随机"抽查、第三方评估等多种监管方式，切实提高政府监管的科学化水平。

（五）加快构建统一的"一站式"服务体系

2011 年中共中央办公厅、国务院办公厅发布的《关于深化政务公开加强政务服务的意见》明确要求，"统筹推进政务服务体系建设，因地制宜规范和发展各级各类服务中心，凡与企业和人民群众密切相关的行政管理事项，包括行政许可、非行政许可审批和公共服务事项均应纳入服务中心办理"[①]。据统计，全国已建设 3117 家政务服务中心，"其中省市级政务服务中心 377 家、区县级政务服务中心 2740 家，乡镇（街道）还建立了37334 个便民服务中心"[②]，其服务功能已从最初单纯的投资项目审批逐步扩展到便民服务、政务公开、热线电话、电子政务、公共资源交易、行政投诉等直接面向社会公众且内在联系紧密的政务服务领域。但毋庸置疑，政务服务中心作为中国行政体制"嵌入式"自下而上的改革，一直缺乏顶层设计和制度安排，往往因地方长官的好恶而时兴时衰、时喜时忧，也容

---

① 2011 年 6 月 8 日，《中共中央办公厅　国务院办公厅印发〈关于深化政务公开　加强政务服务的意见〉的通知》（中办发〔2011〕22 号）。

② 《"全国政务大厅服务标准化工作组"成立》，人民网时政频道，2015 年 10 月 14 日。

易回潮、倒退甚至被复辟。

按照"一个部门一个窗口对外、一级政府'一站式'服务"① 的要求，建议国务院带头设立中央政府政务服务管理机构（暂时可以不建实体的政务服务大厅），主要负责推进、指导、协调、监督全国政务服务工作，负责对中央政府各部门设立服务大厅、窗口进驻、事项办理的组织协调、监督管理和指导服务，并对全国政务服务中心和网上办事大厅建设工作进行业务指导，实现"一口受理、限时办理、规范办理、透明办理、网上办理"②。地方各级政府要加快政务服务中心和网上办事大厅建设，推动本地本部门（含中央派驻机构）实施的行政审批和公共服务事项一律进中心办理，原单位一律不再受理。

（六）构建信息化政府服务模式

加快审批信息化建设，推进网上办事，必须强化互联网思维，打通数据壁垒，消除信息孤岛，改变各自为政的"碎片化"服务方式，着力构建全国统一的电子政务服务平台，推动行政审批和公共服务事项网上办理，打造"互联网+政务服务"新模式。国务院有关部门要认真梳理除涉密的所有行政审批事项共享需求并上网运行，推动各部门各地区业务专网应用迁移和网络对接，加快人口、法人单位、空间地理、宏观经济等国家基础信息资源库共建共享，建立健全横向到边、纵向到底的全国行政审批"一张网"，逐步实现审批服务事项的网上咨询、查询、申请、受理、审批以及联网核查、绩效监察，形成网上服务与实体大厅服务、线上服务与线下服务有机融合的政府服务模式。

（七）规范中介组织及其服务

鉴于中介服务已经成为制约行政审批效率的"短板"，建议采取以下措施。

---

① 2014年6月4日，《国务院关于促进市场公平竞争　维护市场正常秩序的若干意见》（国发〔2014〕20号）。
② 2015年2月4日，《国务院关于规范国务院部门行政审批行为 改进行政审批有关工作的通知》（国发〔2015〕6号）。

第一，要实行中介服务清单管理。全面清理关联行政审批的中介服务事项，除法律、行政法规、国务院决定的中介服务事项之外，其他一律废止。保留后的中介服务事项，要实行清单管理，明确项目名称、设置依据、服务时限以及收费依据、收费标准。

第二，打破中介服务垄断。放宽中介服务机构准入条件，取消各部门设定的区域性、行业性或部门间中介服务机构执业限制和限额管理规定。要破除"红顶中介"，限期要求行政审批部门与自己关联的中介服务机构脱钩，并不得或变相指定中介服务机构，切断与行政审批部门的利益关联。

第三，规范中介服务行为。加强中介机构监督管理和行业自律，有选择地将与行政审批关联度较高的中介服务事项纳入政务服务中心，设立窗口，推行公开承诺服务，建立诚信评价机制，促进中介服务规范、透明、高效。引入竞争机制，建立公平公正公开的中介市场，健全市场准入、考核奖惩和淘汰退出等机制。

第四，培育发展社会组织。加大扶持力度，制定和完善社会组织发展相关配套政策，为社会组织发展提供人力、物力、财力支持。加大日常监管力度，把积极培育与规范管理统筹起来，加快推进社会组织改革，推动行业协会、商会、挂靠机关的社会团体等与行政机关脱钩工作。加强社会组织自身建设，提升承接政府职能转移和公共服务能力。

（八）完善行政审批监督救济机制

要建立健全行政审批监督制度，明确行政审批的实施程序与条件，对违法设定的审批事项及时加以清理和撤销。制定与实施审批相配套的信息公开制度、电子政务制度、监督制度以及行政补偿制度。对违法设定的行政审批，要允许企业、公众、社会组织投诉，或者提起行政复议和行政诉讼，并追究设定机关及其责任人的法律责任。

（参见法治蓝皮书《中国法治发展报告 No. 14（2016）》）

第十一章　贵州"互联网+政务服务"调研报告

摘　要： 本报告运用电子政务、政务服务的理论方法，通过对贵州省创建"互联网+政务服务"模式的调研，在掌握大量实证材料基础上，描述和概括了贵州推进"互联网+政务服务"的整体情况、主要做法和成效，分析了存在的问题并提出相应对策。贵州创建"互联网+政务服务"模式的主要做法，一是"六个统一"集中建设平台，二是"五个固化"再造审批流程，三是"五个统一"建立审批标准，四是"五个必须"提升信息公开，五是"五个提升"强化实际应用，六是"三个100%"完善实体大厅功能，七是"三种方案"打通基层服务，八是"三个结合"强化监督考核。

2016年1月，国务院办公厅将贵州作为"互联网+政务服务"四个试点示范省份之一。贵州省"互联网+政务服务"工作严格按照国务院办公厅年初部署的五项试点任务，结合本地实际，把握工作推进过程中的关键点和症结点，探索创新工作方式方法，形成贵州"互联网+政务服务"模式，有效提升了政务服务绩效。贵州"互联网+政务服务"模式的特点是，在政务服务平台建设方面，实现全省一体化；在办事指南编制方面，实现标准化；在与国家部委数据共享方面，实现对接沟通；在规范办结时间上限方面，实现特殊环节规范化；在监督考核方面，实现全程监督和综合考核。

"互联网+政务服务"就是建立新型的服务型政府管理模式，提升政府管理水平，提供更高效的政务服务。其核心要义是促进互联网与政府公共服务体系的深度融合[①]。但是，"互联网+政务服务"不是实体政务服务中心的简单上网，而是要以互联网的思维对政府服务进行全新的业务整合与流程创新，构造一体化、全过程、无缝隙的政务服务体系[②]。本调研报告依据"互联网+政务服务"的核心要义和科学内涵，进行深入调查，在掌握大量实证材料的基础上，描述和概括贵州省开展"互联网+政务服务"的探索和创新情况。

一 创建贵州"互联网+政务服务"模式的总体情况

自试点示范工作启动以来，贵州省编制了《贵州省"互联网+政务服务"一体化平台建设工作方案》，并稳步推进"互联网+政务服务"试点示范工作。贵州省"互联网+政务服务"试点工作任务已基本完成，取得了阶段性成果。

（一）网上办事大厅统一审批服务系统全面建成

2016 年 4 月，贵州全省统一审批服务系统建设完成并投入使用，截至 2016 年 12 月，已接入省级、9 个市州、贵安新区、98 个县（市、区、开发区）3591 个部门的 54052 个政务服务事项，以及 1383 个乡（镇、街道、社区）、7866 个村（居）共 105493 个政务服务事项。自系统上线以来，每天有 20000 余名审批人员在平台上开展审批服务工作，每日新增办件 30000 余件，全省总办理审批服务业务 990 万余件，网上实际办理率显著提升，其中省级从 2015 年的不足 1% 提升到目前的 15% 左右。2016 年，贵州省网上办事大厅审批服务系统已实现全省一个平台运行、一套标准审批、一个模式服务。

---

① 周民、贾一苇：《推进"互联网+政务服务"，创新政府服务与管理模式》，《电子政务》2016 年第 6 期。

② 陈涛、董艳哲：《以平台化思维推进"互联网+政务服务"建设》，《电子政务》2016 年第 8 期。

（二） 与国家有关部委行政审批数据共享工作稳步推进

贵州省"互联网＋政务服务"试点示范工作启动后，及时梳理本省使用国家部委行政审批系统清单（延伸部署在贵州省的审批服务系统有30个，涉及17个厅局的43项审批服务事项），并在国务院办公厅电子政务办公室的大力帮助和支持下，贵州省积极与国家部委对接沟通，得到了国家部委的大力支持。目前，贵州省网上办事大厅已打通了与国家发展和改革委员会投资项目在线审批监管平台数据接口，上报国家发展和改革委员会20887个项目52万余条业务办理数据，与其他部委行政审批系统数据接口对接工作正在有序推进。

（三） 网上办事大厅平台应用进一步完善

贵州省在完善行政审批服务基础上，开发了便民事务和商务服务功能模块并建成投用，形成了"三务合一"的政务服务平台。贵州将省、市、县三级服务体系延伸拓展为省、市、县、乡、村五级服务体系，现已有10092个乡镇、村居，共计105493个便民服务事项纳入贵州省网上办事大厅公开和办理。贵州全省各地众智众筹，新招迭出，共建共用，创造性地开展网上办事大厅的应用，如六盘水市、福泉市、南明区、开阳县、雷山县等地开展了数字证明共享调用、网上人民调解室、远程申办打证颁证、全程代办等服务，平塘县人民政府启动了贵州省网上办事大厅"进村入户"应用工程；福泉市建立部门"互信共享"机制，推行"就近申请、网上办理、远程打证"。

（四） 网上办事大厅证照批文共享库初步建成

贵州省在原省级证照批文库基础上，拓展建成全省证照批文共享库，并引入证照批文实物模板在线打印功能，实现证照批文在系统中字段要素可见，实物模板可预览，构建统一管理的统一身份认证体系。2016年已经配置省工商行政管理局、省卫生和计划生育委员会、省安全生产监督管理局、省教育厅、省文化厅、省食品药品监督管理局等部门共计120种证照，集成各类证照批文近50万份，实现了全省统一审批服务系统办结后自动生成证照批文入库，各级有关审批人员在办理业务时可按权限调用已入库的证照批文进行校验核对。

（五）网上办事大厅政务服务大数据智能分析系统初步应用

贵州省已集聚了省、市、县三级政务服务数据资源，形成了全省政务服务大数据，实现了对各地进驻部门、事项数量、事项类型、平均时限、办件情况等方面统计和对比分析的基本功能。2016年已在贵安新区、福泉市试点政务服务大数据可视化展示工作，正在探索政务服务大数据深度挖掘、多维建模等数据应用路径，提供更多的供给侧政务服务数据产品，发挥政务服务数据价值，辅助政府决策，倒逼行政审批制度改革，规范服务，有效提升政府服务能力和水平，下一步将深入推进政务服务数据政用、商用和民用。

（六）全程监督和考核管理初步实现

贵州借助"互联网+政务服务"带来的工作便利性，建立全程监督和考核管理机制，一是利用电子监察系统对审批业务进行时限监察和全过程监督。贵州运用电子监察系统，对业务办理情况进行全程监督、超时预警、问题提醒。通过视频监控平台，实现对省、市、县三级政务服务大厅实时监控，对材料受理、专家评审、集体讨论、证照发放等环节实行音视频全程记录和监督，使审批事项办理全过程留痕，实现真正的可溯、可查、可控，建立自动预警机制，及时纠正审批中出现的不当行为。二是强化考核管理。贵州以统一考核指标、量化考评标准的方式，对各级政务服务中心窗口人员从考勤、行为规范、办件质量、群众评价、投诉举报等多方面进行电子化考评，并在全国率先开展"一票否决"考评制，发现审批过程中的吃拿卡要、违规收费、两头办理等不良行为，当月考评作零分处理。建立部门班子成员定期到窗口视察研究工作制度，纳入月度考评。

二　创建贵州"互联网+政务服务"模式的主要做法

贵州省在推进"互联网+政务服务"过程中，促进互联网与政府公共服务的深度融合，构建政务服务"数据铁笼"强制权力电子化运行，并构建面向社会公众的一体化在线公共服务体系，再造了审批流程，建立了行政审批标准，加大了政务公开力度，打通基层服务等，实现了线上线下合一、前台后台贯通、纵向横向联动、业务和技术高度融合的突破。

（一）"六个统一"集中建设平台

贵州省政务服务中心运用"互联网+"理念和技术，依托互联网、电子政务外网和"云上贵州"系统平台，建成了贵州省网上办事大厅，并在建设中坚持统一顶层设计、统一开发建设、统一推进应用、统一办理平台、统一数据共享、统一安全保障的"六个统一"建设原则，由省级一点统筹建设，市（州）、县（市、区）、乡（镇）多点接入应用。全省各地、各部门只需一个账号即可免费进入，所产生数据自然在全省汇集，按权限共享共用。这种省级一盘棋的统筹建设运行模式，实现了推进力度最大，建设费用最少，建设周期最短，应用效率最高，数据集聚最全，协同联动最方便的目的。通过这种政务服务平台的集约化建设运行，全省共节约建设资金约3亿元，每年节省运行维护经费3000万余元。

（二）"五个固化"再造审批流程

贵州省从群众及企业办事需求出发，线下与线上流程相统一，再造审批流程，实现由事项简化到整体优化，由随机的流程到固化的标准流程，减少审批人员的自由裁量空间。

1. 固化审批流程

严格按照《行政许可法》的要求，制定由"受理、审查、特殊环节、决定"四个环节组成的全省统一审批流程，并在系统中逐项固化，实行标准化审批，通过技术与制度相结合，清理于法无据的办理环节，让流程在"数据铁笼"里封闭运行，杜绝只有熟人才能办成事的不良现象。

2. 固化各环节办理人员

按照窗口人员专职审批要求，在系统中，将审批流程各个环节办理人员固化，防止越位审批、越权审批、外来审批，确保专职专岗审批。

3. 固化各环节办理时限

在法定时限和承诺时限基础上细化分解，合理设置各环节办理时限，通过系统对办理过程进行电子跟踪监控，自动预警提示，切实提升审批效率。尤其是对需要进行现场踏勘、专家评审、听证、招标、拍卖、检验、检测、检疫、鉴定等特殊审批环节，要求提供法律依据及描述、完成时限，并对特殊环节审批进行了规范。贵州省明确要求实施特殊环节所需时限原则上不超过审批事项的承诺办结时限，有效解决了审批慢、审批长、审批难等痼疾。

4. 固化各环节审查标准

针对各环节审批服务职责不同，逐项逐环节制订审查标准，并让不同地方的不同审批人员以"一把尺子"行使审批权力，使自由裁量不再"自由"，弹性审批失去"弹性"。申请人对照贵州省网上办事大厅公开的办事指南，就可以预知申请事项的结果，实现审批结果可预期。

5. 固化审批文书格式

贵州以前因系统不统一、部门业务不同，造成审批文书格式五花八门。贵州在推进统一审批服务系统过程中，从省级制订了全省统一的收件、不予受理、决定受理、特殊环节、一次性补正告知、不予行政许可等通知文书，并将"多动鼠标做选择、少动键盘编文字"的设计思路固化在系统平台中，审批人员只需轻点鼠标就可以自动生成要素齐全、格式规范的文书。

（三）"五个统一"建立审批标准

贵州在推进"互联网+政务服务"工作中，进一步规范行政审批工作，实现标准化审批。

1. 统一全省审批服务事项及办件编码标准

贵州全省各级各部门按照统一编码规则，明确每一事项编码由行政区划码、事项类别码、部门机构码、权力事项流水号依次组成，分别赋码，实现"一事一码、一件一码"，确保每一个事项和办件都有唯一的"身份证号"。

2. 统一办事指南编制标准

贵州在充分采纳各级审批部门意见建议基础上，制定了全省统一办事指南标准，并邀请法律专家对办事指南要素逐一审核，做到每个要素都于法有据。将纳入政务服务中心办理的所有事项，按照包含60余项内容要素的全省统一要求，编制了程度最深、内容最全、操作性最强、有效性最高的标准化办事指南。标准化办事指南明确了事项设立、申请条件、申请材料、特殊环节的法定依据及办理时限、审批流程、审查标准等，并集中在贵州省网上办事大厅公开。截至2016年12月初，贵州省网上办事大厅已集中公开省、市、县、乡、村五级共计141957个政务服务事项的办事指南。标准化办事指南让审批人员统一开展审批工作，办事群众对审批结果可预期，杜绝了"奇葩证明"。

3. 统一特殊环节实施标准

特殊环节如何实施特别是完成时限法律法规没有明确的要求，审批人员随意性太强、自由空间大是当前办事群众仍感叹办事难、办事慢的主要原因。贵州省在全国率先下文要求各审批部门逐项明确特殊环节法定依据、办理时限，且特殊环节时限不得超过该事项办结的承诺时限，对特殊环节名称、法定依据及组织、所需时间、参与人、审查结果、收费等要素全部在贵州省网上办事大厅公开。截至2016年贵州省级295项行政许可事项已一一规范特殊环节实施。实施特殊环节全程留痕，使审批耗时长、收费乱等痼疾得到根治。

4. 统一审批文书内容标准

贵州参照政务服务国家标准，结合本省实际，制定了全省统一、内容标准的审批文书，并通过系统平台进行固化，申请人不管在哪级政务中心窗口办理事项都可以拿到统一的通知书、决定书，文书上不仅告知审批意见、结果，还告知办理时限、咨询投诉方式等信息，申请人可用文书作为行政复议、质询、投诉的凭证。

5. 统一数据共享标准

贵州各级各部门的审批人员经常需要其他部门的业务数据、证照资料等，以前分散建设网上办事大厅的模式导致大多数地区和部门之间的数据不互通、不共享，造成了申请人到不同部门需要重复提交有关材料。贵州省网上办事大厅统一了行政审批数据共享标准、证照数据共享标准、信息公示数据标准，确保审批数据、证照数据可由各级各部门按需调用、按权限校验核对。有些证明材料不再要求申请人提交，由审批部门在系统中发起证明协同，应出具证明机关只需在系统上点击确认就形成电子证明材料，无须申请人到部门开具相关证明。充分发挥了一体化平台的业务集成、协同办理、数据共享作用，"一库共享、一件通用"，让"数据流"代替"人工跑"。

（四）"五个必须"提升信息公开

贵州省还全面公开政务服务信息，让公众知晓政务服务有哪些、找谁办、怎么办，实现事前、事中及事后信息公开透明。

1. 必须公开办事清单，强化权力公开

贵州省在网上办事大厅设置专栏，集中公开全省各级各部门"9+x"权力清单每项职权的名称、编码、类型、依据、行使主体、权力运行流程图和监督方式等，并建立权力清单动态管理和分类管理机制，让政府摸清权力家底，公众知晓政府权力边界，有效杜绝了"模糊边界""模糊权力"等问题。

2. 必须公开办事指南，强化事前公开

贵州对审批服务事项按照统一的模板编制办事指南，集中在贵州省网上办事大厅公开，详细明确事项申请条件、申请材料、收费标准、是否有特殊环节、办理时限等公众关心的所有信息要素，确保相关信息全面、清楚，同时提供申请材料中有关文本的格式文本和示范文本，避免办事群众反复补正材料，减少办事成本。

3. 必须公开办理过程，强化过程公开

贵州在全国率先将每一个办件的每个环节审批信息在贵州省网上办事大厅公开，同时实现审批实际办理流程和标准办理流程实时动态对比，发挥社会公众"参与式监督、体验式监督"作用，让审批行为全过程透明，实现"阳光审批"。

4. 必须公开审查标准，强化结果可预期

贵州在办事指南中逐项逐环节编制审查标准和审查结果，避免办理条件模糊、许可标准不明晰、不统一，做到在全省同一事项同一审查标准。申请人来办事前通过每个事项的标准清单就可预知办理结果，实现了审批结果可预期。

5. 必须公开办理结果，强化结果公开

贵州将准予许可和不予许可信息通过贵州省网上办事大厅向社会公开，并详尽罗列不予许可的决定意见，让同一事项的申请人相互对比，防止审批人员滥用自由裁量权，在条件相同时出现不同结果。

（五）"五个提升"强化实际应用

为顺利推进"互联网+政务服务"，贵州在实际运行过程中，强化实际应用。

1. 提升事项服务覆盖面

贵州根据"9+x"权力清单目录和公共服务事项目录，将全省各级各部门包括行政许可在内的行政权力、公共服务事项全部在贵州省网上办事大厅公开或办理，实现"进一张网办全省事"。

2. 提升网上办事体验

贵州学习借鉴外省的经验做法，从公众网上办事操作便捷、界面布局清晰出发，设计开发了贵州省网上办事大厅电脑版和手机 App，使网上申请、咨询、查询等操作简单、快捷，全面提升用户体验。

3. 提升电子监察水平

通过完善提升贵州省网上办事大厅电子监察系统功能，自动预警纠错、评价，实时跟踪监督审批行为，切实提升电子监察水平。

4. 提升平台智能化水平

贵州引入大数据分析、可视化展示等互联网技术，各级事项数据集聚、审批业务过程数据集聚、审批业务结果数据集聚，形成政务服务主题库，通过一系列的分析对比，规范行政审批行为，形成政务服务生态圈，提升政务服务能力和智能化应用水平。

5. 提升平台安全保障能力

贵州省网上办事大厅基于"云上贵州"的云服务器、数据库、数据交换池、网络和存储等资源部署，提供云盾、异地容灾备份等安全保障，全面提升了系统安全等级。2016 年贵州省网上办事大厅已是"云上贵州"平台用户最多、汇集数据量最大、活跃度最强的应用系统。

（六）"三个100％"完善实体大厅功能

贵州省为完善实体办事大厅功能，提升办事能力和服务水平，狠抓"三个100％"，对审批服务进行统一管理和整体优化，推进全部审批部门和事项由单纯的物理集中转变为业务集成，实现了"一窗受理""一站办结""一窗发证"。

1. 100％集中进驻

贵州按照"应进则进、能进必进"的原则，将原来分散在各部门的审批事项全部集中在省政务服务中心办理，实现省级政府权力清单中的行政审批事项 100％进驻。2016 年省级具有行政审批和公共服务职能的部门应进驻 59 家，实际进驻 59 家，进驻率 100％。变以往的门难进、脸难看、事难办为热情服务，变以往的神秘衙门为阳光审批，变以往群众办事到处找、满城跑、找关系、看脸色为集中到政务服务中心集中公开，便捷高效办理。2016 年以来，贵州还积极推进中央在黔单位分设办事窗口整合为集中窗口的工作，进驻省政务服务中心或贵州省网上办事大厅集中办理。目前，国家知识产权局贵阳代办处、贵州煤矿安全监察局、省气象局已进驻省政务服务中心大厅。

2. 100％授权到位

部门充分授予办事窗口审批决定权、审核上报权、组织协调权以及行政审批专用章使用权，窗口人员不再"兼职"其他工作，充分履行专职审批职能，实现办事窗口"说了就算""批准就办"。2016 年省级具有行政审批和公共服务职能的 59 家省直部门，1488 项行政权力事项以及 227 项公共服务事项已全部进驻省政务大厅，实现了"应进全进、进必授权"。部门充分授权后，形成了集中审批、专职审批、窗口审批的高效运转新模式，解决了部门"形式"进驻、"体外循环"，申请人仍需"迂回"各业务处室之间的审批痼疾，并为"审管分离"机制的落地生根创造条件。

3. 100％依法规范

贵州按照统一的办事指南模板，将全省纳入办事大厅的所有事项全部编制办事指南。坚决取消无法定依据的特殊环节，对依法确需开展的特殊环节，原则上办结时限不超过审批承诺时限，真正实现"零超时"审批；明确申请材料的法定依据及具体要求，砍掉烦琐材料，杜绝"奇葩证明"；公布审查标准、审查内容、审查要点等，让办事群众对审批结果可预期。

（七）"三种方案"打通基层服务

贵州地处山区，农村居民出行不便，而他们所办之事又多在县城，往返耗时长，办事成本高。贵州省政务服务中心指导全省基层政务服务中心，全面梳理乡村政务服务事项，逐一编制办事指南。同时，从"互联网+政务服务"理念出发，为农村群众办事提供了"便民服务中心（点）现场办、便民服务免费代办、网上办事大厅家门办"三种解决方案，有效解决了政务服务延伸至乡村的难点问题，真正打通基层群众办事"最后一公里"。2016年全省已建立乡（镇、街道、社区）政务服务中心1412个、村（居）便民服务点13311个，贵州省网上办事大厅已覆盖全省乡村105493个政务服务事项。

（八）"三个结合"强化监督考核

贵州运用"互联网+"技术，将审批窗口的所有办理环节、流程和结果在省网上办事大厅全程留痕，实时共享到审批部门，既打通了部门后台对窗口前台审批行为的监管通道，又打通了部门后台以窗口前台审批结果为依据对审批事项事中事后监管的通道。同时，通过横向定期开展窗口月度服务评价，纵向推进省、市、县三级政务服务中心标准化建设，不断优化和丰富量化监督考核评价体系。

1. 日常检查和电子监察相结合

贵州在全省统一审批服务系统上集成"一号服务"功能，以身份证获取办理号，窗口人员按办理号审批，系统办理号中身份证或企业统一社会信用代码作为唯一标识汇集申请材料、证照批文等数据信息，为个人、企业建立在线档案空间，申请人通过身份证或企业统一社会信用代码在贵州省各级各部门办理业务就可以复用已有的申请材料，证照批文已能实现在线调用核验。

2. 网络检查和实地督查相结合

贵州省明确市县级政务服务中心建设与考核标准，建立网上异常信息提示机制，通过大厅日常巡查、网上办事大厅普查、实地调度和走访调研等方式，查找实体服务大厅和网上办事大厅标准化建设异常信息，定期发送异常信息提示专项和定向提示单，并将所有异常信息汇总编辑成册后下发至各地、各部门要求其整改，在此基础上建立标准化建设异常信息提示台账积分管理制度。贵州不定期通过网上检查和实地督查的方式，以过程指导和日常管理强化标准化建设。贵州省还在全国率先将政务服务第三方评估结果向社会公开，强化社会监督。

3. 日常评价与年终考核相结合

其主要做法有：定期下发异常信息提示专项和定向提示单，强化内部监督；将月度服务评价结果报送相关领导和部门，强化体制监督与考核；将检查结果纳入年度专项目标考核内容，强化内部监督。

三　贵州"互联网+政务服务"模式的成效

"互联网+政务服务"的目的是政务服务，互联网只是手段。贵州通过"互联网+政务服务"明显提升了政务服务的成效。

（一）办事更方便

通过部门和事项的100%进驻，审批服务由原来的分散办理转变为现在的集中办理，办事群众找政府办事不用再像以前一样"进多门、满城跑"，现在只需要走进政务服务中心一扇门，就能找到所有的审批服务部门，办理想要申请办理的全部事项，政务服务中心成为名副其实的"审批服务超市"。而且，政务服务中心还简化优化了服务流程，砍掉烦琐的材料和无谓的证明以及办事环节。对省直部门10份以上申请材料、5个以上办理环节的176项省级行政许可事项进行了梳理，平均办理环节由原来的 12 个环节缩短为 4 个环节，平均申请材料由原来的 17 份精简为 9 份。截至 2016 年 12 月初，所有省级行政许可事项平均办理环节不足 4 个、平均办理时限不足 13 个工作日、平均申请材料不足 7 份。例如，贵州省质量技术监督局"重要工业产品生产许可证核发"申请材料由原来的 18 份减少到 3 份，减少了 83%。省安全生产监督管理局受理业务 6330 件，其中网上申请 3508 件，网上申请率达 55%，远高于全国平均水平。省卫生和计划生育委员会"涉及饮用水卫生安全产品卫生行政许可"事项申请材料由原来的 11 份减少为 4 份，减少了 64%。

贵州还在全省范围实行政务服务中心建设规范、工作规则、运行机制、服务模式"四个统一"，群众无论到哪一级政务服务中心，都能享受到"无差别服务"。实体服务大厅统一行使部门审批权，服务窗口"说了就算、马上能办"，中心既能"挂号"又能"看病"，不用申请人来回跑；在网上办事大厅，公众足不出户，动动手指就能享受网上申请、网上查询、咨询投诉等优质的政务服务；配备手机申报 App、"贵博士"智能机器人，拓宽服务渠道，增加服务方式，实现政务服务由"人工服务"向"智慧服务"转变。

（二）办事更高效

贵州进驻部门将原来普遍在 8 个以上的环节，按照窗口审批进行流程重设，压缩到现在的 2~3 个环节。窗口"说了就算、马上能办"，审批效率大幅提高。2016 年 2 月，美国高通（中国）公司落户贵安新区，在办理公司登记注册的过程中，省工商局窗口与国家工商行政管理总局积极对接，并指导企业完善材料，办理时限由原来的 15 个工作日缩短为当天办结。截至 2016 年底，窗口办理各类登记 28440 户（次），当场办结率达 98% 以上。省交通运输厅"从事省际和跨地区水路客货运输业务、水路运输辅助业务及重要港口经营许可"（"船舶营业运输证"遗失或者损毁的补发）办理时限由原来的 22 个工作日减少到 3 个工作日，时限缩短了 86%，审批时限接近"极限值"。省教育厅窗口受理业务 2057 件，在承诺时限内提前办结 2027 件，提前办结率为 99%。

（三）办事更规范

通过大力推行行政审批标准化，贵州对所有事项的审批流程进行业务整合、统一管理和整体优化，实现了以窗口人员为主导的流水固定作业。贵州省政务服务中心成立近两年来，共办理省级行政审批和服务事项11万余件，实现了"办件零投诉、审批零超时、违规零发生"。省水利厅窗口对实施的行政审批涉及的中介服务事项进行了清理规范，取消了编制"生产建设项目水土保持设施验收技术评估报告""生产建设项目水土保持监测报告"等6个涉及行政审批资料的机构资质要求。今后，省水利厅行政审批需要提供的申请材料，只要申请人有能力的，都可以自行编制。六盘水市对照市级行政机关"9+x"行政权力清单，编制35家市级行政执法机关的行政权力运行流程图，明确了与各类权力事项对应的实施环节（步骤）、承办岗位、办理要求、办理时限等内容，并通过贵州省网上办事大厅向全社会公开。

（四）办事更透明

贵州省对政务服务的各个环节全面公开信息，包括公开程度最深、内容最全、操作性最强、有效性最高的标准化办事指南，以及建立审批事项权力清单和责任清单的动态管理和分类管理目录。截至2016年底，贵州省网上办事大厅已集中公开省、市、县、乡、村五级共计159545个政务服务事项的办事指南，审批人员以此为标准开展审批工作，办事群众对审批结果可预期；公开办事流程，实现对每一个办件的实际办理记录和标准办理流程实时动态对比公开，发挥社会公众"参与式监督、体验式监督"作用；公开办事结果，将准予许可和不予许可信息通过贵州省网上办事大厅向社会公开，并详尽罗列不予许可的理由和信息，办事群众对办得成还是办不成心中有数。

（五）群众更满意

通过线上线下两个大厅互补，政务、事务、商务"三务合一"的公共服务一站式平台，政府"开门"由"8小时"变为"全天候""不打烊"，群众足不出户就可以通过网络享受网上申请、网上查询、咨询投诉等优质的政务服务。全省政务服务事项集中申请、信息集中公开、数据集中汇集的"政务超市"，按个人办事、法人办事两条服务主线，为公众提供全省统一申请、就近打证、邮递送达、全程代办等服务，办事像购物一样方便快捷。特别是为农村群众提供政务服务做到了不出村窗口现场办、不花钱有人帮着办、不出门自己办。开阳县组建县、乡、村、组四级代理服务体系，全县127个村"为民服务全程代理"，实现"村级一窗收发、县乡村信息共享互认、省网上办事大厅一网流转审批、县乡部门高效协同、县政务中心全程监督管理"的运作模式，两年以来为村民办理了医疗、养老等各类事项11.38万件。

四 "互联网+政务服务"存在的问题及对策建议

全面推进"互联网+政务服务"的核心是体制机制的创新。贵州省在推进"互联网+政务服务"的过程中，也暴露出一些值得重视的问题，现依据实践和时代需要提出相应的对策建议。

（一）缺失"互联网+政务服务"的顶层设计

国家部委自建审批服务系统没有相关约束机制，部委内部自建审批系统较多且相互不共享，又要延伸至全国各地应用。审批人员在使用地方统一审批服务系统后，还要在上级系统中二次录入，增加了工作量。

建议国务院出台文件对国家部委自建审批服务系统进行规范，对已建系统加强整合，对新建系统开展评估后再启动建设，同时推进数据开放，实现与各地统一审批服务系统的互联互通，下级部门可以不使用国家部委系统，通过各地自建的统一审批服务系统开展业务办理，全面按照国家部委要求交换数据。

（二）缺少全国政务服务平台统一数据共享标准和交换总平台

目前，全国还没有统一的政务服务平台数据共享标准和交换总平台，各地在推进与国家部委系统数据接口互联互通工作过程中，因各个部委系统有自身的专网，且系统标准不统一，数据格式多种多样，既要协调各部委，又要与各个系统平台开发单位进行技术对接，严重影响了工作推进。

建议从国家层面制订统一的政务服务数据共享标准，同时尽快建设国家层面数据交换平台，构建"网络通达、业务上云、数据共享、统一认证"的新型电子政务基础设施；依托国家电子政务外网，推进电子证照库建设与电子证照跨层级、跨区域、跨部门应用，统一身份认证体系，构建便民服务"一张网"；整合建立覆盖全国的数据共享交换平台体系，促进政务信息资源跨地区、跨层级、跨部门的畅通流动和业务的高效协同。各地只需打通国家数据交换平台即可实现跨区域跨层级的数据共享调用。

（三）缺少申请人提交电子材料等同于纸质材料的法律支撑

因没有法律支撑，申请人通过互联网提交的申请材料，审批职能部门还要要求申请人提交纸质材料进行核验、存档及上报，审批人员既要审查电子材料，又要审查纸质材料，工作量增加。

建议从国家层面制定法律法规，保障推进"互联网+政务服务"建设与成果应用，同时在没有出台支撑电子材料等同于纸质材料的法律法规前，可由国家部委选取部分事项试点推进网上申请，不再收取纸质申请材料，为各地推进审批服务网上全流程办理提供参考。

（四）网上实际办理率不高

从目前各地已建成应用的政务服务互联网平台来看，申请人通过网上申请办理事项较少，全流程实际办理率不高，"互联网+政务服务"的作用没有充分发挥。调查发现，网上办事大厅使用率和办理率不高的原因，是公众对网上办事大厅知晓率较低、网上操作复杂、公众习惯到实体政务服务大厅办事等。

建议从国家层面制定各行业审批服务事项推进网上全流程办理计划，并加强督察，防止本行业内上下级不同步，相互找托词。地方层面，建议各地要加强网上办事大厅的宣传推广和应用普及力度，同时完善实体办事大厅自助办事终端，指导办事群众利用网上办事大厅办理各类业务，提高网上办事大厅使用率；坚持政务服务事项"应上尽上"；不断创新网上服务模式，加强可用性建设；加强对网上办事大厅系统的检查督办。

（参见法治蓝皮书《中国法治发展报告 No. 15（2017）》）

专题三

行政执法与监管

第十二章　2008 年中国食品药品
安全法治建设

　　摘　　要：2008 年是中国食品安全监管历史上极为特殊的一年，一些食品安全事件的出现受到国内外关注。本文对 2008 年中国食品安全现状以及中国食品安全监管体制存在的问题进行分析，对中国政府面对食品安全事件频发而实施出台的法规、正在审议中的法律制度以及改革食品安全监管体制所作出的努力进行了介绍，同时，还对未来中国食品安全监管体制的改革完善提出了建议。

　　2008 年是中国食品安全发展史上极为特殊的一年。三鹿牌婴幼儿奶粉重大食品安全事件的发生，震惊世界、损失惨重、教训深刻。然而，正如恩格斯所指出的那样："没有哪一次巨大的历史灾难，不是以历史的进步为补偿的。"这一重大事件的发生，引发了全社会对现行食品安全监管法制、体制和机制的警觉与反思。中国政府采取了一系列重大措施，全面推进食品安全监管战略，食品安全法治建设全面提速。

一　食品安全问题引起国际社会关注

　　2003 年和 2004 年，中国政府对食品安全监管体制进行改革，形成了目前独特的综合监督与具体监管相结合的食品安全监管体制。自 2003 年起，中国政府在全国范围内围绕公众最为关心、最为直接、最为现实的突出问题，全面开展了食品安全专项整治。中国政府的食品安全监管改革得到了国际社会的充分肯定。

2008 年 3 月，联合国驻华系统发表了不定期报告《推动中国食品安全》。该报告指出，多年以来，中国政府一直密切关注其在生产、加工、运输和贸易等方面的食品安全问题。中国政府在其"十一五"规划（2006~2010）报告中明确提出，改善食品安全是实现以人为本、以科学为基础发展的国家重要任务的一部分。中国政府对食品安全问题的重视带来了积极的效果。近年来，中国出口和国内消费的食品在质量和安全方面有了很大的改进。出口食品方面，在主要的进口国家和地区进行的调查显示，合格率已经超过 99%。国内食品消费方面，根据 2007 年上半年进行的食品抽样检查，食品类产品的合格率已经达到 85.1%。在取得这些进步的同时，中国也认识到，作为一个发展中国家，在提高食品安全的整体水平方面，包括标准制定和正在建设过程中的食品生产管制方面，要达到发达国家的标准，还有很长的路要走。中国政府已经表示，为确保食品供应的安全，愿意在这方面进行不懈的努力，并希望为实现这一目标加强与国际社会的合作与交流。

该报告对中国政府目前在食品安全方面所作出的努力与国际上的最佳做法和指引方针进行了对照比较，从而确定了中国在哪些方面可以进一步改进和发展，以应对所面临的食品安全问题。报告认为，中国可建立或进一步完善以下方面的制度：协调制定一个全国统一的法律框架；明确食品控制管理系统；制定以预防风险和社会和谐为基础、符合国际标准的食品安全标准体系，即食品法典；建立统一、权威、高效的食品安全检测和验收系统；建立统一规范的食品认证和资格认证体系；建立有效的食品安全应急及反应系统；改进食品溯源系统；建立一套得到加强、与媒体有联系的信息服务体系，以保证媒体和消费者能够对中国的食品安全有信心；制定一套有效的食品安全教育和培训计划；建立一套有效、覆盖全国的食源性疾病监控系统；建立一套设计良好的全国食品污染监测系统；加强国际交流与合作；更加注重公私伙伴关系。

二　食品安全法制建设进程明显加快

(一)《乳品质量安全监督管理条例》及时颁布

针对三鹿牌婴幼儿奶粉重大食品安全事件暴露出来的突出矛盾和问题，为进一步完善乳品质量安全管理制度，加强乳品生产经营全程质量安全管理，加大对违法生产经营行为的处罚力度，保证乳品质量安全，更好地保障公众身体健康和生命安全，促进奶业健康发展，2008 年 10 月 9 日，国务院公布了《乳品质量安全监督管理条例》。条例对奶畜养殖、生鲜乳收购、乳制品生产、乳制品销售、监督检查、法律责任等作出了明确的规定。条例要求，奶畜养殖者、生鲜乳收购者、乳制品生产企业和销售者对其生产、收购、运输、销售的乳品质量安全负责，是乳品质量安全的第一责任者。县级以上地方人民政府对本行政区域内的乳品质量安全监督管理负总责。各监管部门按照法定职责承担责任。禁止在生鲜乳生产、收购、贮存、运输、销售过程中添加任何物质。禁止在乳制品生产过程中添加非食品用化学物质或者其他可能危害人体健康的物质。

(二)《食品安全法》进入审议阶段

为适应新时期食品安全形势发展的需要，全面提升中国食品安全法治水平，国务院法制办公室从 2004 年 7 月开始起草《食品安全法》。该法总体思路是：建立以风险评估为基础的科学管理制度；坚持预防为主的原则；强化生产经营者作为食品安全第一责任人的责任；建立以责任制为基础，分工明晰、责任明确、权威高效、决策与执行适度分开、相互协调的食品安全监督体系；建立畅通、便利的消费者权益救济渠道。该法规定了食品安全风险监测和评估、食品安全标准、食品生产经营、食品检验、食品进出口、食品安全事故处置、监督管理和法律责任等内容。该法规定，食品生产经营者应当依照法律、法规和食品安全标准从事生产经营活动，对社会和公众负责，保证食品安全，接受社会监督，承担社会责任；县级以上卫生行政、农业行政、质量监督、工商行政管理、食品药品监督管理部门应当加强沟通、密切配合，按照各自的职责分工，依法行使职权，承担责任；食品行业协会应当加强行业自律，引导食品生产经营者依法生产经营，推动行业诚信建设，加强食品安全知识的普及；国家鼓励社会团体、基层群众性自治组织开展食品安全法律法规以及食品安全标准和知识的普及工作，倡导健康的饮食方式，增加消费者食品安全意识和自我保护能力；新闻媒体应当开展食品安全法律法规以及食品安全标准和知识的公益宣传，并对违反本法的行为进行舆论监督；国家鼓励和支持开展与食品安全有关的基础研究和应用研究，鼓励和支持食品生产经营者为提高食品安全水平采用先进技术和先进管理规范；任何组织或者个人有权举报食品生产经营中违反本法的行为，有权向有关部门了解食品安全信息，对食品安全监督管理工作提出意见和建议。

三 食品安全监管体制改革积极推进

2008 年 2 月 7 日党的十七届二中全会通过《关于深化行政管理体制改革的意见》，决定按照建设服务政府、责任政府、法治政府和廉洁政府的要求，着力转变职能、理顺关系、优化结构、提高效能，做到权责一致、分工合理、决策科学、执行顺畅、监督有力，为全面建设小康社会提供体制保障。

根据该意见，2008 年国务院启动了新一轮的机构改革。按照国务院办公厅印发的有关部门的"三定"规定，卫生部承担食品安全综合协调、组织查处食品安全重大事故的责任，组织制定食品安全标准，负责食品及相关产品的安全风险评估、预警工作，制定食品安全检验机构资质认定的条件和检验规范，统一发布重大食品安全信息。农业部承担提升农产品质量安全水平的责任。例如，依法开展农产品质量安全风险评估，发布有关农产品质量安全状况信息，负责农产品质量安全监测；制定农业转基因生物安全评价标准和技术规范；参与制定农产品质量安全国家标准并会同有关部门组织实施；指导农业检验检测体系建设和机构考核；依法实施符合安全标准的农产品认证和监督管理；组织农产品质量安全的监督管理；质量监督检验检疫总局承担国内食品、食品相关产品生产加工环节的质量安全监督管理责任，负责进出口食品的安全、卫生、质量监督检验和监督管理，依法管理进出口食品生产、加工单位的卫生注册登记以及出口企业对外推荐工作。工商行政管理总局承担监督管理流通领域商品质量和流通环节食品安全的责任，组织开展有关服务领域消费维权工作，按分工查处假冒伪劣等违法行为，指导消费者咨询、申诉、举报受理、处理和网络体系建设等工作，保护经营者、消费者的合法权益。商务部承担酒类流通、生猪屠宰管理的相关工作。食品药品监督管理局负责消费环节食品卫生许可和食品安全监督管理，如制定消费环节食品安全管理规范并监督实施，开展消费环节食品安全状况调查和监测工作，发布与消费环节食品安全监管有关的信息，组织查处消费环节食品安全的违法行为。

四　中国食品安全治理的努力方向

（一）人本治理

2008年中国虽然出现了震惊世界的重大食品安全事件，但中国政府在保障食品安全方面作出的努力也是有目共睹的。中国正在着力构建理念现代、价值和谐、体系完整、内容完备的食品安全法律体系。

中国食品安全法制建设坚持"以人为本"的理念，把保证食品安全、保障公众身体健康和生命安全作为食品安全立法的宗旨。政府是公共利益的代表，保障公众利益是政府的天职。政府必须始终坚定不移地把保障公众饮食安全作为食品安全监管全部工作的出发点、落脚点和生命线。

在食品安全监管中坚持人本治理，就必须正确处理好公共利益和商业利益、安全监管与产业促进的关系。当公共利益和商业利益、安全监管与产业促进发生冲突的时候，食品安全监管部门必须旗帜鲜明地站在公共利益一边，坚定不移地捍卫公众利益，一心一意地做人民健康的守护神。

（二）全程治理

食品生产经营包括种植、养殖、生产、加工、储存、运输、销售、消费等诸多环节。传统食品保障体系基本上将保障重点锁定在生产加工环节，认为只要抓好生产加工这一关键环节，食品安全就能得到保障。然而，近年来，各种食源性疾病的暴发却说明这是不正确的，食品生产经营的任何环节存在缺陷，都可能导致整个食品安全保障体系出问题，仅在最后阶段对食品采用检验和拒绝的手段，还是无法为消费者提供充分有效的保障。目前，中国食品安全法制已经涵盖了从农田到餐桌的全过程。《农产品质量安全法》主要调整食用农产品种植、养殖环节，制定中的《食品安全法》主要调整食品生产加工、市场流通、餐饮服务和进出口环节。

2009 年，中国食品安全应加强全程治理，包括以下要点。一是全程覆盖，即食品安全治理应当涵盖从种植、养殖、生产、加工到储存、运输、销售、消费等全部环节，避免因食品生产经营中的某一环节存在缺陷而导致整个食品安全保障体系的崩溃。二是全程预防。在食品生产经营的全过程要采取积极有效的控制措施来防止食品安全问题的发生，最大限度地保障公众的切身利益。三是注重源头。食品生产经营分为若干个环节，每一个环节都要从源头抓起，确保食品安全。四是注重联系。食品生产经营各环节间要保持密切的联系，防止因出现断档而产生监管盲点和盲区。五是强化统一。凡是跨越环节的监管和服务要素，如风险评估、检验检测等应当实行统一管理。六是强化尽责。食品生产经营的每一个环节都必须尽职尽责，必须将风险解决在本环节内，而不能将风险放逐到下一环节。

（三）风险治理

食品安全风险治理是在全面治理的基础上以科学为基础的重点治理。中国食品安全风险治理包括风险评估、风险管理和风险交流。食品安全监测技术、检测技术、评估技术、追溯技术等的广泛应用，使风险治理有了坚实的基础；安全风险在食品企业、监管部门、科技支撑单位等之间进行交流，可以共同分析原因、共同研究对策；食品企业和监管部门根据风险分布状况研究具体治理措施，并实行动态治理，落实治理责任。

中国的《农产品质量安全法》和《食品安全法》规定了风险监测和风险评估制度。国家建立食品安全风险评估制度，对食品、食品添加剂的生物性、化学性和物理性危害进行风险评估。成立食品安全风险评估专家委员会进行食品安全风险评估。食品安全风险评估专家委员会应当运用科学方法，根据食品安全风险监测信息、科学数据以及其他有关信息进行食品安全风险评估。食品安全风险评估结果应当作为制定、修订食品安全标准和对食品安全实施监督管理的科学依据。根据食品安全风险评估结果、食品安全监督管理信息，对食品安全状况进行综合分析。对经综合分析表明可能具有较高程度安全风险的食品，应当及时提出食品安全风险预警，并予以公布。

（四）社会治理

中国政府坚持大社会治理观，把保障食品安全作为全社会的共同责任，积极推动企业、消费者、食品行业协会、社会团体、基层群众性自治组织和新闻媒体等参与食品安全治理。

在食品安全的社会治理中，政府治理是最权威、最坚决、最公正的治理。随着经济全球化和贸易自由化的发展，政府在食品安全保障方面面临着越来越严峻的挑战。随着权利意识的日益觉醒，消费者要求获得更加翔实准确的食品安全信息，保障食品安全已成为政府义不容辞的责任。中国食品安全立法中特别强调政府在食品安全监管中的职能和作用。《食品安全法》中"总则""监督管理"两章集中反映了政府监管食品安全的内容。

企业的食品安全治理是最直接、最根本、最经济的治理。企业是食品的生产者和经营者。食品企业的安全意识、安全条件以及安全措施直接影响乃至决定着企业的食品安全状况。没有食品企业对食品安全完善的保障措施，即便再完善的政府外部监管也恐怕难以取得理想的效果。食品生产经营者应当依照法律法规和食品安全标准从事生产经营活动，对社会和公众负责，保证食品安全，接受社会监督，承担社会责任。

消费者、食品行业协会参与的治理是最广泛、最彻底、最及时的治理。为鼓励消费者参与食品安全治理，需要不断完善社会治理机制。食品行业协会应当加强行业自律，引导食品生产经营者依法生产经营，推动行业诚信建设，加强食品安全知识的宣传、普及。国家鼓励社会团体、基层群众性自治组织开展食品安全法律法规以及食品安全标准和知识的普及工作，倡导健康的饮食方式，增强消费者食品安全意识和自我保护能力。新闻媒体应当开展食品安全法律法规以及食品安全标准和知识的公益宣传，并对违法行为进行监督。任何组织或者个人都有权举报食品生产经营中的违法行为，有权向有关部门了解食品安全信息，对食品安全监督管理工作提出意见和建议。

（五）统一治理

过去，中国食品安全监管体制的最大缺陷就是双轨制，即对食品生产经营主要领域实行卫生、质量双要素管理。从相关的制度中可以看出，食品卫生、食品质量在内涵外延、准入条件以及相关标准等诸多方面均存在重复、交叉和矛盾，由此形成了两套相互交叉的食品安全法律、标准、检测、监测、评价等保障体系。尽管食品卫生和食品质量并不完全相同，但就其核心内容来看，两者则存在高度重叠和严重交叉，相关监管工作属于重复劳动。

2004年9月1日，《国务院关于进一步加强食品安全工作的决定》明确提出，按照一个监管环节由一个部门监管的原则，采取分段监管为主、品种监管为辅的方式，进一步理顺食品安全监管职能，明确责任。该决定虽然没有明确提出"双轨"变"单轨"的要求，但其所确定的原则对推进食品安全监管体制改革具有航标意义。

2004年12月14日，中央机构编制委员会办公室下发的《关于进一步明确食品安全监管部门职责分工有关问题的通知》提出：质检部门负责食品生产加工环节质量卫生的日常监管；工商部门负责食品流通环节的质量监管；卫生部门负责食品流通环节和餐饮业、食堂等消费环节的卫生许可和卫生监管，负责食品生产加工环节的卫生许可。按照该通知，食品安全监管部门的职责分工如下：在种植养殖环节，农业部门负责食用农产品质量监管；在生产环节，卫生部门负责食品卫生许可，质检部门负责食品卫生监督和食品质量监管；在流通环节，卫生部门负责食品卫生监管，工商部门负责食品质量监管；在餐饮消费环节，卫生部门负责食品卫生监管。

2008年7月，国务院办公厅印发的国家食品药品监管局等有关部门的"三定"规定明确提出，在食品生产和经营领域，实行由"两证"监管为"一证"监管，即在食品生产和食品流通领域，不再发放卫生许可证，而只发放食品生产许可证和食品流通许可证。"双轨"变"单轨"的目标初步实现。起草中的《食品安全法》按照这一思路进行设计。食品安全监管体制如下：在种植养殖环节，由农业部门负责；在生产环节，由质检部门负责；在流通环节，由工商部门负责；在餐饮消费环节，由食品药品监管部门负责。食品安全综合协调，由卫生部负责。

（六）责任治理

中国食品安全责任治理是在近年来食品安全专项整治中不断丰富起来的。2003 年 7 月 16 日，《国务院办公厅关于实施食品药品放心工程的通知》提出，实施食品放心工程，要坚持全国统一领导、地方政府负责、部门指导协调、各方联合行动的方针。2004 年 9 月 2 日，《国务院关于进一步加强食品安全工作的决定》提出，建立以"地方政府负总责、监管部门各负其责，企业是食品安全的第一责任"为主要内容的食品安全责任体系。2007 年 4 月 27 日，国务院办公厅下发的《2007 年全国食品安全专项整治方案》，全面提出建立健全食品安全责任体系。

地方政府负总责是指地方政府要定期评估食品安全状况，研究制定相应监控措施，狠抓落实并加强监督检查。加大食品安全监管经费投入，加强基础设施建设。支持监管部门正确履行职责，创造良好的执法环境。做好食品安全事故的应急处理和案件查处工作。层层落实责任制和责任追究制。监管部门各负其责，是指各监管部门要按照职能分工把口、密切配合，全面落实监管责任。企业是食品安全第一责任人，企业必须依照法律规定和标准进行生产经营，坚决杜绝不合格原料进厂进店、不合格产品出厂。

《食品安全法》中"法律责任"一章，明确规定了各类食品安全责任主体的法律责任。目前，中国正在通过组织协调机制、目标考核机制、综合评价机制、信用考核机制和责任追究机制，进一步推动食品安全责任的有效落实，确保公众饮食安全。

（七）健全食品安全治理机制

在食品安全监管领域，"机制"一词是在两个层面使用的：表层意义上的机制，泛指工作载体或者平台，如食品安全综合协调机制；深层意义上的机制，特指事物运行的原理或者机制。机制决定事物运行的动力。制度能否有效运行，关键在于能否建立起科学有效的运行机制。

1. 绩效评价机制

食品安全综合监督部门在食品安全专项整治的基础上建立了食品安全绩效评价机制，对不同地区、不同城市、不同部门食品安全监管工作的绩效进行综合评价。在评价内容上，治标绩效与治本绩效相结合；在评价对象上，块治绩效与条治绩效相结合；在评价方法上，综合评价体现着定性评价与定量评价的结合。综合评价的目标具有方向性，不仅包括政府在食品安全保障方面所做的成绩和所获得的效益，同时还包括政府在此方面的治理成本、治理效率、良性发展和持续运行等。综合评价制度的设计，着眼于激励与约束、动力与压力的有机结合。通过综合评价工作，对食品安全监管成绩突出的地区、城市，给予适当的表彰和奖励；对问题比较突出的地区或者部门，应当提出具体的整改建议和要求，并将整改效果作为下一年度评价的重点。

2. 信用奖惩机制

当前，食品生产经营秩序的混乱状况并没有得到彻底改变，制假售假等违法犯罪行为时有发生，重要原因之一就是食品生产经营企业信用的严重缺失。加快食品安全信用体系建设是解决中国社会食品生产经营企业信用缺失矛盾的深远之略。食品安全信用体系的基本框架包括制度规范、运行体系、信用活动和运行机制四个方面。这既包括静态的制度规范，也包括动态的信用活动；既包括内在的运行机制，也包括外在的运行系统；既包括纵向的管理体系，也包括横向的服务系统。建立食品安全信用体系，有利于培养生产经营企业守规践约，褒奖守信、惩戒失信，从根本上保障公众的身体健康和生命安全，有利于促进社会经济的协调发展，有利于促进中国的对外贸易。

3. 责任追究机制

当前，在食品安全方面，规则制定（政策、法律、标准等）中存在的问题虽然突出，但规则执行中存在的问题更为严重。没有严格执行，任何精妙的制度设计都将是废纸一张。厉行法治，必须健全责任体系，落实监管责任，真正解决有法不依、执法不严、违法不究的问题。

食品安全责任追究的主体具有特定性。从食品安全保障的角度来看，食品安全责任主体既包括中央政府，也包括地方政府；既包括各级政府监管部门，也包括食品生产经营企业；既包括行政执法部门，也包括食品安全技术支撑单位。但是，食品安全行政责任主体只能是各级人民政府食品安全监管部门及其工作人员。责任追究的形式具有特殊性。狭义的食品安全责任追究，是指各级人民政府食品安全监管部门以及其他相关部门的工作人员不履行或者不正确履行食品安全监管工作职责时，有关部门依法追究其行政责任的活动。食品安全责任追究的是食品安全监管部门工作人员的行政责任。责任追究的功能具有机制性。食品安全责任追究机制属于半机制，即该机制仅仅表现为对有关人员未履行或未正确履行监管责任所进行的惩罚，如处分、暂停职务、通报批评、责令作出书面检查、诫勉谈话等。

（八）有奖举报机制

食品安全保障必须实行全民参与、社会治理。在假冒伪劣食品制售屡禁不止且行政监管力量相对匮乏的情况下，如何调动社会各界投入食品安全保障工作，打好保障食品安全的"人民战争"，是食品安全综合监督部门需要认真思考的重大问题。近年来，各地食品安全综合监督部门为鼓励社会公众积极举报各类危害食品安全的违法犯罪行为，及时消除食品安全隐患和危害因素，全面加强辖区内食品安全监管工作，积极推动地方政府出台有关食品安全举报奖励制度。

食品安全有奖举报制度主要包括举报奖励管理机关、举报受理程序、举报奖励情形、举报奖励条件、举报奖励级别、举报奖励额度等内容。有奖举报的主体具有广泛性。食品安全有奖举报制度所调动的是全社会的力量，无论是公民，还是组织，都可以参与到食品安全监管中，形成食品安全社会监督网。有奖举报的投入具有经济性。与其他三个机制建设相比较，政府在有奖举报机制方面所投入的成本往往是最小的，但获得的收益往往是巨大的。一般说来，政府支付的奖金，往往为一定比例的罚没款项，但是，政府通过设立举报电话或者举报信箱，可以调动全社会参与食品安全监督。有奖举报的功能具有机制性。举报人所举报的事项越全面、越具体、越准确，其所获得的奖励额度就越大。

（参见法治蓝皮书《中国法治发展报告 No. 7（2009）》）

第十三章　2009年中国食品药品
安全法治建设

摘　要： 2009年，中国进一步健全了食品安全监管法治，《食品安全法》等法律法规规定了食品安全委员会和不同部门的分工、地方政府的责任及专家委员会制度。正力求通过运用食品安全风险监管、食品安全标准、食品安全许可与备案、食品安全信息披露、食品召回、食品安全信用体系、食品行业禁入制度，实现食品安全监管目标。

在城市化、工业化、全球化的背景下，在人民消费水平和消费结构发生变化后，食品安全问题成为人们日益关注的问题。工业化的进程使得企业有追逐利益、规避法律追求利润的冲动，快速的经济增长导致了食品安全事故的增加。而在食品的生产经营者和消费者之间存在高度的信息不对称，普通消费者在这个过程中处于弱势地位，无法确切识别食品质量，保障自己的安全。确保食品安全有效，保障和促进公众健康，理应成为监管机构的重要责任，食品安全监管只能加强而不能削弱。针对近年来频发的食品安全事件，2009年，中国加大了食品安全监管的法制建设，其进展值得关注。

一　食品安全监管立法的进展

（一）《食品安全法》的颁布与实施

2009年2月28日，十一届全国人大常委会第七次会议审议通过了

《食品安全法》。该法是在《食品卫生法》等原有法律的基础上，针对食品安全监管中出现的新情况新问题制定出台的。

1995年10月30日起施行的《食品卫生法》对保证食品卫生、保障人民群众身体健康发挥了积极作用。但随着社会的发展，食品安全问题日益凸显，食品安全事故时有发生。2004年7月21日召开的国务院第59次常务会议和2004年9月1日国务院发布的《国务院关于进一步加强食品安全工作的决定》（国发〔2004〕23号）要求，国务院法制办公室抓紧组织修改《食品卫生法》。国务院法制办公室于2004年7月成立了由中央编办和国务院有关部门负责同志为成员的《食品卫生法》修改领导小组，组织起草《食品卫生法（修订草案）》。此后进行过多次研究修改，并根据修订的内容将《食品卫生法（修订草案）》名称改为《食品安全法（草案）》。草案于2007年10月31日经国务院第195次常务会议讨论通过，并于2007年12月提请全国人大常委会审议。全国人大常委会办公厅于2008年4月20日向社会全文公布《食品安全法（草案）》，广泛征求各方面意见和建议。

《食品安全法》分总则、食品安全风险监测和评估、食品安全标准、食品生产经营、食品检验、食品进出口、食品安全事故处置、监督管理、法律责任及附则十章。相较之前的《食品卫生法》，这部法律涵盖了"从农田到餐桌"的全过程，对涉及食品安全的相关问题作出全面规定。这部法律明确了食品安全监管体制；对食品安全风险监管制度予以全方位架构；健全与完善了食品安全标准制度；将对食品生产经营的要求予以细化和具体化；扩大了虚假食品广告责任主体的范围；赋予了食品检验人独立的检验地位，规定食品安全监督管理部门对食品不得实施免检；建立了较为完善的食品安全事故处理机制；设定了惩罚性赔偿责任；对食品、食品安全、预包装食品、食品添加剂、食品安全事故等11个名词术语加以定义。《食品安全法》强调不同政府部门之间的协作，重视政府、协会、媒体、企业、专家在实现食品安全监管目标中的作用，努力通过多元化的力量来降低政府的监管成本，实现食品安全监管目标，保障公众身体健康和生命安全。

（二）《食品安全法实施条例》的颁布与实施

为了配合《食品安全法》的实施，国务院法制办公室会同卫生部等部门起草了《食品安全法实施条例（草案）》，并于 2009 年 4 月 24 日至 5 月 4 日向社会公开征求意见。《食品安全法实施条例》于 2009 年 7 月 20 日公布并实施。

《食品安全法实施条例》进一步落实了企业作为食品安全第一责任人的责任，强化事先预防和生产经营过程控制，以及食品发生安全事故后的可追溯；进一步强化各部门在食品安全监管方面的职责，完善监管部门在分工负责与统一协调相结合体制中的相互协调、衔接与配合；将法律中一些较为原则的规定予以具体化，增强制度的可操作性，规定了企业生产组织的申报流程，规定了生产许可证的取得与吊销，依照生产流程规定了企业的控制环节，规定了食品经营信用档案制度。但对《食品安全法》已经作出具体规定的内容，《食品安全法实施条例》一般不再重复规定。

（三）2009 年颁布的食品安全监管部门规章

依照《食品安全法》，卫生部承担食品安全综合协调职责，国家质量监督检验检疫总局、国家工商行政管理总局和国家食品药品监督管理局分别对食品生产、食品流通、餐饮服务活动实施监督管理。因此，2009 年，国务院相关部门依据《食品安全法》和国务院规定的职责，制定或修订了相应的部门规章。

例如，国家质量监督检验检疫总局修订并重新公布了《食品标识管理规定》，规定了食品标识的标注内容、标准形式及法律责任。国家工商行政管理总局针对《食品安全法》第 29 条设定的食品流通许可制度，颁布了《食品流通许可证管理办法》，规定了食品流通许可的申请与受理、审查与批准、变更与注销等事项。国家工商行政管理总局颁布了《流通环节食品安全监督管理办法》，并针对食品流通环节设定了食品市场主体准入登记管理制度、食品市场质量监管制度、食品市场巡查监管制度、食品抽样检验工作制度、食品市场分类监管制度、食品安全预警和应急处置制度、食品广告监管制度、食品安全监管执法协调协作制度①。

二　食品安全监管体制的改革

中国的食品安全监管工作涉及卫生部、农业部、商务部、国家工商行政管理总局、国家质量监督检验检疫总局、环境保护部、国家食品药品监督管理总局等部门。鉴于这些监督部门的职能存在交叉与"空白"，2004年9月，国务院在《关于进一步加强食品安全工作的决定》中提出，要进一步理顺有关监管部门的职责。按照一个监管环节由一个部门监管的原则，采取分段监管为主、品种监管为辅的方式，进一步理顺食品安全监管职能，明确责任②。2007年颁布的《国务院关于加强食品等产品安全监督管理的特别规定》则进一步明确了生产经营者、监督管理部门和地方人民政府的责任，意在加强各监督管理部门的协调、配合。

《食品安全法》设定了食品安全监管体制。《食品安全法》第4条第1款规定，国务院设立食品安全委员会，其工作职责由国务院规定。食品安全委员会及其类似机构的设置主要不是对相关行政机关的风险管理进行客观、中立、公正的评估，而是作为高层次的议事协调机构，去促进不同部门之间的协调与合作。

2009年，一些省市已开展了设立类似食品安全综合协调机构的尝试。例如，北京市机构编制委员会颁发了《关于本市食品安全监督管理体制有关事宜的通知》，北京市食品安全委员会主任由常务副市长担任，成员单位扩大到27个，其职责是在市政府的领导下，统一领导、组织、协调北京市食品安全工作。北京市人民政府食品安全监督协调办公室既是北京市食品安全委员会的办事机构，又是市政府负责本市食品安全的综合监督、组织协调和依法组织开展重大事故查处的办事机构③。山西、辽宁、

---

① 国家工商行政管理总局《关于印发〈食品市场主体准入登记管理制度〉等流通环节食品安全监管八项制度的通知》（工商食字〔2009〕176号）。
② 国务院《关于进一步加强食品安全工作的决定》（国发〔2004〕23号）。
③ 《北京市人民政府食品办食品安全协调处处长冯源：北京市食品安全管理面临机遇和挑战》，http://www.cfqn.com.cn/tekanzhuanti/7nianhui/7nianhui-24.html。

吉林、江苏、浙江、安徽、福建、广东、海南、重庆、云南、甘肃等省市也设立了食品安全委员会及相关办事机构。

《食品安全法》尽可能厘定了卫生、质检、工商、药监等部门在食品安全监管中的职责。《食品安全法》第 4 条第 2 款规定，国务院卫生行政部门承担食品安全综合协调职责，负责食品安全风险评估、食品安全标准制定、食品安全信息公布、食品检验机构的资质认定条件和检验规范的制定，组织查处食品安全重大事故。《食品安全法》第 4 条第 3 款则规定，国务院质量监督、工商行政管理和国家食品药品监督管理部门依照《食品安全法》和国务院规定的职责，分别对食品生产、食品流通、餐饮服务活动实施监督管理，从而明确了食品安全分段监管的机制。

《食品安全法》规定了地方人民政府对食品安全监督管理工作应负的责任。《食品安全法》第 5 条规定，县级以上地方人民政府统一负责、领导、组织、协调本行政区域的食品安全监督管理工作，建立健全食品安全全程监督管理的工作机制，完善、落实食品安全监督管理责任制，对食品安全监督管理部门进行评议、考核。上级人民政府所属部门在下级行政区域设置的机构应当在所在地人民政府的统一组织、协调下，依法做好食品安全监督管理工作。

《食品安全法》规定了政府监管部门之间的协作义务，要求县级以上卫生行政、农业行政、质量监督、工商行政管理、食品药品监督管理部门应当加强沟通、密切配合，按照各自职责分工，依法行使职权，承担责任。《食品安全法》还规定了食品行业协会、社会团体、基层群众性自治组织、新闻媒体的职责，以期通过调动不同政府部门的积极性，发挥其各自专业领域的优势，并借助社会力量，实现食品安全监管目标。

食品安全监管是以科学和法律为导向的高度专业性监管领域，因此，专家在食品安全监管中发挥着重要的作用。《食品安全法》第 2 章第 13 条规定了食品安全风险评估专家委员会制度，《食品安全法》第 3 章第 23 条规定了食品安全国家标准审评委员会制度。

三 食品安全监管制度的发展与创新

确保食品安全、保障公众身体健康和生命安全，是政府的重要责任。为此，在食品安全监管过程中，应综合运用事前的信息披露制度、标准制度、许可制度以及事后的行政处罚、行政强制制度，并积极探索引入召回制度、建设信用体系、实施行业禁入等新型监管方式，以更好地履行食品安全监管职责。

（一）食品安全风险监管制度的引入

加强预防是风险监管领域的一项新的法律原则与理念。食品中也存在不确定性的风险，为此应将食品安全监管的重点由事后应对转向事前预防。《食品安全法》第 2 章题为"食品安全风险监测和评估"，对食品安全风险监测、风险评估和风险沟通制度进行了较为全面的规定。

《食品安全法》第 11 条规定，国家建立食品安全风险监测制度，对食源性疾病、食品污染以及食品中的有害因素进行监测。国务院卫生行政部门会同国务院有关部门制定、实施国家食品安全风险监测计划。《食品安全法》第 13 条规定，国家建立食品安全风险评估制度，成立由医学、农业、食品、营养等方面的专家组成的食品安全风险评估专家委员会，对食品、食品添加剂中的生物性、化学性和物理性危害进行风险评估，并参与对农药、肥料、生长调节剂、兽药、饲料和饲料添加剂等的安全性评估。

食品安全风险评估结果是制定、修订食品安全标准和对食品安全实施监督管理的科学依据。如果食品安全风险评估结果显示为不安全，国务院质量监督、工商行政管理和国家食品药品监督管理部门应当依据各自的职责立即采取相应措施，确保该食品企业停止生产经营，并告知消费者停止食用；需要制定、修订相关食品安全国家标准的，国务院卫生行政部门应当立即制定、修订。同时对经综合分析表明可能具有较高程度安全风险的食品，国务院卫生行政部门应当及时提出食品安全风险警示，并予以公布。

（二）　食品安全标准制度的健全与完善

1983 年颁布的国家标准 GB39351-83《标准化基本术语　第一部分》将"标准"定义为"对重复性事物和概念所作的统一规定。它以科学、技术和实践经验的综合成果为基础，经有关方面协商一致，由主管机构批准，以特定形式发布，作为共同遵守的准则和依据"。现行《标准化法》中规定了国家标准、行业标准、地方标准和企业标准制度，原《食品卫生法》第五章题为"食品卫生标准和管理办法的制定"，规定了食品卫生标准制度。

根据国务院新闻办公室 2007 年发布的《中国的食品质量安全状况》白皮书统计，中国已发布涉及食品安全的食用农产品质量安全标准、食品卫生标准、食品质量标准等国家标准 1800 余项，食品行业标准 2900 余项，其中强制性国家标准 634 项，但标准之间仍存在重复和冲突，标准水平也有待提高。

标准是食品安全监管中重要的事前监管工具，《食品安全法》克服了食品标准政出多门的弊病，规定了食品安全标准的法律地位、制定程序以及制定时考虑的要点。在未来，食品安全国家标准由国务院卫生行政部门负责制定、公布，国务院卫生行政部门应当对现行的食用农产品质量安全标准、食品卫生标准、食品质量标准和有关食品的行业标准中强制执行的标准予以整合，统一公布为强制执行的食品安全国家标准，并不得制定其他的食品强制性标准。食品安全国家标准应以食品安全风险评估结果为依据，并广泛听取食品生产经营者和消费者的意见，经食品安全国家标准评审委员会审查通过。

（三）　食品安全许可与备案制度的设定

《食品安全法》第 29 条规定，国家对食品生产经营实行许可制度。从事食品生产、食品流通、餐饮服务，应当依法取得食品生产许可、食品流通许可、餐饮服务许可。据此，目前国家质量监督检验检疫总局承担食品生产许可方面的工作；国家工商行政管理总局制定了《食品流通许可证管理办法》，规定了食品市场主体准入登记管理制度；国家食品药品监督管理总局于 2009 年 6 月 1 日启用"餐饮服务许可证"①，并正在起草《餐饮服务许可管理办法》。

食品添加剂是为改善食品品质和色、香、味，以及为防腐和加工工艺需要而加入食品中的化学合成或者天然物质。使用不合法的添加物以及超范围和超量使用食品添加剂，将会危及公众健康。为此《食品安全法》第 43 条规定，国家对食品添加剂的生产实行许可制度。此外《食品安全法》第 46 条规定，食品生产者应当依照食品安全标准关于食品添加剂的品种、使用范围、用量的规定使用食品添加剂；不得在食品生产中使用食品添加剂以外的化学物质和其他可能危害人体健康的物质。《食品安全法》第 47 条、第 48 条对食品添加剂的标签、说明书和包装进行了规定。卫生部《关于加强食品添加剂监督管理工作的通知》要求，2009 年 9 月至 2010 年底，在开展打击违法添加非食用物质和滥用食品添加剂专项整治行动的基础上，进一步开展违法添加非食用物质和滥用食品添加剂整顿工作。

此外，《食品安全法》第 65 条规定，向中国境内出口食品的出口商或者代理商应当向国家出入境检验检疫部门备案；向中国境内出口食品的境外食品生产企业应当经国家出入境检验检疫部门注册。《食品安全法》第 68 条第 2 款规定，出口食品生产企业和出口食品原料种植、养殖场应当向国家出入境检验检疫部门备案。备案制度有利于食品安全的溯源管理。

（四）食品安全信息披露制度的强化

在科技发达、专业化程度较高的社会里，就专业知识、信息收集、交涉能力、资金支持等各方面因素而言，消费者都和生产者、经营者存在较大差距。消费者在信息方面处于劣势地位，因此会从法律上设定强制信息披露制度，强制生产者和经营者标明关于品质、组分、数量或质量的信

---

① 国家食品药品监督管理总局《关于做好〈餐饮服务许可证〉启用及发放工作的通知》（国食药监许〔2009〕257 号）。

息，并对虚假或者误导信息予以惩戒，从而维护竞争秩序，防止对消费者可能的误导①。

《食品安全法》第 41 条规定了食品经营者贮存、销售散装食品的标识要求；第 42 条规定了预包装食品包装上标签应标明的特定事项；第 47 条规定了食品添加剂标签、说明书中应载明的内容；第 48 条则规定标签和说明书不得含有虚假、夸大的内容，不得涉及疾病预防、治疗功能，标签、说明书应当清楚、明显、容易辨识。食品和食品添加剂与其标签、说明书所载明的内容不符的，不得上市销售。

据此，国家质量监督检验检疫总局于 2009 年 10 月修订了《食品标识管理规定》，规定食品标识的内容应当真实准确、通俗易懂、科学合法；规定了食品标识不得标注的内容；规定禁止伪造或者虚假标注生产日期和保质期，禁止伪造食品产地，禁止伪造或者冒用其他生产者的名称、地址，禁止伪造、冒用、变造生产许可证标志及编号；并规定了食品标识的标注形式和法律责任。

（五） 食品召回制度的确立

食品召回制度是指食品生产者按照法律规定的程序，对由其生产原因造成的某一批次或类别的不安全食品，通过换货、退货、补充或修正消费说明等方式，及时消除或减少食品安全危害的活动。食品召回制度有利于充分保障消费者的身体健康和生命安全，有利于充分体现食品生产经营者是保障食品安全的第一责任人，有利于提高政府监管的绩效。

《食品安全法》第 53 条为食品召回制度赋予了法定依据，规定了国家建立食品召回制度以及食品召回法律制度的框架。该法要求，食品生产者、经营者发现其生产、经营的食品不符合食品安全标准，应当立即停止生产、经营，召回已经上市销售的食品，通知相关生产经营者和消费者，记录召回、停止经营和通知情况，对召回的食品采取补救、无害化处理、销毁等措施，并将食品召回和处理情况向县级以上质量监督部门报告。

---

① 参见〔日〕铃木深雪著《消费生活论——消费者政策》，张倩、高重迎译，中国社会科学出版社，2004，第 115~162 页。

《食品安全法》第53条、第84条还针对未依照规定召回或者停止经营不符合食品安全标准的食品生产经营者，设定了相应的法律责任。

（六）食品安全信用体系制度的建立

建立食品安全信用档案，是贯彻中国共产党十七大报告提出的健全社会信用体系的要求，是规范中国食品生产经营秩序，确保公众健康权益的客观需要。建立食品生产经营者食品安全信用档案，有利于打击食品生产经营中的失范现象，防范和缓解食品生产经营中潜存的不安全因素，强化食品生产经营者的责任意识，引导其诚实守信。《食品安全法》第79条规定，县级以上质量监督、工商行政管理、食品药品监督管理部门应当建立食品生产经营者食品安全信用档案，记录许可颁发、日常监督检查结果、违法行为查处等情况；根据食品安全信用档案的记录，对有不良信用记录的食品生产经营者增加监督检查频次。

（七）行业禁入制度的建构

在关系人身健康的食品领域，行业禁入制度既是维护公共利益的需要，也是对违法者的一种否定性评价，因为违法者实施了违法行为，而禁止其在终生或者一定期限内从事特定活动的制裁性措施。

《食品安全法》第92条规定，被吊销食品生产、流通或者餐饮服务许可证的单位，其直接负责的主管人员自处罚决定作出之日起五年内不得从事食品生产经营管理工作。食品生产经营者聘用不得从事食品生产经营管理工作的人员从事管理工作的，由原发证部门吊销许可证。

值得注意的是，根据2009年9月1日开始实施的《上海市食品药品严重违法企业与相关责任人员重点监管及其名单管理办法（试行）》，上海市食品药品监督管理局按照有关法律、行政法规的规定或依职权，将具有严重违法行为的生产、经营、使用食品药品的企业与相关责任人员纳入重点监管名单，并采取相关限制措施或者实施重点监控措施。被重点监管的企业及相关责任人员由上海市食品药品监管局在其政务网上予以公布。公布事项包括：对该企业及相关责任人员重点监管的事由、企业的名称、营业地、法定代表人或负责人姓名，及相关责任人员的姓名、工作单位、职务、身份证号码（隐匿部分号码）等信息，供社会公众查阅。上海的探索丰富了行业禁入制度的实践和认识，为我们提供了有益的样本。在未来的食品安全监管中，应逐步拓宽行业禁入适用违法行为的范围，针对不同的违法或违规行为，设定合理的不同阶次的禁入年限，细化对具体责任人的限制措施。

四　结语

对于食品安全监管而言，2009年堪称是立章建制之年、革故鼎新之年、强化监管之年。随着《食品安全法》《食品安全法实施条例》的次第颁布与实施，随着食品安全集中整顿工作的全面开展，从中央到地方都出台并实施了诸多新的举措，力求落实食品生产经营者的主体责任，健全地方政府对本地区食品安全工作负总责、有关部门按照分工各负其责的监管体系。

当然，诸多食品安全监管制度运行的实效，还有待进一步观察。如何健全与完善食品安全监管体制，促进不同监管机构之间的信息共享与协作，能否将食品安全风险评估制度、食品安全标准体系、食品安全信用体系等制度落到实处，都需留待时间去检验。这要求有关部门进一步加强食品安全监管能力，建立与食品安全风险监管任务相适应的监管体制，加强食品安全监管信息网络建设，制定清晰、可操作且具有普遍约束力的规则，让食品安全监管中的裁量权运作有章可循。同时，食品生产经营者、食品行业协会、社会团体、基层群众性自治组织、消费者、新闻媒体亦应肩负起自己应有的责任，勠力同心，尽可能减少食品安全风险，维护公众健康。

（参见法治蓝皮书《中国法治发展报告 No. 8（2010）》）

第十四章　中国反垄断法的制定与实施

摘　要：2007 年制定的《反垄断法》是中国法制建设中的一件大事，对建立和完善社会主义市场法律体系具有极其重要的意义，是经济体制改革的里程碑。《反垄断法》是一部对中国经济运行产生重大影响的法律，包括企业、消费者以及各级政府机构。反垄断法内容非常原则，且缺乏一个统一和独立的执法机关，普遍存在的行政垄断对法律的执行是一个严峻挑战。反垄断立法与执法任重而道远。

2007 年 8 月 30 日十届全国人大常委会第二十九次会议审议通过了《反垄断法》。《反垄断法》的颁布不仅是中国法制建设中的一件大事，对建立和完善社会主义市场经济法律体系有极其重要的意义，而且也是中国经济建设中的一件大事，是经济体制改革的里程碑。

一　中国反垄断立法的历史回顾

1978 年，中国共产党十一届三中全会吹响了经济体制改革的号角。这不仅逐步解决了中国国有企业生产效率普遍低下的问题，给这个传统的计划经济国家带来了活力，而且解放了人们的思想。国务院 1980 年发布的《关于开展和保护社会主义竞争的暂行规定》提出，"在经济生活中，除国家指定由有关部门和单位专门经营的产品外，其余的不得进行垄断，搞独家经营。"1992 年以来，中国加快了经济体制改革的步伐①。1993 年

---

① 中国共产党第十四次全国代表大会报告指出，中国经济体制改革的目标是建立社会主义市场经济体制。

3 月修订后的《宪法》第 15 条明确规定，国家实行社会主义市场经济。
这即是说，中国要告别以行政手段管理经济的计划经济体制，代之以市场
配置资源的经济制度。在这种情况下，中国就有必要建立一个维护公平和
自由竞争的市场秩序。

1993 年，中国颁布了《反不正当竞争法》，其中就有反垄断的规定。
1997 年颁布的《价格法》也有反垄断的内容。国务院及其部委还发布了
一些涉及反垄断的行政法规、规章，如 2006 年《外资并购境内企业规
定》中的反垄断审查。但是，这些零散的反垄断法规有很多缺陷，首先
是缺乏一个完整的反垄断法律制度体系，如《反不正当竞争法》第 6 条
仅是禁止公用企业的滥用行为，《外资并购境内企业规定》中的反垄断审
查仅是针对外资并购境内企业的活动。这些零散的反垄断法规对违法行为
的处罚力度也很低，如对公用企业滥用行为的行政罚款最高不超过 20 万
元人民币，这就使反垄断制度很难发挥应有的威慑力。因为缺乏一部统
一和系统的反垄断法，中国也没有一个统一和独立的反垄断执法机关。
再加上政府部门滥用行政权力限制竞争的行为比较严重，人们普遍希望
中国能够建立一套系统的反垄断制度，而且这部反垄断法能够遏制行政
垄断行为。

随着 1993 年颁布《反不正当竞争法》，反垄断法在 1994 年就被列入
八届全国人大常委会的立法规划，后来又连续被列入九届和十届全国人大
常委会的立法规划。但是，由于意识形态的影响，特别是由于不成熟的市
场条件，中国反垄断立法的进程非常缓慢。直到 2004 年，商务部作为一
个起草部门才将《反垄断法（草案）》提交给国务院法制办公室。经过
两年审议，国务院法制办于 2006 年 6 月向全国人大常委会提交了草案。
2006 年 6 月，十届全国人大常委会第二十二次会议对草案进行了第一次
审议，2007 年 6 月，十届全国人大常委会第二十八次会议进行了第二次
审议。2007 年 8 月召开的十届全国人大常委会第二十九次会议进行了第
三次审议，并于 8 月 30 日通过。根据该法第 57 条，《反垄断法》于 2008
年 8 月 1 日开始实施。

《反垄断法》的颁布意义重大，因为它展示了中国经济体制改革近三
十年的巨大成就，显示中国计划经济条件下的价格垄断制度已经彻底被打

破，企业所有制结构已经实现了多元化，国有企业已经享有比较充分的经营自主权。而且，随着对外开放政策的推行，中国经济已经融入国际经济，中国市场已经国际化。在这种情况下，中国经贸法律制度就应当与其他市场经济国家接轨，就应当为企业营造一个自由公平的竞争环境，建立一个反对垄断和保护竞争的法律制度。因为反垄断法是市场经济国家特有的法律制度，也是中国社会主义市场经济内在的和本质的要求，《反垄断法》的颁布有力地向世人宣告，中国配置资源的手段已经基本从以政府行政命令为主转变为以市场机制为主，中国已经基本建成社会主义市场经济体制。

随着《反垄断法》的颁布，中国反垄断执法活动也即将开始。但是，由于缺乏统一和独立的反垄断执法机构，并且，有关规定相对原则，需要将来在垄断协议、滥用市场支配地位、控制经营者集中、知识产权滥用、相关市场认定等许多方面制定实施细则或者指南。

二 中国反垄断立法的目的和执法机关

制定任何法律，最重要的问题是解决立法目的；执行任何法律，最重要的问题是设置和建立一个相适应的执法机构。

（一）中国反垄断立法的宗旨

《反垄断法》第1条规定："为了预防和制止垄断行为，保护市场竞争，提高经济运行效率，维护消费者合法权益和社会公共利益，促进社会主义市场经济健康发展，制定本法。"这即是说，中国反垄断立法的直接目的是预防和制止垄断行为，保护市场竞争，其最终目的是提高经济运行效率，维护消费者合法权益和社会公共利益。

经济运行效率或者经济效率在中国一般被理解为资源配置效率和生产效率。市场竞争毫无疑问可以提高资源配置效率，提高企业的生产效率。这两种效率最终都会造福于社会，即提高消费者的社会福利。然而，第一条中的"社会公共利益"则是一个有争议的概念。有学者认为，社会公共利益就是消费者的利益，也有人认为，社会公共利益就是国家的利益。

从字面上讲，社会公共利益既不是出于个别人或者个别企业的利益，也不是出于个别集团的利益，它应当是指一种普遍的和社会的利益，而且这种利益可以是经济的，也可以是非经济的，如政治利益。但无论如何，"社会公共利益"都是一个模糊的概念，也是一个灵活的概念。根据《反垄断法》第 15 条和第 28 条，当事人可以以"社会公共利益"作为辩护理由，要求就垄断协议或者经营者集中得到豁免。然而在实践中，哪些类型的企业最有可能以"社会公共利益"为由从禁止垄断协议或者禁止经营者集中的规定中得到豁免呢？显然是国有大企业。《反垄断法》也有很多地方规定了对国有大企业的保护，特别是第 7 条规定："国有经济占控制地位的、关系国民经济命脉和国家安全的行业以及依法实行专营专卖的行业，国家对其经营者的合法经营活动予以保护。"第 5 条也规定："经营者可以通过公平竞争、自愿联合，依法实施集中，扩大经营规模，提高市场竞争能力。"第 4 条可视为对上述产业政策条款的解释："国家制定和实施与社会主义市场经济相适应的竞争规则，完善宏观调控，健全统一、开放、竞争、有序的市场体系。"

维护经营者的合法权益，甚至保护大企业的合法利益，这些在理论上都没有错，因为任何合法利益都应当得到保护。但是，如果《反垄断法》同时保护经营者的利益和消费者的利益，那么，当两者的利益发生冲突时，执法者就面临这样一个问题：消费者利益优先还是经营者利益优先。全国人大常委会第二次审议的《反垄断法（草案）》未就维护经营者利益作出规定，这是很明智的。但是，通过的法律中保留了"维护社会公共利益"的规定，而且，"社会公共利益"和"消费者合法权益"是两个并列概念，这就很难保证《反垄断法》会完全站在保护消费者利益的立场上。例如，消费者希望有选择商品或者服务的权利，希望市场上有多个竞争者。但是，《反垄断法》鼓励经营者扩大经营规模，第 28 条还提出，经营者集中符合社会公共利益的，反垄断执法机构可以作出不予禁止的决定。这种情况下，保护消费者和保护公共利益这两个不同目的就可能发生冲突。应当说，反垄断立法目的之争至关重要。这一方面是因为，《反垄断法》本身存在浓厚的产业政策色彩，反垄断执法机构审理垄断协议或者审批企业并购的时候都会同时考虑竞争政策和产业政策，而且，法律也没有明确竞争政策是否优先于产业政策；另一方面，因为中国目前的反垄断执法机构缺乏独立性，当消费者利益和国有大企业的利益发生冲突时，反垄断执法机构能否站在消费者立场上反对垄断和保护竞争，这需要时间的检验。

（二）反垄断执法机构

中国反垄断立法从 1994 年纳入全国人大立法规划至获得通过，经历了 13 年①。《反垄断法》的执法权从一开始就分割在多家政府机构手中，立法中缺乏一个强势和统一的政府机构倡导竞争文化，这不能不说是反垄断立法一再被延缓和推迟的重要原因之一。遗憾的是，反垄断分割执法的局面在《反垄断法》颁布之后仍然没有改变，即仍被分割在商务部、工商总局及国家发展和改革委员会的手中。鉴于这种多家分割执法的局面，《反垄断法》第 9 条规定，国务院设立反垄断委员会。此外，《反垄断法》第 10 条第 2 款规定，国务院反垄断执法机构根据工作需要，可以授权省、自治区、直辖市人民政府相应的机构，依照本法规定负责有关反垄断执法工作。这说明，中国反垄断行政执法有三层结构。

1. 三足鼎立的反垄断中央行政执法

《反垄断法》没有明确执法的具体行政机构。该法第 10 条只是规定，国务院规定的承担反垄断执法职责的机构依照本法规定，负责反垄断执法工作。然而，国务院法制办主任在国务院 2006 年向全国人大常委会提交《反垄断法（草案）》时指出，"各方面一致认为，《反垄断法》关于我国反垄断机构设置的规定既要考虑现实可行性，维持有关部门分别执法的现有格局，保证《反垄断法》公布后的实施；又要具有一定的前瞻性，为今后机构改革和职能调整留有余地。建议在《反垄断法》中只明确规定反垄断执法机构的职责及其工作程序，对具体承担反垄断执法职责的机构由国务院另行规定。"这说明，在《反垄断法》初期执法阶段，商务部、国家工商总局及国家发展和改革委员会三家机构分头执法已成定局。

---

① 从 1987 年 8 月国务院法制局成立反垄断法起草小组起算，这个立法历经了 20 年。

　　反垄断多头执法是人们不愿意看到的一种安排。不仅因为就同一职能设置多个机构与设置单一机构相比，其执法成本高而效率低，而且这些机构之间不可避免地还会产生争执和摩擦。三足鼎立的行政执法还有一个致命弱点，即它们均属于国务院组成部门，这不仅导致反垄断行政执法机构的级别不高、权威不大，而且由于这些主管部门特别是国家发展和改革委员会是制定和执行国家宏观经济政策的重要机构，因此，能否保持独立性是值得关注的。

2. 国务院反垄断委员会

　　鉴于反垄断执法权被分割的现状，《反垄断法》第9条规定，国务院设立反垄断委员会，负责组织、协调、指导反垄断工作。反垄断委员会履行下列职责：研究拟定有关竞争政策；组织调查、评估市场总体竞争状况，并发布评估报告；制定、发布反垄断指南；协调监督反垄断行政执法工作；国务院规定的其他职责。

　　鉴于《反垄断法》没有统一的执法机关，设立反垄断委员会作为协调机构是必要的。而且，即便作为一个协调机构，反垄断委员会也有责任大力推动国家的竞争政策，倡导竞争文化，以推动市场竞争。然而，按照国务院提交全国人大的《反垄断法（草案）》第32条，反垄断委员会将由国务院有关部门和机构的负责人及若干专家组成。考虑到国务院大多数机构主要是制定和执行国家的产业政策，由这些机构负责人组成的反垄断委员会能否倡导和推动竞争政策，人们将拭目以待。

3. 地方反垄断执法机构

　　出于建立全国统一、开放和竞争性大市场的需要，《反垄断法》把反垄断执法作为中央事权，明确规定由国务院规定的承担反垄断执法职责的机构负责反垄断执法工作。但是，考虑到中国辽阔的疆域和严格统一执法的需要，第10条规定，国务院反垄断执法机构根据工作需要，可以授权省、自治区、直辖市人民政府相应的机构负责有关反垄断执法工作。因为反垄断执法的中央机构不是一个统一机构，由它们授权的地方反垄断执法机构也将不是一个统一机构，而是与商务部、工商总局及国家发展和改革委员会有垂直关系的省级地方政府的相关机构。

三 《反垄断法》与政府和行业监管的关系

《反垄断法》追求的自由竞争一方面不应受私人限制，另一方面也不应受政府限制。然而事实上，不受政府限制的自由竞争是不存在的，特别是中国这样一个经济体制转型中的国家。因此，《反垄断法》规定了政府与《反垄断法》的关系。

（一）行政垄断问题

中国的行政垄断是指政府及其所属部门滥用行政权力限制竞争的行为。《反垄断法》第五章列举了滥用行政权力限制竞争的表现，包括强制交易，妨碍商品在地区间自由流通，排斥或限制外地企业参与本地招投标活动，排斥或限制外地资金流入本地市场，强制经营者从事垄断行为，制定排除、限制竞争的行政法规。不管行政垄断的表现形式是什么，它们在本质上都是一种歧视行为，即对市场条件下本来应该有平等地位的市场主体实施了不平等的待遇，其后果是扭曲竞争，妨碍建立统一、开放和竞争的大市场，使社会资源不能得到合理和有效的配置。因此，反行政垄断是《反垄断法》的一项重要任务。为此，《反垄断法》第8条作为一条总则性的规定指出，行政机关和法律、法规授权的具有管理公共事务的职能的组织不得滥用行政权力，排除、限制竞争。

然而遗憾的是，《反垄断法》没有把行政垄断的管辖权交给反垄断执法机构，而是在其第51条规定："行政机关和公共组织滥用行政权力，实施排除、限制竞争行为的，由上级机关责令改正；对直接负责的主管人员和其他直接责任人员，依法给予处分。"这就使《反垄断法》面对行政垄断像一只没有牙齿的老虎。笔者一直认为，出于下列原因，中国不能依靠政府上级机关来监督和检查其下级机构的行政垄断行为。第一，行政性限制竞争实际上都是歧视行为，本质上都存在保护地方企业或者保护个别国有企业的经济动机。这就使政府上级部门在其下级机构与非国有企业或者与来自其他地区的企业之间的争议中，很难保持中立态度。第二，这里的上级政府机构既不是专门机构，也不是特定的司法机构，这些机构的工作人员很难具有较强的反垄断意识，不可能对其下级机构的限制竞争行为进行有效的监督和检查。

不可否认，反对行政垄断在任何国家都是一项艰难的任务，因为这实际是限制政府本身的权力。反对行政垄断在中国尤其是一个艰难的任务，因为这不仅需要中国继续深化经济体制改革，而且需要不断推进改革，进一步促进政企分离。但是，《反垄断法》从国情出发，对行政垄断作出禁止性的规定，其意义仍然十分重大，因为它表明立法者对行政垄断持坚决反对的态度，表明了反对行政垄断是全国上下的主流观点，从而有利于提高各级政府机构的反垄断意识，有利于在中国倡导和培育竞争文化。

（二）《反垄断法》与行业监管

《反垄断法》中禁止滥用市场支配地位的规定主要是针对那些取得了垄断地位或者市场支配地位的企业，特别是针对电信、邮政、铁路、电力、银行等国有大企业。然而，这些国有企业都有行业监管机构，且这些被监管的行业都有专门的行政法规，如国务院 2002 年发布的《电信条例》第 4 条规定："电信监督管理遵循政企分开、破除垄断、鼓励竞争、促进发展和公开、公平、公正的原则。"

2007 年 6 月第二次审议的草案中规定，对本法规定的垄断行为，有关法律、行政法规规定应当由有关部门或者监管机构调查处理的，依照其规定；有关部门或者监管机构应当将调查处理结果通报国务院反垄断委员会。新通过的《反垄断法》取消了反垄断执法机构与监管机构关系的规定。但是，这不能表明反垄断执法机关与监管机构的关系不再是一个问题，而是全国人大常委会立法者认为，它们之间的关系应由国务院确定反垄断执法机构时通盘考虑。这即是说，全国人大常委会把这个立法难题再次交给了国务院。考虑到行业监管机构在中国都是部级机构，反垄断执法机构能否取得对被监管行业的管辖权，人们不能抱过分乐观的态度。如果反垄断执法机构对被监管行业的限制竞争案件没有管辖权，这不仅不符合《反垄断法》在市场经济国家应具有的"经济宪法"地位，而且很让人担心，中国能否在电信、电力、邮政、铁路等行业真正开展反垄断，能否在适当的时机引入竞争机制。

四 横向限制竞争协议

借鉴欧共体竞争法，特别是借鉴德国《反对限制竞争法》的经验①，我国《反垄断法》关于"垄断协议"第二章对横向协议和纵向协议作了区分。

（一）禁止性规定

该法第13条规定，禁止"具有竞争关系的经营者"达成下列垄断协议：①固定或者变更商品价格；②限制商品的生产数量或者销售数量；③分割销售市场或者原材料采购市场；④限制购买新技术、新设备或者限制开发新技术、新产品；⑤联合抵制交易；⑥国务院反垄断执法机构认定的其他垄断协议。上述垄断协议都是竞争者之间的协议，被简称为横向协议。

根据《反垄断法》第13条第2款，横向限制竞争协议有三种表现方式，即除了竞争者之间的书面或者口头协议，还包括企业集团或者行业协会制定的具有排除、限制竞争影响的决定和竞争者之间的协同行为。鉴于行业协会在市场竞争中可能发挥的负面作用，特别是可能协调本行业企业的产品价格，第16条强调，行业协会不得组织本行业的经营者从事关于垄断协议的第三章所禁止的垄断行为。该条规定是在全国人大常委会第三次审议《反垄断法》期间增加的，当时正有媒体报道世界拉面协会中国分会在组织、策划和协调方便面的统一涨价。

（二）垄断协议的豁免

竞争虽然是配置资源的最佳方式，但在某些市场条件下，优化配置资源的机制只有在限制竞争的条件下才能实现。因此，《反垄断法》第15条规定了可从第13条和第14条禁止性规定中得到豁免的情况，即经营者达成的协议属于下列情形之一的，可以从《反垄断法》中得到豁免：

---

① 德国《反对限制竞争法》在2005年第7次修订前，对横向协议和纵向协议有不同规定。

①为改进技术、研究开发新产品的；②为提高产品质量、降低成本、增进
效率，统一产品规格、标准或者实行专业化分工的；③为提高中小经营者
经营效率，增强中小经营者竞争力的；④为实现节约能源、保护环境、救
灾救助等社会公共利益的；⑤因经济不景气，为缓解销售量严重下降或者
生产明显过剩的；⑥为保障对外贸易和对外经济合作中的正当利益的；
⑦法律和国务院规定的其他情形。此外，该条第 2 款规定，在上述①~⑤
的情况下，请求豁免的当事人应当证明所达成的协议不会严重限制竞争，
并且能够使消费者分享由此产生的利益。这个豁免规定显然借鉴了欧共体
条约第 81 条第 3 款的立法经验。

在上述可被豁免的限制竞争协议中，立法中争议较大的是对因经济不
景气和为缓解销售量严重下降而订立的限制竞争协议，人们担心这条规定
会给很多严重损害竞争的卡特尔开绿灯。过去的德国法有这样的规定，但
在实践中几乎没有使用过。从理论上说，经济不景气是一种商业风险，这
种情况下的市场竞争有利于调节市场结构和产品结构。因此，市场经济国
家一般不会豁免这种卡特尔。不过，因为第 15 条第 2 款的规定，经济不
景气情况下卡特尔在实践中得到豁免的机会可能不是很多。

立法中争议较大的还有 "为保障对外贸易和对外经济合作中的正当
利益的" 卡特尔，这主要指出口卡特尔。《反垄断法》豁免出口卡特尔一
方面有理论上的原因，即这种卡特尔不会影响国内市场的竞争；另一方面
则是实际原因，即外国企业经常针对中国出口产品提起反倾销诉讼，中国
出口企业有必要协调出口价格，以避免企业间因价格战而导致出口价格过
低。此外，其他国家如美国也有豁免出口卡特尔的规定，即为推动出口而
订立的卡特尔只要向政府部门进行了登记，且不损害国内市场竞争，就可
以得到反垄断法的豁免①。但是，一个重要的事实是，尽管豁免出口卡特
尔是立法者的主权行为，但在其他国家和中国一样规定了反垄断法域外适
用的情况下②，《反垄断法》豁免出口卡特尔的规定除表明政府支持企业
订立出口卡特尔之外，在实践中对出口企业没有任何帮助。中国出口企业

---

①　See Export Trading Company Act of 1982.
②　见《反垄断法》第 2 条。

已经遭遇到了国外的反垄断诉讼，如生产维生素的企业在美国遭遇到了反托拉斯法诉讼，被指控从 2001 年 12 月以来联合操纵出口到美国和世界其他地区的维生素的价格和数量①。

（三）违法协议的法律后果

根据《反垄断法》第 46 条，经营者违反本法规定，达成并实施垄断协议的，由反垄断执法机构责令停止违法行为，没收违法所得，并处上一年度销售额的 1% 以上 10% 以下的罚款；尚未实施所达成的垄断协议的，可以处 50 万元以下的罚款。此外还规定，行业协会违反本法规定，组织本行业的经营者达成垄断协议的，反垄断执法机构可以处 50 万元以下的罚款；情节严重的，社会团体登记管理机关可以依法撤销登记。根据第 46 条第 2 款，经营者主动向反垄断执法机构报告达成垄断协议的有关情况并提供重要证据的，反垄断执法机构可以酌情减轻或者免除对该经营者的处罚。这说明，源自美国《反托拉斯法》的宽恕政策被引进了我国《反垄断法》。但是，违法者在什么情况下可以得到执法机关的宽恕，具体的宽恕标准是什么，这都需要有关部门作出细则性规定。

五　纵向限制竞争协议

《反垄断法》第 14 条规定，禁止经营者与交易相对人达成下列垄断协议：①固定向第三人转售商品的价格；②限定向第三人转售商品的最低价格；③国务院反垄断执法机构认定的其他垄断协议。上述这些协议都是卖方与买方之间的协议，它们可以简称为纵向协议。在中国当前经济生活中，固定转售价格和固定最低转售价格是生产商对销售商通常采取的限制措施，因此，第 14 条的规定将对企业市场行为产生重大影响。

《反垄断法》在不同条款中对横向协议和纵向协议作了规定，这主要是考虑到两种协议本质上的区别，即横向协议是竞争者之间的协议，其本

---

① 梅新育：《反垄断是否将成为贸易保护新利器？》，http://biz.zjol.com.cn/05biz/system/2005/04/25/006098950.shtml。

质就是为了限制竞争；纵向协议因为不是竞争者之间的协议，其本质不是为了共同限制生产数量或者抬高商品价格。相反，纵向协议当事人的共同利益往往在于提高产出，而不是限制产出，这种协议普遍能够起到增加社会财富的作用。另外，横向限制和纵向限制影响市场竞争的程度也是不同的。以地域分割协议为例，竞争者之间的地域分割（即地域卡特尔）将导致卡特尔成员在其势力范围内都是垄断者，其结果会限制消费者选择商品或者服务的可能性。而对纵向地域分割来说，只要生产商没有取得市场支配地位，分割后的各个地域就仍存在品牌竞争。而且，在纵向地域分割的情况下，因为销售商在各自地域都有独家销售的权利，它们会努力推销产品，甚至为其推销活动进行投资，这最终会扩大产品的销售和生产。这即是说，纵向限制协议包括独家销售、独家购买、特许销售、特许专营等会限制销售商之间的竞争，但同时因为它们减少了"搭便车"的可能性，可以强化销售网络，推动品牌竞争。

与第 13 条一样，《反垄断法》第 14 条也没有明确规定维护转售价格的协议适用"本身违法"原则[1]。然而，由于第 15 条第 2 款规定了垄断协议得到豁免的两个前提条件，维护转售价格的协议一般不可能得到豁免[2]。中国学界普遍认为，生产商限制销售商的最低转售价格，这会导致商品价格高企。因为在存在价格约束的情况下，同一品牌的销售商不可能开展价格竞争，这实际是在销售商之间建立起一个价格卡特尔，自然会严重损害消费者的利益。如果这个市场是一个寡头垄断市场，品牌之间不存在实质性竞争，所固定的价格或者最低价格事实上都是垄断性价格。因此，这些协议对市场竞争有严重的不利后果。总之，根据反垄断经济学分析，如果生产商的排他性纵向安排能够强化品牌之间的竞争，它就在生产商所处市场上产生积极影响。如果生产商的排他性纵向限制能够把竞争者排挤出市场，产生或者加强市场支配地位，这个纵向限制就会在市场上产

---

[1]　Dr. Miles Medical Co. v. John D. Park & Sons Co., 220 U. S. 373（1911）. 此外，见欧共体委员会 2000 年 5 月 24 日《关于纵向协议集体豁免条例适用指南》第 4 条（a）。

[2]　关于纵向固定价格协议是否适用本身违法原则，人们至今有不同观点。美国最高法院在其 2007 年 6 月 28 日 Leegin Creative leather products, Inc. v. PSKS, Inc. 一案判决中，推翻了 Dr. Miles 这个近一百年的判例。参见 "AlSTON + BIRD LLP Antitrust Advisory" on July 9, 2007, www.alston.com。

生消极影响。一个纵向协议到底对市场竞争产生什么影响，既取决于生产商在其相关市场上的地位，也取决于相关市场的具体情况。

当然，《反垄断法》关于纵向限制竞争协议的规定非常原则，也非常简单，没有考虑当事人的市场地位对纵向限制协议的影响，没有考虑什么情况下的纵向协议可能封锁市场，也没有考虑第 14 条与滥用市场支配地位的第三章在逻辑上的衔接①。这需要反垄断委员会和执法机关在取得实践经验的基础上，制定细则性的规定或者发布相关的指南。

六　经营者集中

经营者集中有利于促进企业间的人力、物力、财力以及技术方面的交流合作，有利于提高规模经济，从而有利于提高企业的生产效率和市场竞争力。然而，由于企业有无限扩大规模和扩大市场份额的自然倾向，如果允许它们无限制地并购企业，就不可避免地会消灭市场上的竞争者，导致垄断性的市场结构，因此，控制经营者集中也是《反垄断法》的一个基本内容。

（一）经营者集中的概念

根据《反垄断法》第 20 条，经营者集中的方式包括：①经营者合并；②经营者通过取得股权或者资产的方式取得对其他经营者的控制权；③经营者通过合同等方式取得对其他经营者的控制权或者能够对其他经营者施加决定性影响。《反垄断法》在这方面有一个待改进之处：出于建立和维护市场有效竞争之目的，"经营者集中"应当涵盖所有能够直接或者间接对其他企业产生支配性影响以至改变市场结构的经济活动，包括两个或者几个企业共同建立一个合营企业。因为合营企业的建立可以改变市场结构，这在很多《反垄断法》中被视为企业并购，如《欧共体并购条例》第 3 条第 4 款和美国《克莱顿法》第 7 条的规定。

---

① 参考德国第 7 次修订前《反对限制竞争法》第 2 章关于纵向限制竞争协议的规定。

（二）　经营者集中的申报

根据《反垄断法》第 21 条，经营者集中达到国务院规定的申报标准的，应事先进行申报，未申报的不得实施集中。因为有些企业并购活动事实上是企业集团内部交易，对市场竞争不会产生重要影响，《反垄断法》第 22 条规定，经营者集中有下列情形之一的，可以不向国务院反垄断执法机构申报：①参与集中的一个经营者拥有其他每个经营者 50% 以上有表决权的股份或者资产的；②参与集中的每个经营者 50% 以上有表决权的股份或者资产被同一个未参与集中的经营者拥有的。

《反垄断法》第 21 条要求达到一定标准的企业并购进行申报，但没有规定具体的申报标准，这主要是因为，在全国人大常委会审议过程中，委员们对国务院提交草案中的申报标准存在很大的争议。草案规定，如果参与集中的所有经营者在全球范围内上一年度的销售额超过 120 亿元人民币，并且参与集中的一个经营者在中华人民共和国境内上一年度的销售额超过 8 亿元人民币的，参与集中的经营者应当事先向国务院反垄断执法机构申报[①]。有些常委会委员认为这个申报标准过低，有些认为不宜过高，有些认为应当分行业规定不同标准，还有些建议在申报标准中增加市场份额标准。鉴于各方面对申报标准的意见，同时考虑到经营者集中的申报标准应当随国家经济发展不断作出适当的调整，全国人大法律委员会建议，对经营者集中的具体申报标准由国务院作出规定并适当调整。

（三）　两阶段并购审查

企业合并审查必须有一个期限。为了不损害企业的利益，企业合并的审查期不应太长。但考虑到合并可能会涉及复杂的经济和法律问题，为了保证政府有足够时间审查合并，这个期限不宜太短。《反垄断法》借鉴欧共体竞争法的经验，对申报经营者集中规定了两个阶段的审查期[②]。根据该法第 25 条，反垄断执法机构应自收到经营者提交的全面的申报文件和

---

① 《反垄断法（草案）》（2006 年 6 月）第 17 条。
② 见《欧共体理事会关于控制企业集中第 139/2004 号条例》第 10 条。

资料之日起 30 日内，对申报的经营者集中进行初步审查，作出是否实施进一步审查的决定，并书面通知经营者。国务院反垄断执法机构作出决定前，经营者不得实施集中。国务院反垄断执法机构作出不实施进一步审查的决定或者逾期未作出决定的，经营者可以实施集中。根据该法第 26 条，反垄断执法机构决定实施进一步审查的，应自决定之日起 90 日内审查完毕，作出是否禁止经营者集中的决定，并书面通知经营者。审查期间，经营者不得实施集中。此外，有下列情形之一的，反垄断执法机构经书面通知经营者，可以延长前款规定的审查期限，但最长不得超过 60 日：①经营者同意延长审查期限的；②经营者提交的文件、资料不准确，需要进一步核实的；③经营者申报后有关情况发生重大变化的。与第一审查期的规定一样，反垄断执法机构在第二审查期内未作出决定的，可视为同意经营者实施集中。

（四）禁止的实质性标准

根据《反垄断法》第 28 条，经营者集中具有或者可能具有排除、限制竞争效果的，反垄断执法机构应作出禁止经营者集中的决定。这说明，反垄断执法机构决定禁止或者不禁止经营者集中的依据是竞争政策。该法第 27 条指出了反垄断执法机构审查经营者集中时考虑的各种因素，包括：①参与集中的经营者在相关市场的份额及其对市场的控制力；②相关市场集中度；③经营者集中对市场进入、技术进步的影响；④经营者集中对消费者和其他有关经营者的影响；⑤经营者集中对国民经济发展的影响；⑥反垄断执法机构认为应当考虑的影响市场竞争的其他因素。上述各种因素中，"市场份额""市场控制力"以及"市场集中度"无疑是非常重要的因素，其中"市场控制力"是一个关键因素，因为它不仅可以认定经营者集中能否产生排除、限制竞争的影响，而且可以说明《反垄断法》控制经营者集中的目的是阻止产生和加强市场势力。然而，根据第 27 条，反垄断执法机构对经营者集中进行反垄断审查时，除了竞争政策的考虑，还要考虑"经营者集中对国民经济发展的影响"。理论上说，考虑经营者集中"对国民经济发展的影响"，不仅仅是出于产业政策，因为从长远来看，具有排除或者严重限制竞争影响的合并肯定对国民经济发展具有严重的不利影响。然而，因为政府机构在经济政策方面的一般倾向是过高估计经营者集中对产业政策的好处，而过低估计对竞争政策的不利影响，一些对市场竞争有严重不利影响的经营者集中就有可能被视为有利于国民经济发展而得到批准，如被视为有利于提高国家竞争力，或者有利于保障社会就业等。如何准确判断和评价《反垄断法》中"经营者集中对国民经济发展的影响"这一条款的适用，有待相关的司法实践。

（五）辩护理由

根据《反垄断法》第28条，一个经营者集中如果具有或者可能具有排除、限制竞争效果，反垄断执法机构可以作出禁止集中的决定时，如果经营者能够证明集中对竞争产生的有利影响明显大于不利影响，或者符合社会公共利益的，国务院反垄断执法机构可以作出对经营者集中不予禁止的决定。这一规定显然是对具有限制竞争影响的经营者集中的豁免。此外，根据第29条，对不予禁止的经营者集中，国务院反垄断执法机构可以决定附加减少集中对竞争产生不利影响的限制性条件。

可见，《反垄断法》关于经营者集中的豁免主要基于两种理由，一是经营者集中对竞争产生的有利影响大于不利影响，二是经营者集中符合社会公共利益。这两种辩护理由都是借鉴了德国《反对限制竞争法》[①]。需指出的是，经营者集中对竞争产生的有利影响不是指企业通过合并可以提高自身某些方面的竞争优势，而是相关市场上竞争结构的改善。例如，经营者集中虽然一方面会强化取得企业的市场地位，但是如果没有集中，企业会被迫退出市场，这也许就可以判定为，集中比没有集中更有利于市场竞争。衡量集中对市场竞争影响的这一规定也说明，经济效率尚未成为《反垄断法》豁免经营者集中的理由。但是，由于第27条"经营者集中对国民经济发展的影响"的规定，也不排除反垄断执法机构基于经营者集中可以实现生产合理化，或者有利于提高企业的经济效率和市场竞争力等理由而批准限制竞争的经营者集中。

---

① 见德国《反对限制竞争法》第36条第1款。

　　《反垄断法》第 28 条为经营者集中辩护的第二个理由是社会公共利益。在这个方面，商务部 2006 年《外资并购境内企业规定》第 54 条有重要的参考价值。它除了规定改善市场竞争条件的企业并购可以向商务部和国家工商总局申请审查豁免外，其他三种企业并购也可以得到这样的待遇，它们是：①重组亏损企业并保障就业的；②引进先进技术和管理人才并能提高企业国际竞争力的；③可以改善环境的。这说明，这三种情况可被视为有利于社会公共利益。应当说，《反垄断法》中关于社会公共利益的规定非常必要。因为经济情况非常复杂，无论从现实还是从发展的眼光看，竞争政策同社会公共利益或者整体经济利益都有冲突的可能性。比较灵活的法规可以给执法机关留有余地，使它在竞争政策和产业政策发生冲突时有选择的机会。但是，反垄断执法机构应当谨慎地执行产业政策，否则它就不可能认真执行国家的竞争政策，而竞争政策是市场经济国家维护其市场经济秩序的基本政策。为提高执法的透明度，反垄断执法机构应当尽快发布与企业并购相关的条例或者指南。

七　禁止滥用市场支配地位

　　实践中，企业可通过合法方式，如通过国家授权，或者通过技术创新，如通过专利、版权、商标、技术秘密等，或者通过优化企业管理，在市场上取得支配地位甚至垄断地位。反垄断法不反对企业以合法方式取得垄断地位。但是，因合法垄断者同样不受竞争制约，从而会滥用其市场优势地位，损害市场竞争和消费者的利益，《反垄断法》第三章规定，禁止滥用市场支配地位。

（一）滥用市场支配地位的行为

　　根据《反垄断法》第 16 条，滥用市场支配地位的行为包括：①以不公平高价销售商品或者以不公平低价购买商品；②没有正当理由，以低于成本的价格销售商品；③没有正当理由，拒绝与交易相对人进行交易；④没有正当理由，限定交易相对人只能与其或者与其指定的经营者进行交易；⑤没有正当理由，搭售商品或者在交易中附加其他不合理的条件；⑥没有正当理由，对条件相同的交易相对人在价格等交易条件上实行差别待遇；⑦国务院反垄断执法机构认定的其他滥用市场支配地位的行为。

上述滥用行为可以分为两类，一类是剥削行为，即以不公平的价格进行交易；另一类是妨碍竞争的行为，即其目的是排除竞争对手。《反垄断法》要不要监督占市场支配地位企业的价格，世界各国可能有不同的做法。美国《反托拉斯法》不主张监督垄断企业的价格，因为谋求垄断高价是企业技术创新的动力。欧共体条约第82条（a）指出，如果占市场支配地位的企业"直接或者间接地实行不公平的购买或者销售价格或者其他不公平的交易条件"，这种行为构成滥用。在反垄断立法过程中，有学者提出，价格监督是反垄断执法机构的一项艰难任务。但是，中国老百姓痛恨垄断企业的根本原因是它们不合理地抬高价格，禁止剥削性滥用也许是《反垄断法》中最受欢迎的条款，尽管其后果往往导致政府限价。

《反垄断法》禁止的"妨碍性滥用"实际都是排他性行为。与一般合同的"排他"行为不同，"滥用"性的排他行为应当满足以下三个条件：一是行为人在市场上占支配地位；二是行为人所实施的排他行为不具有正当性或者合理性；三是这种行为会严重损害竞争，甚至排除竞争。三个条件中最难认定的是排他行为的不正当性或者不合理性，因为这不仅需要法律知识，也需要相关的经济学知识或者技术知识。总之，上述关于禁止滥用市场支配地位的规定说明，占市场支配地位的企业虽然原则上可以与其他企业一样参与经济交往，有权根据合同自由原则订立合同，但如果它们凭借市场地位限制竞争，那就是滥用了合同自由，得被予以禁止。这也说明，合同自由的前提条件是竞争。

《反垄断法》第55条还规定："经营者滥用知识产权、排除、限制竞争的行为，适用本法。"这个关于知识产权的规定说明，在《反垄断法》中，知识产权和一般财产权一样，不能从《反垄断法》中得到豁免，特别是滥用知识产权的行为不能得到豁免。《反垄断法》是否禁止滥用知识产权的行为，在立法过程中存在激烈争论。有些学者特别是一些来自美国的专家认为，既然知识产权和一般财产权有相同的地位，就不应对知识产权作特殊规定。但是，立法者认为，知识产权在市场竞争中有特殊意义，特别是在当今所谓的知识经济或者新经济时代。另外，中国当前基本上是一个知识产权进口国，且实践中已经出现了滥用知识产权的案件①。因此，通过法律手段，有效防止知识产权权利人的滥用行为，对中国经济发展有重要意义。

（二）市场支配地位的认定

根据第 17 条第 2 款，市场支配地位是指经营者在相关市场上能够控制商品的价格、数量或者其他交易条件，或者能够阻碍、影响其他经营者进入市场的一种能力。这即是说，市场支配地位是一种经济现象，反映了企业与市场竞争的关系。为使这个定义具有可操作性，《反垄断法》第 18 条提出了认定市场支配地位的一系列因素，包括经营者的市场份额、相关市场竞争状况、经营者控制市场的能力、经营者的财力和技术条件、其他经营者对该经营者在交易上的依赖性、其他经营者进入相关市场的难易程度等。

为提高法律稳定性和当事人的可预见性，《反垄断法》第 19 条还借鉴德国法，提出可推断市场支配地位的几种情况：①一个经营者在相关市场的份额达到 1/2；②两个经营者在相关市场的份额合计达到 2/3；③三个经营者在相关市场的份额合计达到 3/4。但在②和③的情况下，如果其中有经营者的市场份额不足 1/10，不应推定该经营者具有市场支配地位。根据该条第 3 款，对于上述推断，如果经营者有证据证明自己不具有市场支配地位，它不应被认定为具有市场支配地位。这说明，第 19 条的推断不过起信号功能，即警示当事人和反垄断执法机构，在某些情况下可能出现市场支配地位。当事人可以有很多理由推翻关于市场支配地位的推断，如它和另一个或者另两个经营者之间存在实质性的竞争，或者因为技术条件它的市场份额不能说明其市场支配力，或者它存在潜在的竞争对手，等等。

---

① 比如，中国几家 DVD 生产企业于 2004 年在 San Diego 联邦地方法院起诉索尼、飞利浦、先锋和 LG 等组织的专利联盟滥用知识产权的行为。

（三）滥用行为的法律后果

根据《反垄断法》第 47 条，经营者违反本法规定，滥用市场支配地位的，由反垄断执法机构责令停止违法行为，没收违法所得，并处上一年度销售额的 1%以上 10%以下的罚款。这个规定与实施了垄断协议的法律责任是一致的。但是，《反垄断法》对滥用行为和对卡特尔行为规定一致的法律后果可能存在问题。例如，对违法行为给予市场销售额 1%的最低行政罚款，这对价格卡特尔是必要的，因为其成员订立卡特尔时就已经知道了这种行为的违法性。但是对于滥用行为来说，因为认定违法的排他行为有时候不是一件轻而易举的事情，如即便欧洲法院，也需要花几年时间来审理微软公司的案件。这即是说，对占市场支配地位企业的排他性行为来说，合法和非法的界限不是很清楚，必须对当事人处以市场销售额 1%的最低罚款有时可能就不合理。根据《反垄断法》第 49 条，反垄断执法机构确定具体罚款数额时，应考虑违法行为的性质、程度和持续时间等因素。这说明，执法机构确定具体罚款数目时，将对案件进行通盘考虑。

八　结论

《反垄断法》是一部可以对中国经济运行产生重大影响的法律。因为该法针对企业的市场竞争行为，所以，它的颁布毫无疑问会对中国市场上的企业产生直接的和重大的影响。该法也会对消费者产生影响，因为市场竞争可以降低价格，改善产品质量和服务，从而造福于消费者，增进社会福利。该法毫无疑问也会对中国各级政府机构产生重大影响，因为它表明中国立法者对行政垄断持坚决反对的态度，从而有利于提高各级政府机关及其工作人员的反垄断意识。然而，由于中国经济转型的任务尚未彻底完成，再加上《反垄断法》本身存在很多有待通过不断实践而逐步完善的地方，可以预见，该法的初期执法会遇到严峻挑战。《反垄断法》面临的最大挑战是缺乏一个统一和独立的执法机关。多家政府机构分头执法毫无疑问会影响这部法律的效力和权威。普遍存在的行政垄断对法律的执行也是一个严峻挑战。《反垄断法》的任务是制止垄断行为，理应关注引入市场竞争后的电信、电力、邮政、铁路等行业的大企业。然而，由于这些行业都有各自的监管机构，反垄断执法机构能否在这些行业进行有效监管也需要我们拭目以待。此外，新通过的法律只有57条，其内容非常原则。在这种情况下，国务院及其有关部门需要尽快制定配套法规。可以预见，在反垄断立法方面，这些机构还任重而道远。

（参见法治蓝皮书《中国法治发展报告No.6（2008）》）

第十五章　2011 年中国反垄断执法

摘　要：本文从禁止价格垄断行为，禁止价格垄断以外的垄断协议、滥用市场支配地位和滥用行政权力排除和限制竞争以及禁止经营者集中着手，总结了中国反垄断执法机构在《反垄断法》施行三年特别是 2011 年的反垄断执法活动和反垄断执法合作，有针对性地提出了反垄断执法存在的不足，并对反垄断执法未来的发展进行了展望。

作为经济宪法，《反垄断法》在其施行的三年里，对预防和制止垄断行为、保护各类市场主体和消费者的合法权益，发挥了积极和重要的作用。在三年的执法过程中，中国反垄断执法机构从无到有、逐渐摸索、不断发展和完善，取得了可喜的进步。《反垄断法》施行的前两年，反垄断执法主要集中于审查企业并购。2011 年这种执法格局逐渐有所变化，国家发展和改革委员会、商务部和国家工商行政管理总局的反垄断执法重拳出击，严格适用法律，依法办事，在多个领域取得重大进展，在全社会产生了广泛影响。

一　禁止价格垄断行为

价格垄断行为是指经营者达成价格垄断协议或者具有市场支配地位的经营者使用价格手段排除、限制竞争。根据 2011 年 2 月 1 日施行的《反价格垄断规定》，行政机关和法律法规授权的具有管理公共事务职能的组织滥用行政权力，在价格方面排除、限制竞争的行为，同样属于应受调整的价格垄断行为。

国家发展改革委负责依法查处价格垄断行为，包括经营者达成价格垄断协议、滥用市场支配地位的价格垄断行为，以及滥用行政权力排除、限制竞争的价格垄断行为。然而，在《反垄断法》实施的前两年，由于人员不足和缺乏具体操作规章，国家发展改革委主要侧重于反垄断培训、学习和起草规章。2011年2月1日起施行的《反价格垄断规定》和《反价格垄断行政执法程序规定》在为国家发展改革委反垄断执法提供具体和详尽操作规范的同时，也解决了反价格垄断执法力量不足的问题。

当前，中国反价格垄断执法工作任务繁重。由于市场发育不完善，中国价格垄断违法行为时有发生，且有缓慢上升的趋势。行业内经营者通过行业协会协调价格、垄断性企业滥用市场支配地位，以及经济转型期政府工作人员滥用行政权力对外地商品设定歧视性收费项目、实施歧视性收费标准或者规定歧视性价格以维护地区、部门或者行业利益的现象比比皆是，有的甚至广而告之，不加任何隐瞒和掩饰。

鉴于中国市场价格垄断行为的现状，2011年包括国家发展改革委在内的中国各级价格主管部门进行了有针对性的执法，调查和查处的价格垄断案件主要涉及三种类型：一是行业协会组织行业经营者，达成固定或者变更商品价格，或限定向第三人转售商品最低价格的垄断协议；二是行业内具有竞争关系的经营者之间达成固定或者变更商品价格的垄断协议；三是个别具有市场支配地位的经营者滥用市场支配地位，实施不公平高价、价格歧视或拒绝交易，排除、限制市场竞争。

与国外反垄断执法机构发现价格垄断违法行为的方式基本相同，当前中国发现价格垄断违法行为主要依靠当事人举报和新闻报道等。举报者主要有消费者、经营者、律师和消费者协会等。由于计划经济对中国经营者的影响，以及部分经营者对《反垄断法》的不了解，许多价格垄断行为往往以公开的形式出现在公众的视野中，这也使国家发展改革委能够较为容易地发现价格垄断行为。

当前调查的价格垄断行为案件主要涉及医药、水泥、图书、造纸、

保险、快递服务和日化等多个行业。以医药行业为例，2011 年 11 月 14
日，国家发展改革委对山东潍坊顺通医药有限公司（以下简称"山东
顺通"）和山东潍坊华新医药贸易有限公司（以下简称"山东华新"）
非法垄断抗高血压药复方利血平原料药行为作出严厉处罚。复方利血平
是列入中国基本药物目录的抗高血压药，每片零售价格仅为 8 分钱。当
前该药在中国的消费人群主要是中低消费群体，由于中国目前有超过
1000 万的高血压患者长期服用该药，因此其每年的消费数量为 80 亿至
90 亿片。然而，中国仅有两家企业正常生产复方利血平的主要原料药
盐酸异丙嗪。山东顺通和山东华新分别与两家盐酸异丙嗪生产企业签订
《产品代理销售协议书》，垄断了盐酸异丙嗪在国内的销售。协议书包
括山东顺通和山东华新分别独家代理两家企业生产的盐酸异丙嗪在中国
国内的销售、未经山东顺通和山东华新授权不得向第三方销售等内容。
针对山东顺通和山东华新强迫下游企业抬高投标价格牟取暴利的行为，
国家发展改革委根据《反垄断法》第 14 条的规定，责令这两家公司立
即停止违法行为，解除与盐酸异丙嗪生产企业签订的销售协议，没收两
家企业违法所得并处罚款。

2011 年国家发展改革委首次启动了对国有大型企业价格垄断行为的
调查，具有里程碑式意义。2011 年 11 月 9 日，国家发展改革委负责人证
实已经启动了对中国电信和中国联通在宽带接入和网间结算领域是否利用
自身具有的市场支配地位阻碍其他经营者进入市场等行为的调查，并已查
明中国电信和中国联通在互联网接入市场共同占有 2/3 以上的市场份额，
具有市场支配地位；两家企业利用市场支配地位对跟自己有竞争关系的竞
争对手企业给出高价，对没有竞争关系的企业给予优惠价格，实施了
《反垄断法》意义上的价格歧视①。根据工业和信息化部的统计，中国电
信和中国联通直连宽带 261.5G，仅占两公司国际出口宽带 1078G 的
24.3%；从互联质量看，两公司 2011 年 1～9 月骨干网互联时延 87.7～
131.3 毫秒，丢包率为 0.2%～1.9%，均不符合原信息产业部《互联网骨

---

① 见人民网，http://politics.people.com.cn/GB/159296/16187929.html，最后访问日期：
2011 年 11 月 20 日。

干网间互联服务暂行规定》时延不得高于 85 毫秒以及丢包率不得超过
1%的要求①。换句话说，中国电信和中国联通未能实现充分互联互通，
提高了接入成本，影响了网民的上网速度，涉嫌价格垄断。国家发展改革
委对国有电信大型企业的价格垄断行为的调查，引起了包括专家、学者和
消费者在内的全社会大讨论，有助于普及《反垄断法》的基本知识、提
升执法机构的权威性，在全社会推广竞争法律文化。

二 禁止价格垄断以外的垄断协议、滥用市场支配地位 以及滥用行政权力排除和限制竞争

　　国家工商总局主要负责除价格垄断以外的所有垄断协议、滥用市场支
配地位以及滥用行政权力排除、限制竞争的反垄断执法工作。

　　与国家发展改革委查处价格垄断行为的情况相同，在《反垄断法》
实施的前两年，由于缺乏反垄断执法经验，国家工商总局一直对执法活动
持谨慎态度，更多侧重于培训和组织学习交流。继颁布实施《工商行政
管理机关查处垄断协议、滥用市场支配地位案件程序规定》和《工商行
政管理机关制止滥用行政权力排除、限制竞争行为程序规定》两部程序
规章后，2011 年 2 月 1 日国家工商总局正式施行了《工商行政管理机关
禁止垄断协议行为的规定》《工商行政管理机关禁止滥用市场支配地位行
为的规定》和《工商行政管理机关制止滥用行政权力排除、限制竞争行
为的规定》等三部规章，进一步完善了工商行政管理机关反垄断执法的
依据。三部规章在中国反垄断法框架内，立足工商行政管理机关反垄断职
能，对垄断协议行为、滥用市场支配地位行为和滥用行政权力排除、限制
竞争的行为予以细化和明确，提高了工商行政管理机关反垄断执法的可操
作性。

　　横向垄断协议是各国反垄断执法机构监管的重点，当前国家工商总局
的执法活动主要涉及对横向垄断协议的监管。横向垄断协议是指具有竞争

①　见人民网，http://politics.people.com.cn/GB/159296/16187929.html，最后访问日期：
2011 年 11 月 20 日。

关系的经营者达成的垄断协议，由于经营者处于同一经济层面，如销售同类产品或者提供同类服务的经营者，因此更容易产生排除和限制竞争的影响。《反垄断法》第 13 条明确规定，禁止具有竞争关系的经营者之间达成垄断协议。

国家工商总局在横向垄断协议方面的监管主要针对恶性"卡特尔"。由于中国一直存在卡特尔，如"航空价格同盟"等同行业价格联盟类垄断，因此这些卡特尔成为监管的重中之重。恶性卡特尔通常是指固定价格、划分市场、串通投标、限制产量等竞争者之间达成的反竞争协议、决定或者协同行为等，有扭曲竞争的效果。

2011 年 2 月，工商行政机关查处的反垄断第一案就涉及恶性卡特尔。该案件涉及江苏省连云港市建筑材料和建筑机械行业协会成立的混凝土委员会（以下称"混凝土委员会"）组织 5 家预拌混凝土企业通过制定"行业自律条款"及"检查处罚规定"等形式联合制定分割市场和固定价格的协议。由于预拌混凝土企业停止供货，正在施工的江苏省连云港旅游大厦、国际会议中心、朝阳小区拆迁安置房等多个在建项目被迫停工，建设方蒙受了巨大损失，而其他企业迫于协会的处罚规定，都不敢与建设单位订立购销合同。江苏省工商局根据国家工商总局的授权对连云港混凝土委员会和 5 家企业作出处罚，没收违法所得 136481.21 元，并处罚款730723.19 元①。

垄断协议常会伴随价格垄断的产生和加剧，因此针对恶性卡特尔，国家工商总局和国家发展改革委多以协调方式展开执法合作。

三　禁止经营者集中

经营者集中涉及经营者合并、经营者通过取得股权或者资产的方式取得对其他经营者的控制权以及经营者通过合同等方式取得对其他经营者的控制权或者能够对其他经营者施加决定性影响等三种情形。《反垄断法》确立了经营者集中事先申报制度。根据《反垄断法》第 21 条的规定，经营者

---

① 《法制日报》2011 年 3 月 3 日，第 6 版。

集中达到国务院规定的申报标准的，经营者应当事先向国务院反垄断执法机构申报，未申报的不得实施集中。

商务部具体负责经营者集中的申报和审查。商务部自 2008 年《反垄断法》实施以来，坚持《反垄断法》的执法工作，取得了很好的执法效果。2008 年《反垄断法》实施以来，商务部审查的集中申报案件数量呈逐年上升之势。其中，2008 年商务部共审结案件 17 件，2009 年 80 件，2010 年 117 件，2011 年 1～8 月已收到申报 142 件、立案 118 件，全年有望达到 200 件①。

在商务部已审结的经营者集中案件中，大部分案件的交易金额在 10 亿元至 100 亿元人民币，约占审结案件数量的 35%，100 亿元至 1000 亿元的案件约占 15%，其中，大于 1000 亿元的案件有 8 件②。

与欧美反垄断执法机构对经营者集中申报审查的通过概率颇为类似，中国反垄断执法机构对经营者集中申报案件的审查多数也以无条件通过而告结束。从商务部审查案件的结果看，无条件通过的约占 97%；禁止的仅有 1 件，即可口可乐收购汇源果汁案；附条件批准的为 9 件，即英博收购 AB 啤酒案、三菱丽阳收购璐彩特案、辉瑞收购惠氏案、诺华收购爱尔康案、通用汽车收购德尔福案、松下收购三洋案、乌钾收购谢钾案、佩内洛普收购萨维奥案、通用电气（中国）与中国神华煤制油化工合营案③。

2008 年《反垄断法》实施以来，商务部在经营者集中反垄断审查方面制定了一系列配套规则，如《经营者集中申报办法》《经营者集中审查办法》《关于实施经营者集中资产或业务剥离的暂行规定》《关于经营者集中竞争影响评估的指导意见》等。这些规定增强了《反垄断法》在执法上的可操作性，有助于审查经营者集中。商务部未来一段时间会加紧出台《关于经营者集中附加限制性条件的规定》《关于未依法申报的经营者集中调查处理办法》和《未达申报标准涉嫌垄断经营者集中调查处理办法》等三部反垄断配套规则，有效促进经营者集中申报

① 《法制日报》2011 年 9 月 22 日，第 6 版。
② 《法制日报》2011 年 9 月 22 日，第 6 版。
③ 根据商务部反垄断局网站（http://fldj.mofcom.gov.cn/）所提供的数据整理。

和审查工作的顺利进行。

四　反垄断执法合作

（一）反垄断执法机构间的合作

作为反垄断执法机构，国家发展改革委、商务部和国家工商总局开展了积极和富有成效的合作。特别是国家发展改革委与工商总局在执法中或多或少存在交叉，双方在起草规章和反垄断执法方面都进行了协调与合作。实践中，如果国家发展改革委和工商总局对案件的管辖权存在模糊，那么双方按照谁先接到举报谁先接手调查并执法的原则，避免发生冲突。如果案件涉及问题特别复杂，那么双方同意由国务院反垄断委员会协调两个部门进行共同执法。

（二）执法机构与其他部门间的协调

《反垄断法》建立起来的二元执法模式有助于执法机构与其他部门间的协调。2008 年 7 月，根据《反垄断法》的有关规定，经国务院批准，成立了国务院反垄断委员会。该委员会由一名国务院副总理担任主任，包含了来自商务部、国家发展改革委和工商总局等三家反垄断执法机构和其他 11 个部委办在内的部门。国务院反垄断委员会负责协调反垄断行政执法工作。此外，为协调国务院反垄断委员会各个组成部门之间的工作，2011 年 6 月中央机构编制委员会办公室正式批准在商务部设置国务院反垄断委员会办公室，加强人员配备，从而进一步加强了《反垄断法》在中国实施的有效性。

（三）中外反垄断执法机构的执法合作与交流

自 2008 年《反垄断法》施行以来，中国执法机构还注重加强与境外机构的合作与交流。除了与有关国家和地区的执法机构进行日常交流以外，在《反垄断法》施行三周年之际，商务部、国家发展改革委、国家工商总局还与美国司法部和联邦贸易委员会共同签署了《反垄断和反托拉斯合作谅解备忘录》①。根据该备忘录要求，中美反垄断和反托拉斯执法机构将从如下方面开展合作：相互通报各自竞争政策及反垄断执法方面的重要动态；通过开展竞争政策和反垄断法律方面的活动加强双方能力建设，开展反垄断执法经验交流；就竞争执法和竞争政策事项相互寻求信息或建议；就反垄断法律、法规、规章、指南的制定和修改提出建议；就多边竞争法律和政策交换意见；在增强企业、其他政府机构以及社会公众竞争政策和法律意识方面交流经验。

五　反垄断执法存在的问题

目前仍然应当注意的是，《反垄断法》的执法效果与公众期待还存在较大差距，这反映了反垄断执法存在不足。

第一，执法的公平性问题。当前公众对反垄断执法工作仍然保持疑虑，对反垄断执法机构在执法中是否能同等对待国有企业和民营企业持怀疑态度。第二，价格垄断的问题。价格垄断在当前仍然是一个较为突出的问题，如能源、铁路、电信、食盐、水电气供应、烟草、原材料等，反垄断执法机构依靠现有条件和能力是否能够有效捕获市场内的价格垄断行为值得怀疑。第三，行政垄断的问题。处于经济转型期的中国社会，行政机关越权和缺位的问题仍然很严重。因此，单凭反垄断执法机构的执法恐难真正有效制止行政机关滥用行政权力损害竞争的行为。第四，反垄断执法机构的能力建设问题。欧盟和美国反垄断执法机构的经验表明，保障反垄断执法机构具有充分的人财物是反垄断执法工作的前提。考虑到中国机构改革的压力，反垄断执法机构在不增加现有编制和预算的情况下，如何保障其执法能力值得研究。第五，市场进入壁垒的问题。部分垄断企业对市场进入设置的有形和无形障碍给其他希望进入该市场的企业造成了严重的阻碍，反垄断执法机构今后应当如何应对需要探讨。

在某些方面，反垄断执法存在的不足也是源于《反垄断法》对一些关键性语句定义模糊。例如，《反垄断法》第 20 条同时使用了"控制权"

---

① 见中央政府门户网站，http://www.gov.cn/gzdt/2011-07/27/content_1914969.htm。

和"施加决定性影响",两者从法律意义上讲存在何种程度差异,《反垄断法》并没有给出解释,这给反垄断审查带来了一些认识上的困难,同时也对反垄断执法造成一定的被动。

反垄断执法存在的不足有深层次的原因。当前中国已经初步形成中国特色社会主义法律体系,然而考虑到中国是在社会主义初级阶段条件下发展市场经济,实施《反垄断法》不可避免地会存在一些矛盾和冲突。当前反垄断执法存在的不足恰恰是法律作为一种上层建筑与经济基础发生局部矛盾的深层次反映,也是中国发展和完善市场经济所面临的困难的一个缩影。

六 未来反垄断执法展望

反垄断执法工作不是一朝一夕就可以完成的。反垄断执法具有高度专业性、学科交叉性、影响力广泛的特点,其实施过程中必然要强调反垄断执法机构设置的专业性和权威性。为此,中国反垄断执法机构今后应当加强其执法能力建设,通过吸收具有多领域知识的执法官员和专家,参与执法实践活动,提高反垄断执法水平。

反垄断执法的常态化成为必然选择。《反垄断法》实施三年来,随着配套法规、规章和其他规范性文件的逐步施行,包括国家发展改革委、商务部和国家工商总局三家反垄断执法机构未来的工作重点已经逐步走向执法活动,常态执法成为必然选择。今后,三家反垄断执法机构应各自着眼于自己的管辖范围,加大执法力度,尽可能选择关系国计民生的行业,打击典型的非法排除和限制竞争行为,确立反垄断执法机构的权威和《反垄断法》的威严。

（参见法治蓝皮书《中国法治发展报告 No. 10 （2012） 》）

第十六章　近年商品领域反价格垄断
执法工作分析报告

　　摘　要：为实施反价格垄断工作，主管部门采取了加强配套立法、完善执法体制、规范执法程序、加大执法力度等举措。近年来，主管部门依法查处了液晶面板价格垄断案、茅台和五粮液公司纵向价格垄断案、乳粉企业纵向价格垄断案、汽车整车及零部件价格垄断案等商品领域一系列典型案件。2015 年将坚定不移地推进反价格垄断执法，加强法律宣传，推动经营者依法合规经营，并研究完善反价格垄断制度，不断提高反价格垄断执法能力和水平。

　　在中国，查处价格垄断行为是由国家发展和改革委员会负责，根据国务院规定，其主要查处以下三方面的不正当行为：一是涉及垄断协议的行为，二是滥用市场支配地位行为，三是滥用行政权力排除限制竞争行为。《反垄断法》实施以来，国家发展改革委加强监管，维护市场公平竞争秩序，特别是近两年来，国家发展改革委和经授权的省级价格主管部门依法查处了一批反垄断案件，引起了广泛关注。

一　反价格垄断工作总体情况

（一）加强配套立法

　　国家发展改革委一直高度重视立法工作。《反垄断法》出台之后，国

家发展改革委就开始着手研究制定配套规章问题，经过 3 年多的努力，
2010 年 12 月 29 日颁布了《反价格垄断规定》和《反价格垄断行政执法
程序规定》两部配套规章，于 2011 年 2 月 1 日起实施。这两部规章是对
《反垄断法》有关法律规定的进一步细化，为反价格垄断执法提供了更为
明确具体的法律指导。近几年来，反价格垄断的立法工作不断加强，修订
完善了一批部门规章和规范性文件。2013 年，国家发展改革委发布了修
订后的《价格行政处罚程序规定》，对价格行政执法程序作出规定。同
时，修订《价格行政处罚证据规定》《价格行政处罚文书示范文本》和
《价格行政处罚案卷管理规定》等规范性文件，对价格行政执法予以
规范。

（二）完善执法体制

《反垄断法》将反垄断执法明确规定为中央事权，因此有必要建立统
一由国务院领导的反垄断执法工作机构。根据工作需要，国务院反垄断执
法机构授权省级人民政府建立相应机构，负责反垄断执法工作。2008 年
底，国家发展改革委授权各地方政府的价格主管部门负责本行政区域内的
反价格垄断执法工作，并负责配合国家发展改革委开展反价格垄断的调查
工作。2011 年开始实施的《反价格垄断行政执法程序规定》进一步规定，
国务院和各地方政府价格主管部门可在法定权限内委托下一级政府部门进
行价格垄断调查。

（三）依法开展执法工作

2008 年至 2014 年 9 月，价格主管部门共查处了 72 个案件，涉及 335
家企业和相关行业协会。被调查主体覆盖较广，国有企业、民营企业、外
资企业、境外企业、行业协会都在调查范围内。违法行为类型也多种多
样，目前国家发展改革委查处的价格垄断案件涉及各种垄断行为，包括横
向价格垄断协议、纵向垄断协议、滥用市场支配地位、滥用行政权力等。
从执法领域来看，涉及液晶面板、医药、白酒、乳粉、汽车、黄金饰品、
建筑材料、化工原料、保险、电信、知识产权等近 20 个行业；对部分滥
用行政权力排除限制竞争的案件也进行了调查处理。从案件调查分析方法

看，运用了突击调查、宽大制度等多种手段，对如何界定相关市场、如何分析垄断行为对市场竞争和消费者利益的影响进行了积极探索实践。从案件处理结果来看，有依法实施行政处罚的案件，也有因经营者作出承诺而中止调查的案件。

（四）严格遵循执法程序

执法依据为《反垄断法》《行政处罚法》和《反价格垄断行政执法程序规定》，其程序包括立案、调查取证、案件审理、听取意见、集体讨论、事先告知、陈述申辩等，保障执法公平公正。在反垄断执法过程中，国家发展改革委始终依法保障当事人陈述意见、进行陈述申辩、听证和寻求司法救济的权利。在作出行政处罚之前，国家发展改革委书面告知当事人拟作出的行政处罚决定以及理由和依据，并告知其依法享有陈述申辩或者提出听证申请的权利。为充分保障当事人权利，《价格行政处罚程序规定》还明确规定，反垄断执法机构不得因当事人陈述、申辩和听证而加重处罚。比如，在汽车零部件价格垄断案中，住友提出了书面陈述申辩意见，国家发展改革委依法予以采纳，对住友的罚款由告知书中的 3.4272 亿元调减到决定书中的 2.904 亿元。对于执法机构已经作出的行政处罚，根据相关法律规定，当事人对决定不服的，还可以依法申请行政复议或者提起行政诉讼。

二 反价格垄断执法典型案例

（一）液晶面板价格垄断案

2013 年，国家发展改革委对韩国三星、LG 等六家国际大型液晶面板企业的价格垄断行为进行了查处，主要查处的是 2001 年至 2006 年的价格垄断行为。查处结果为：责令涉案企业退还国内彩电企业多付的价款 1.72 亿元，没收违法所得 3675 万元，并处罚款 1.44 亿元，经济制裁总金额 3.53 亿元①。涉案企业承诺今后严格遵守中国法律，向所有客户公

---

① 国家发展改革委有关负责人就液晶面板价格垄断案答记者问。

平供货，提供同等的高端产品、新技术产品采购机会，并且承诺彩电的面板保修服务期限由 18 个月延长到 36 个月，仅此一项每年可为中国彩电企业节约维修成本 3.95 亿元。这是中国首次对境外企业开展反价格垄断执法，维护了公平竞争秩序，保护了经营者和消费者的合法权益。

（二）茅台、五粮液公司纵向价格垄断案

2013 年，国家发展改革委对贵州茅台、四川五粮液公司限定具有独立法人资格的全国经销商销售白酒的最低价格行为进行了调查处理。这是中国首次调查处理纵向价格垄断案件。国家发展改革委对茅台和五粮液公司的限定价格行为进行了认真分析、研究、论证，认为两公司利用自身的市场强势地位，通过合同约定、管理约束、价格管控、考核处罚、区域监督等方式，对全国经销商向第三人销售白酒的最低价格进行限定和控制，产生了排除、限制竞争的效果，违反了《反垄断法》第 14 条的规定，且两公司不能证明该行为符合第 15 条规定的豁免条件。经研究，责成贵州省物价局、四川省国家发展改革委依法定程序分别进行了处理，合计罚款 4.49 亿元，其中茅台 2.47 亿元，五粮液 2.02 亿元。

（三）乳粉企业纵向价格垄断案

2013 年国家发展改革委对多美滋、美赞臣、惠氏、贝因美、合生元、雅培、富仕兰（美素佳儿）、恒天然、明治等九家企业在销售婴幼儿配方乳粉过程中涉嫌价格垄断进行了调查，掌握了乳粉企业对经销商和零售商进行价格控制的确凿证据。鉴于乳粉企业达成并实施了销售婴幼儿配方乳粉的纵向价格垄断协议，排除限制了竞争，维持了市场高价，损害了消费者的合法权益。国家发展改革委依法对其中六家乳粉生产企业的价格垄断行为进行了处罚，合计罚款 6.6873 亿元，对主动报告有关情况并提供重要证据的三家企业免除处罚。

（四）水泥公司横向价格垄断协议案

2013 年，根据举报，国家发展改革委对部分水泥企业及地区水泥协会进行了反垄断调查。调查发现，2011 年以来，部分水泥企业和水泥协

会通过组织"市场协同""限产保价"等行为共同协商水泥价格，组织、达成并实施水泥价格垄断协议，排除和限制了市场竞争，违反了《反垄断法》第13条的规定。2014年，国家发展改革委责令吉林省物价局依法对北方水泥、亚泰水泥和冀东水泥三家公司共处罚款计1.14亿元。在水泥行业产能过剩的背景下，部分企业通过垄断协议进行限产保价，规避市场竞争，损害了市场公平竞争秩序和消费者利益。《反垄断法》第15条规定了对部分垄断协议予以豁免的条件，除满足因经济不景气、为缓解销售量严重下降或者生产明显过剩的，还应满足"不会严重限制相关市场的竞争"和"能够使消费者分享由此产生的利益"两个条件①。该案中仅产能过剩一个因素，并不能满足垄断协议得到豁免的法定要件。最终反垄断执法及时制止以垄断协议等方式损害市场秩序的行为，推动企业通过公平竞争、优胜劣汰、兼并重组、产业转型等市场化手段解决产能过剩问题。

（五）美国数字交互公司（IDC公司）涉嫌滥用专利市场支配地位案

2013年5月，国家发展改革委接到举报，美国数字交互公司涉嫌在无线通信标准专利市场实施垄断行为、滥用支配地位。比如，美国数字交互公司对中国企业设定不公平的高价许可费、中国企业所持有的专利须向美国数字交互公司申请免费反许可、捆绑许可非标准必要专利和标准必要专利等。针对调查，数字交互公司提出了消除涉嫌垄断行为后果的具体措施，如取消对中国企业征收高价许可费、不再对非标准必要专利与标准必要专利进行捆绑许可、不再要求中国企业所持专利向美国数字交互公司申请免费反许可等。由于美国数字交互公司尚未在中国境内取得销售收入，且其在保证中国企业公平地参与市场竞争、恢复市场竞争秩序、消除涉嫌垄断行为的后果方面提出了具体措施，国家发展改革委根据《反垄断法》第45条的规定，决定对数字交互公司中止调查，但将严格监督数字交互公司的承诺履行状况，纠正涉嫌违法行为。

①　刘春宏、路艳：《聚焦反垄断法：反什么，谁来反》，《地方财政研究》2006年第8期。

（六）汽车整车及零部件、轴承价格垄断案

一是八家汽车零部件企业价格垄断案。经调查，2000 年 1 月至 2010 年 2 月，为减少竞争，以最有利的价格得到汽车制造商的零部件订单，日立、电装、爱三、三菱电机、三叶、矢崎、古河、住友等八家日本汽车零部件生产企业就起动机、线束等 13 种产品多次进行双边或多边会谈、接触，协商价格，达成价格协议并付诸实施。经价格协商的零部件主要用于本田、丰田、日产、铃木、福特等 20 多种车型，截至 2013 年底，价格协商后的相关零部件订单仍在供货中国市场。据此，国家发展改革委对八家企业达成并实施横向价格垄断协议行为处罚 8.3196 亿元[①]。二是四家轴承企业价格垄断案。国家发展改革委调查发现，2000 年至 2011 年 6 月，不二越、精工、捷太格特、NTN 等四家轴承生产企业就轴承涨价及幅度、涨价时间召开了多次会议，达成价格协议并实施涨价行为。为此，国家发展改革委依法对达成并实施横向价格垄断协议行为的四家轴承企业罚款 4.0344 亿元。三是一汽大众奥迪及十家经销商价格垄断案。湖北省价格主管部门根据举报，对一汽大众奥迪进行了反垄断调查。经查明，一汽大众奥迪利用厂商强势地位，通过特许经销商协议强制限定汽车整车和零部件的终端销售价格，并多次召开会议，强迫经销商签订实施"武汉地区奥迪限价表""华中小区价格方案保证书"，组织经销商达成整车销售和售后服务的价格联盟，违反了中国《反垄断法》的规定。湖北省物价局在计算本省相关销售额基础上依法对一汽大众奥迪罚款 2.48 亿元，对十家经销商罚款 2996 万元，合计罚款 2.78 亿元。四是克莱斯勒汽车及三家经销商价格垄断案。上海市价格主管部门根据举报对克莱斯勒汽车进行了反垄断调查，查明克莱斯勒存在对下游经销商进行价格控制行为，并组织部分克莱斯勒的经销商达成价格联盟。上海市国家发展改革委在计算本市相关销售额基础上依法对克莱斯勒汽车罚款 3168 万元，对三家经销商罚款 214 万元，合计罚款 3382 万元。

---

① 《国家发展改革委员会开出反垄断最大罚单》，《中国经济时报》2014 年 8 月 21 日。

三　反价格垄断展望

十八届三中全会通过的《中共中央关于全面深化改革若干重大问题的决定》指出，"经济体制改革是全面深化改革的重点，核心问题是处理好政府和市场的关系，使市场决定配置资源是市场经济的一般规律，健全社会主义市场经济体制必须遵循这条规律"。竞争是市场经济的核心机制，对促进资源优化配置、推进经济转型和产业升级、促使经营者创新、增进消费者福利，具有重要意义。国家发展改革委将进一步加强反价格垄断工作，致力于维护公平竞争的市场秩序，保护消费者利益；同时，也将充分听取和吸收各方面的意见和建议，不断提高反价格垄断执法能力和水平。

一是坚定不移地依法推进反价格垄断执法。对执法机构来说，执法是国家发展改革委的中心工作，也是维护竞争的重要基础。通过执法，促使市场主体主动加强对《反垄断法》的学习，增强竞争意识，自觉依法开展生产经营。很多方面关注国家发展改革委开展反垄断执法的重点领域是什么，作为执法者，国家发展改革委并不预设对哪个领域进行重点调查，只要存在垄断行为，国家发展改革委都将依法开展调查处理。对于依法举报的线索，不管什么领域，国家发展改革委必须按照法律要求开展必要的调查。当然，在工作过程中，国家发展改革委也会对民生领域、社会关注的重点领域进行相关研究，依法开展工作。

二是进一步加强反垄断法律宣传。反垄断执法初期，最重要的工作是要加强法律宣传，培育正当竞争的文化。从国家发展改革委执法的实际情况看，目前市场主体对《反垄断法》的理解和认识还不到位，有的经营者不清楚其行为违反不正当竞争相关法律，甚至还在网络上公布相关不正当行为。所以，必须进一步加大法律法规的宣传力度，增强社会各方面对《反垄断法》的理解和认识。国家发展改革委也将继续大力推进案件公开，促使经营者和社会各方面更加准确地理解执法机构的执法取向和尺度，进一步明确市场竞争规则。

三是推动经营者依法合规经营。当前，中央大力推进深化改革、简政放权，作为政府监管机构，国家发展改革委有责任有义务加强事中和事后监管，为所有企业提供一个公平竞争的良好环境。经营者是市场的主体，是开展创新、提升效率、增强经济活力的主力和源泉，竞争有序的市场环境将最大程度上激发这种活力。国家发展改革委价格监督检查与反垄断局将通过开展相关培训、推进价格诚信建设等多种措施，加深市场主体对《反垄断法》的理解和认识，推动经营者依法合规经营，共同维护市场竞争秩序。

四是逐步研究完善有关反价格垄断制度。中国《反垄断法》实施时间还不长，反垄断执法基本上还处于起步阶段，特别是一些复杂的价格垄断案件刚开了个头，有关制度和规定仍有待进一步补充细化和完善，反价格垄断执法能力和水平需要提高。国家发展改革委将认真总结反价格垄断执法经验，分析工作中面临的一些问题，研究细化相关制度，根据执法的实际情况，科学评估有关行业的市场竞争状况，进一步引导市场预期，明确市场竞争规则。

（参见法治蓝皮书《中国法治发展报告 No. 13（2015）》）

第十七章　身份证使用的法律
规制和现状

　　摘　要： 身份证对于方便居民从事社会活动、加强国家对居民事务的管理、满足公共安全诉求等具有积极意义。然而，实践中过度使用身份证可能对个人权益造成的侵害值得关注。本文对有关身份证使用的法律进行了分析，从实证角度考察了身份证的使用现状及其在个人信息保护方面存在的诸多问题，并对中国身份证使用的完善提出了建议。

　　身份证在社会生活中有着重要的作用，它可以方便快捷地证明身份，增强民事主体之间的信任，维护交易安全，并可以协助有关机关维护国家安全和社会公共秩序。然而，身份证制度如果运用不当，也有可能侵犯公民的合法权益。

一　中国身份证使用的法制现状

　　新中国在成立之后的 30 多年里，一直没有实行身份证制度，个人主要依靠户口簿、介绍信等证明身份①。1985 年 9 月，国务院颁布《居民身份证试行条例》，并开始颁发第一代身份证。1986 年 11 月，经国务院批准，公安部颁布了《居民身份证条例实施细则》。为了进一步规范身份证

---

① 资料来自维基百科中文网站，http：//zh.wikipedia.org。

制度，保障公民的合法权益，全国人大常委会于 2003 年 6 月通过了《居民身份证法》（以下简称《身份证法》）。

（一）中国实行身份证制度的目的

国家实行身份证制度的目的主要是便于国家管理和维护公共安全。

1. 便于国家管理

《身份证法》第 3 条规定，身份证登记的项目包括姓名、性别、民族、出生日期、常住户口所在地住址、公民身份证号码、本人相片等，其中，"公民身份号码是每个公民唯一的、终身不变的身份代码"。《身份证法》规定了公民出示身份证证明身份的法定事由，即从事常住户口登记项目变更、兵役登记、婚姻登记、收养登记和申请办理出境手续活动（第 14 条）。另外，该法允许其他法律和行政法规规定公民出示身份证的事由。例如，国务院《个人存款账户实名制规定》就要求个人在金融机构开立个人存款账户时出示本人身份证（第 6 条）。法律、行政法规通过为公民设定出示身份证的义务，增强政府部门的宏观调控能力、降低监管成本，从而达到便于国家管理的目的。

2. 维护公共安全

身份证还具有防止身份欺诈、打击犯罪、维护公共安全的功能。为此，《身份证法》专门规定了人民警察查验身份证的制度①。《身份证法》明确了人民警察依法查验身份证的几种情形：即核查有违法犯罪嫌疑人员的身份；为依法实施现场管制查明有关人员身份；因发生严重危害社会治安突发事件，需要查明现场有关人员身份；法律规定需要查明身份的其他情形（第 15 条第 1 款）。法律赋予人民警察这种权力，对于追查网上通缉的犯罪嫌疑人或逃犯，维护特定场合的治安，打击恐怖主义等具有十分重要的意义。

（二）法律中维护公民权利的制度设计

《身份证法》出于便于国家管理和维护公共安全的目的，为公民设定

---

① 参见公安部治安管理局编《中华人民共和国身份证法问答》，中国人民公安大学出版社，2003，第 43 页。

了"出示身份证"和"接受查验身份证"的义务，同时为了实现其保障公民的合法权益、便利公民进行社会活动、维护社会秩序的目的（第1条），对身份证的出示和查验等作了严格限制。

1. 公民有权自愿使用身份证

公民使用身份证是指，公民根据自身需要或者法律、法规的要求出示身份证以证明自己的身份。《身份证法》第13条规定："公民从事有关活动，需要证明身份的，有权使用身份证证明身份，有关单位及其工作人员不得拒绝。"由此可见，使用身份证证明身份是公民的一项"权利"。首先，公民从事社会活动，并非都需要证明身份。在国家正常状态下（即非战争或管制状态），公民有权依法自由从事不危害社会和他人的社会活动，仅在必要的情况下（如维护国家安全、社会秩序等）才需要证明身份。其次，公民有很多可以证明自己身份的方式，如工作证、学生证、驾驶证、户籍证明等，而一旦公民选择用身份证证明身份，有关单位及其工作人员应当认可其效力。比如，根据国务院2004年发布的《企业事业单位内部治安保卫条例》第11条第2款，单位内部治安保卫机构、治安保卫人员应当根据需要，检查进入本单位人员的证件。这里的"证件"并不单指身份证。最后，身份证的使用应遵循自愿原则，尊重公民根据需要作出的自愿选择，而不应该作强行规定，否则，就会为公民从事社会活动设置障碍，而不是为了"便利公民进行社会活动"。

2. 例外情况下公民负有出示身份证的义务

如前所述，"应该出示身份证"对于公民来说是自愿使用身份证的例外，并非任何规范性文件都可以设定此类义务。即使"应该出示身份证"，为了保障公民的合法权益，便利公民进行社会活动，《身份证法》也力图避免将"身份证"作为唯一的身份证明证件。例如，该法第14条第2款规定，依照本法规定未取得身份证的公民，从事该法规定的有关活动，可以使用符合国家规定的其他证明方式证明身份。

3. 查验身份证——身份证使用的极端形式

查验身份证是为了维护公共安全。然而，该制度应受到严格规范，否则，将会侵犯公民尊严，影响公民的正常生活。为了防范权力滥用，保障公民不受骚扰，《身份证法》第15条第1款对此作出了严格限制。首先，查验身份证的主体必须是执行职务的人民警察，其他任何主体无权行使，人民警察不得以任何理由委托其他主体行使此权利。其次，人民警察只有在法定情形下才有权查验身份证。依照《身份证法》的规定，此情形仅限于核查有违法犯罪嫌疑的人员，实施现场管制、发生严重危害社会治安的突发事件需要查明现场人员身份。遇到其他情形需要查明身份的，必须有"法律"依据，任何行政法规和规章都无权设定"查验身份证"的事项。最后，查验身份证需要履行法定程序。执行公务的人民警察查验身份证，必须出示执法证件。

二　中国身份证使用的实际状况

身份证在有效证明公民身份、便利公民从事生产生活活动、打击犯罪、维护公共秩序和国家安全等方面发挥着重要作用。以江苏省为例，2006～2007 年，通过查验身份证提供案件线索 3 万余条，破获刑事案件 8000 余起，治安案件近 2 万起，逮捕 1900 多人，行政拘留 5000 多人，罚款 8000 多人，抓获在逃人员 1000 余人[①]。随着《身份证法》的出台，查验身份证的规范化和法治化程度得到进一步提高。公安部在《2004～2008 年全国公安队伍正规化建设纲要》中明确规定："规范执法主体，建立完善公安民警执法资格考试制度。继续清理整顿非执法主体人员。按照'只出不进、逐年减少、彻底取消'的原则，2005～2007 年底将治安员从公安机关分流出去。严禁非执法主体人员参与执法。"

然而，《身份证法》有关身份证使用的限制性规定在实际执行中也存在不甚理想的地方，身份证的使用在一定程度上偏离了法治轨道。

（一）身份证使用义务化

如前所述，使用身份证证明身份是公民的一项权利。而实践中，公民出示身份证却由"权利"演变成了"义务"，公民从事社会活动往往必须

---

① 江苏省公安厅副厅长陈逸中：《第二代居民身份证政策解读》，2007 年 9 月 19 日，http：//www. jsga. gov. cn/gatzxft/html/402885a513950caf0114fe3d75f30b39/zxzb. htm，2008 年 11 月 28 日访问。

出示身份证。这给公民从事日常活动造成了诸多不便，甚至会侵犯公民权利。以参加考试为例，考场规则基本上都要求考生必须携带身份证和准考证进入考场，而身份证丢失未能及时补办的考生，则可能因此失去应考机会。据报道，一名丢失身份证的专升本考生因持有的是结婚证，而被拒绝进入考场①。2007 年美术类招生考试，仅合肥的两个考点，就有 20 多名考生因为没有身份证被拒入考场。其中一名考生刚满 16 周岁，身份证正在申办中，其户口簿和当地派出所出具的户籍证明也未得到认可②。如前所述，《身份证法》从未规定身份证是证明身份的唯一有效证件，然而结婚证、户口簿、户籍证明作为国家权力部门出具的有效证明文件，却不能被有关人员接受，足以说明人们潜意识中已经将"出示身份证证明身份"视作公民义务，这无疑是对《身份证法》的误读，也违背了身份证制度便民的设计初衷。并且，身份证作为"证明身份的唯一有效证件"的做法存在普遍化和常规化的趋势，以至于考生参加高考甚至中考，都必须携带身份证。

（二）出示身份证常态化

按照现行《身份证法》，只有在法定情形下，公民才有义务出示身份证。然而，实践中却存在诸多要求出示身份证的情形，且多数没有相应的法律和行政法规依据（见表 1），"应该出示身份证"俨然成为身份证使用的一般规则。

从表 1 看，只有从事申请出境，办理机动车、船驾驶证和行驶证，非机动车执照，开设银行账户等活动时，法律或行政法规才明文要求出示身份证件。其中，公民办理银行业务也仅限于开设银行账户时才需要出示身份证，而包括大额存款在内的其他业务即使需要核实身份也不应该强求储户必须出示身份证。另外，搭乘民航飞机和投宿旅店登记所依据的行政法规有关"查验"身份证的规定，与《身份证法》有关规定相冲突，应属无效。《公证法》仅规定"审查当事人的身份"，而作为部门规章的《公证

---

① 《华商报》2007 年 4 月 16 日，人民网，http：//edu. people. com. cn/GB/5616854. html，2008 年 10 月 2 日访问。

② 《20 多考生无身份证被拒考》，《安徽商报》2007 年 3 月 18 日，第 2 版。

程序规则》则无权设定"出示身份证"的义务。其他诸如前往边境区、办理个体营业执照以及提取汇款邮件等事务，均没有要求出示身份证的相应法律和行政法规依据。另外，参与诉讼活动、参加社会保险、领取社会救济、乘坐火车软卧车厢、参加考试、求职租房等也很难找到要求出示身份证的法律或行政法规依据。

表 1 实践中要求出示身份证的情形及相关规定

情形	法律	行政法规	其他规范性文件
申请出境	《护照法》第 6 条		
办理机动车、船驾驶证和行驶证，非机动车执照	《道路交通安全法》第 9 条	《道路安全法实施条例》第 5、6、7 条	《机动车驾驶证申领和使用规定》第 18 条
银行业务		《个人存款账户实名制规定》第 6 条	《金融机构客户身份识别和客户身份资料及交易记录保存管理办法》
搭乘民航飞机		《民用航空安全保卫条例》第 27 条	
投宿旅店登记		《旅馆业治安管理办法》第 6 条	
公证事务	《公证法》第 28 条		《公证程序规则》第 18 条
前往边境管理区			《边境管理区通行证管理办法》第 13 条
办理个体营业执照		《城乡个体工商户管理暂行条例》第 7 条	《个体工商户登记程序规定》第 5 条
提取汇款、邮件		《邮政法实施细则》第 38 条	

（三）身份证信息采集方式多样化

《身份证法》对于身份证的使用只规定了"出示"一种方式，而实践中对身份证信息的采集则五花八门，存在"登记号码""留存复印件""扫描"等多种形式。身份证是个人信息的重要载体，记载着姓名、性别、民族、出生日期、常住户口所在地住址、公民身份证号码、本人相片等重要的个人信息，并且，随着身份证的不断智能化，身份证将会集中越来越多的个人信息。如果使用不规范，必然会造成个人信息的失控和泄露。身份证号码的泄露很容易引发伪造身份证进行身份证欺诈犯罪。身份证制度本来是为了防止身份欺诈，但是，由于身份证的过度使用以及使用方式的任意性，往往会出现新的身份欺诈犯罪。

（四）查验身份证权力的滥用

《身份证法》对"查验身份证"的严格规定并没有使公民免受"任意查验身份证"的骚扰。从小区保安、私企雇主到火车软卧车厢乘务员乃至旅馆工作人员均以公共安全的名义"查验身份证"，甚至公民观看电影首映式也不例外。实践中，人民警察查验身份证时很少出示执法证件。人民警察不分场合地随意查验公民身份证的做法也非常普遍。在执法实践中，警方动辄突破法律规定的范围，进行所谓"地毯式""拉网式"的"普查"①，这显然是对公权力的滥用，对公民权利的侵犯和对现代执法理念的违背。

三 身份证使用中的个人信息保护状况

身份证使用也涉及个人信息保护的问题。身份证所记载的姓名、照片尤其是身份证号码是识别自然人至关重要的信息，是个人信息的重要组成部分。身份证的不当使用是造成个人信息泄露的原因之一。

（一）中国个人信息保护的意识有待提升

实践中身份证使用上的混乱说明公务人员未能充分认识个人信息对公民的重要意义，不重视公民个人信息的保护，同时也说明公民自身的信息保护意识薄弱。一方面，公务人员在观念上还未完全树立尊重公民个人隐私、维护个人信息安全的意识。受历史传统的影响，公务人员侧重于将身

---

① 毛立新：《查验身份证岂能随意进行》，2006年3月29日，资料来自中国法院网，http://www.chinacourt.org/html/article/200603/29/200078.shtml。

份证作为国家掌控社会行之有效的工具。为了公共安全，尤其是当举行重大活动时，公共部门倾向于更多地掌握公民个人信息，通过登记和查验身份证，掌握公民特定时期内的"居住"和"出行"等信息。另一方面，公众对于出示身份证、登记身份证号码、提供复印件习以为常，没有意识到身份证所记载的信息对个人的重要意义，甚至面对随意查验身份证的要求，也很少能够意识到自身的合法权益正遭受侵害。究其原因，除了私权利相对于公权力力量悬殊，更重要的是公民很少将身份证当作个人权利的一部分，对个人信息缺乏基本的保护意识。于是，当遇到查验身份证的情况，只有少数法律意识较强的公民会质疑其合法性①，甚至不惜采取诉讼手段维权②，而大多数公众还是习惯于选择接受。

（二）信息采集方式有待规范

个人信息对个体的发展非常重要。为了保护个人信息安全，必须保障信息主体对个人信息的控制权。为了维护个人信息控制权，必须对个人信息的采集方式进行严格限制，即采集任何个人信息必须通过合法公正手段，并征得信息主体的同意（法律有明确授权的除外）③。因此，警察查验公民身份证，应该告知公民查验理由和依据。而实践中，警察查验公民身份证很少会主动告知理由和依据，并且，信息采集方式多种多样，除了登记身份证信息之外，还会采取留存复印件和扫描身份证等形式。例如，《个人存款账户实名制规定》规定，金融机构采集客户身份证信息仅限于"登记其身份证件上的姓名和号码"（第 7 条）。然而实践中，金融机构为了自身方便，通常会留存公民身份证复印件。这种身份证信息采集方式的不规范不利于采取有效的信息保护措施，为信息安全埋下了隐患。

---

① 2008 年 3 月 29 日《潇湘晨报》曾报道湖南籍法学博士陈杰人多次较真火车站查验身份证的行为。

② 《北京：律师状告铁警查验身份证违法败诉》，《新京报》2008 年 6 月 23 日，新华网，http：//news.xinhuanet.com/legal/2008-06/23/content_ 8421291.htm，2008 年 10 月 3 日访问。

③ 《经合组织（OECD）关于隐私保护和个人数据跨疆界流动的指导原则》 （*OECD Guidelines on the Protection of Privacy and Transborder Flows of Personal Data*）明确了数据保护的八项原则，采集限制原则是其中的一个原则。

（三）信息安全保护措施有待加强

《身份证法》没有对掌握身份证信息的主体的保密义务作出规定，而仅仅笼统地规定人民警察"泄露因制作、发放、查验、扣押身份证而知悉的公民个人信息，侵害公民合法权益的"应承担法律责任（第 19 条）。而实践中能够采集到公民身份证信息的机构（如银行、房地产公司、旅馆等），因疏于管理，未能采取有效的保密措施，致使客户身份证信息泄露的情况非常严重。比如，很多银行都在其《隐私保密条款》或者信用卡章程中规定，可能会把客户的相关信息提供给与其有关的合作伙伴。这成为个人身份信息频频泄露的重要原因。

目前国内许多行业之所以偏爱采集公民身份证信息，与保密义务的缺失不无关系。由于个人信息保护领域还未确立相应的"谁采集、谁保密"责任原则，信息采集主体对于采集到的信息所负的保密义务仅靠行业自律。因此，信用卡发行单位不退还未签约的消费者的个人资料，招聘会结束后用人单位随意丢弃应聘者信息，则不需要承担任何法律责任。相反，如果对个人信息，尤其是身份证信息，采取严格保密责任原则，那么，这些行业在采集信息前就会审视自己是否有能力采取有效措施来保护采集到的信息，而不会像现在这样随意采集公民的身份证信息。

四 中国身份证使用法制的完善展望

"9·11"事件之后，"反恐"成为西方各国的头等要务。许多国家和地区开始推出采集公民生理特征信息的新型智能化身份证①。中国从 2004 年开始换发第二代身份证，大幅提升了其信息储存、防伪等的水平。然而，智能身份证的出现对身份证的使用提出更高要求，一旦被滥用，将会严重威胁到个人信息安全。因此，有必要以《身份证法》为基础，对身

---

① 1999 年 12 月，芬兰政府开发了电子身份证软件系统；2003 年 11 月，英国内政部也开始实施一项为期 6 个月的电子生物特征身份识别技术的试点，以便为将来在全国范围内推出新型身份证系统做准备；而法国、比利时、日本以及中国的香港、澳门地区在这方面也取得了较大的进展。

份证的使用进行重新设计，在满足公共安全需要的同时，更要尊重公民个人的尊严和权利，维护身份证信息安全。首先，应清理与《身份证法》冲突的文件规定，维护法制的统一。其次，出台实施细则以落实《身份证法》，为身份证号码、身份证副本及其他身份代号的收集、保留、准确性、使用及安保等提供实务性指引①。再次，完善个人信息保护机制。身份证信息作为个人信息的重要组成部分，对其进行有效保护离不开健全的个人信息保护制度。目前，中国正处于个人信息保护立法的进程之中，在此背景下，应将身份证信息保护提升到个人信息保护体系的框架之中，在提高整个社会的个人信息保护意识的前提下，建构并完善中国的个人信息保护制度，为身份证信息安全构建良好的制度环境。

（参见法治蓝皮书《中国法治发展报告 No. 7 （2009）》）

---

① 在具体细节设计时，应尽量避免把身份证作为身份证明的唯一方式，并且对身份证号码和副本的采集应该严格限制。例如，除获法律、法规授权外，资料使用者不能强求任何个人提供身份证号码或身份证副本；资料使用者应尽量考虑采用其他办法，以代替收集身份证号码及身份证副本。在这方面，香港"个人资料私隐专员公署"（PCPD）1997年核发的《身份证号码及其他身份代号实务守则》可资借鉴。以保安措施为例，该守则规定资料使用者应实施严密的保安措施：（1）在身份证副本上加上"副本"的字眼，横跨整个身份证的图像；（2）将身份证副本作为机密文件；（3）采取步骤以确保传送出去的身份证副本只能由拟接收者收取，如使用加密法、机密电子邮箱、查阅密码或用指定的传真机收取机密资料等措施。

第十八章　城管执法：在争议中前行

　　摘　要：城管执法多年来成为行政执法领域的热点问题，引发了社会公众的关注，也产生了不少争议。本文首先简要回顾了城管执法产生的背景，界定了城管执法的概念，通过分析城管执法的现行机制，指出城管执法在实践中存在执法依据不足、体制不顺、执法方式简单粗暴、程序不规范、执法人员素质参差不齐等诸多问题。其次梳理了一年来城管立法及执法的新进展，特别是一些创新做法。最后提出，未来城管执法应在近些年的实践基础上主要着眼于完善城管立法、更新城管执法理念和方式、改善外部舆论环境这几方面。

一　城管执法的由来

　　城市管理行政执法引起社会的极大关注是近十多年的事情。随着20世纪90年代中国城市化进程的不断深入，越来越多的农民工涌入城市，有相当一部分进城农民工找不到正式工作，与部分城市下岗人员、无业人员共同组成了非正式职业的从业者。所谓非正式职业就是自谋职业，如摆流动地摊、经营流动食品车，还有的甚至从事非法活动，如贩卖盗版光盘、受雇张贴小广告，等等。这给城市管理带来巨大的压力。

　　传统的城市管理模式显然无法适应这种复杂情况。在传统的管理体制下，不同的部门分别承担不同的城市管理职能，多头执法、职责交叉，有利益时争相用权，无利益时相互推诿，以致顺口溜"十几个大盖帽管一顶破草帽""十几个大盖帽管不好一顶破草帽"成了城市管理执法的写照。面对日益复杂的城市生活，各地开始积极探索有效的城市管理方式。最早的实践是几个相关的行政机关组建联合执法队，联合查处违法行为。这种执法方式虽然取得了一定的效果，却并没有从根本上解决城市管理执法存在的问题，不过却为以后的集中处罚权和综合行政执法提供了经验。

1996 年《行政处罚法》实施后，很多地方依据该法第 16 条的规定，开始在城市管理领域试行相对集中处罚权的改革，收到了一定的效果。国务院也充分肯定了这样的改革措施，在接下来的几年里陆续出台了多个指导意见，从个别城市试点发展到中国全面展开。

从无到有，从不规范到相对规范，城管执法目前已走过了十几个春秋，为中国的城市发展作出了巨大的贡献，而城管执法的内涵和外延也有了深刻的变化。国务院法制办公室的最新数据显示，截至 2008 年底，开展城管行政处罚权相对集中的城市已达 1076 个，包括 804 个县级市，可以说，中国绝大部分城市都已建立了城管队伍，这支队伍现已发展到数十万人①。

但城管执法也引发了大规模的争议、质疑乃至攻击。本文意在考察城管执法现状的基础上，探讨其存在的问题，并对其未来发展提出建议。

二　城管执法的现行机制

城管执法最初是把原来分属于不同机关的行政处罚权统一由一个机构行使。但对于城管执法的称谓，在国务院的文件里既有"相对集中行政处罚权"也有"综合行政执法"的概念，各地的地方立法及规范性文件也不统一，有的地方称之为"相对集中行政处罚权"，如《天津市城市管理相对集中行政处罚权规定》《无锡市城市管理相对集中行政处罚权办法》；还有的地方称之为"综合执法"，如《长沙市城市管理综合执法试行办法》《兰州市城市管理综合执法暂行规定》，没有对这两个概念加以区分。有人认为相对集中处罚权和综合行政执法是两个不同的概念，有各自的内涵和外延，应作出区分。城管执法首先是相对集中行政处罚权，同

---

① 郭建：《中国城市管理该往何处去》，《政府法制》（半月刊）2008 年第 9 期。

时又和综合行政执法有交叉。事实上，综合执法是相对于分散执法而言，除了在城管领域有综合执法外，文化、农业、交通等领域也存在综合执法。本文在行文上采用"城管执法"概念，涵盖了相对集中处罚权和城市管理中的综合执法，并从以下几个方面来考察目前的城管执法机制。

（一）执法机构

依据《行政处罚法》第16条的规定，国务院及其授权部门多次下达文件，进行相对集中行政处罚权试点工作，并逐步组建综合行政执法机构。自从1997年国务院批准北京市宣武区成立城市管理监察大队进行城市管理综合行政执法试点以来，全国各地的城市在这十余年间相继组建了执法机构进行城管执法。各城市管理综合行政执法机构对自己的定性不尽相同，同一城市不同地区的定性也不完全一致。有的城市定为地方行政机关，有的城市定为人民政府的工作部门，还有的将其定位为地方事业单位。

（二）执法依据

1. 法律

城管执法的直接法律依据是《行政处罚法》第16条的规定，国务院或者经国务院授权的省、自治区、直辖市人民政府可以决定一个行政机关行使有关行政机关的行政处罚权，但限制人身自由的行政处罚权只能由公安机关行使。

2. 国务院规范性文件

国务院于1999年11月8日发出的《关于全面推进依法行政的决定》（国办发〔1999〕23号）文件，要求按《行政处罚法》的规定，继续积极推进相对集中行政处罚权的试点工作，并在总结试点经验的基础上，扩大试点范围。

2000年9月8日国务院办公厅发布的《关于继续做好相对集中处罚权试点工作的通知》（国办发〔2000〕63号）要求继续抓好现有试点城市的试点工作，实行相对集中行政处罚权的领域，应当是那些多头执法、职责交叉、执法扰民问题比较突出，严重影响执法效率和政府形象的领域，如城市管理领域等。

2002 年 8 月 12 日国务院发布的《关于进一步推进相对集中行政处罚权工作的决定》（国发〔2002〕17 号）认为，相对集中行政处罚权试点工作的阶段性目标已经实现，进一步在全国推进相对集中行政处罚权工作的时机基本成熟，并进一步细化了城市管理领域可以集中行政处罚权的范围。

2002 年 10 月 11 日国务院转发了中央机构编制委员会办公室《关于清理整顿行政执法队伍实行综合行政执法试点工作的意见》，指出要调整合并行政执法机构，实行综合行政执法，改变多头执法情形，组建相对独立、集中统一的行政执法机构。

2003 年 2 月中央机构编制委员会办公室和国务院法制办联合下发了《关于推进相对集中行政处罚权和综合执法试点工作有关问题的通知》（中央编办发〔2003〕4 号），就贯彻落实这两项工作具体作了部署和安排。

2004 年国务院发布《全面推进依法行政实施纲要》（国发〔2004〕10 号），要求继续开展相对集中行政处罚权工作。

3. 地方性法规

2008 年 9 月 19 日浙江省人大常委会制定了中国第一部专门规范城管执法的地方性法规《浙江省城市管理相对集中行政处罚权条例》。这部法规对执法部门的职责和权限、执法规范、执法协作、执法监督和法律责任都作了规定，使城管执法进一步走向法治化轨道，这是一个可喜的变化，为以后中央立法提供了借鉴。

4. 地方政府规范性文件

开展城管执法的城市政府大部分都制定了相关的规范性文件。在组建城管机关的上千个城市（包括县级市）中，根据《立法法》的规定，拥有地方行政立法权的地方政府只有 80 个，其中有 38 个为城管执法出台专门立法，占 47.5%[①]。广州市在 1999 年通过了《关于推进城市管理综合执法试点工作的决定》和《广州市城市管理综合执法细则》，济南市 2003

---

① 郭建：《中国城市管理该往何处去》，《政府法制》（半月刊）2008 年第 9 期。

年通过了《济南市城市管理综合执法暂行规定》等，从执法机构、执法范围、法律责任等方面作了初步规范。没有立法权的地方也通过制定各类政府规范性文件的方式来规范城管执法。

综上所述，专门调整城管执法的法律文件主要是地方政府规章，甚至有的地方连专门的地方性法规都没有。即使最近的立法，也绝大部分都是政府规章。至于国务院层面，都是一些政策性的规范性文件，严格来说还不能称之为"法"。全国人大与全国人大常委会至今也没有出台关于城管执法的专门性规定。

（三）执法范围

2002 年 8 月 12 日国务院发布的《关于进一步推进相对集中行政处罚权工作的决定》，明确了相对集中行政处罚权的领域主要是城市管理领域。其执法范围主要包括：①市容环境卫生管理方面法律、法规、规章规定的行政处罚权；②城市规划管理方面法律、法规、规章规定的全部或者部分行政处罚权；③城市绿化管理方面法律、法规、规章规定的行政处罚权；④市政管理方面法律、法规、规章规定的行政处罚权；⑤环境保护管理方面法律、法规、规章规定的部分行政处罚权；⑥工商行政管理方面法律、法规、规章规定的对无照商贩的行政处罚权；⑦公安交通管理方面法律、法规、规章规定的对侵占城市道路行为的行政处罚权；⑧省、自治区、直辖市人民政府决定调整的城市管理领域的其他行政处罚权。

各地根据该决定，大都在此基础上细化或增加了城管执法范围。

三　中国城管执法的最新进展

从近一年来各地政府采取的措施来看，城管执法正在稳步前行。

（一）立法取得了一定的成果

2008 年城管立法的亮点，是浙江省人大常委会于 2008 年 9 月 19 日通过的《浙江省城市管理相对集中行政处罚权条例》。这是中国第一部专门规范城管执法的地方性法规，标志着城管执法的立法进程开始加快，立法的层次开始提高，为以后的中央层次立法奠定了良好的基础。

湖南省政府于 2007 年发布《城市管理行政执法人员行为规范》，对执法人员的纪律、仪容、廉政、程序、执法、服务、用语等都有了明确的规定。这是地方政府从政府法制部门的角度对城管执法行为进行的规范化管理。2008 年 10 月 1 日起施行的《湖南省行政程序规定》是全国首部地方性的行政程序规定，该规定从法律层面上通过程序设置来约束行政执法人员的执法行为，使湖南的城管执法有了基本的程序性依据。

（二）执法方式多样化

随着城管执法的发展，各地都十分重视城管执法方式的改革，开始强调软性执法。改革大致包括以下内容。

第一，重视行政指导。例如，北京城管提出了六项行政指导措施：预防违法的行政提示制、轻微违法的行政告诫制、重复违法或严重违法的行政约见制、管理责任的行政建议制、典型案件的披露制、重大案件的回访制。取代曾经"一步到罚"的简单执法方式，转向初次无照经营将只会受到告诫而不再处罚，摆摊设点、店外经营等违法行为也将不再仅依靠罚款进行处置。这就从过去被公众广为诟病的"粗暴执法""重罚款、轻预防和监管"的执法方式逐步转到如今的行政指导、"柔性执法"。

第二，聘请外部人员参与城管执法。例如，北京城管聘请专家担任城管行政执法专务。2008 年 10 月 8 日，北京市城管执法局召开"法学专家挂职城管法制专务新闻通气会"，聘请专家律师担任城管行政执法专务，分别到西城、海淀、石景山区城管大队挂职指导法制工作，聘请人员在一年任职期内享有列席市城管执法局和区（县）城管大队的办公会，参与城管重大决策、案件审理，以及对城管执法机关贯彻依法行政工作中的问题予以纠偏等九项权利。这是城管执法制度的一项重要机制创新，值得关注。

第三，实行城管精细化管理。例如，河南安阳城管在创新执法理念的前提下，细化条款、标准，实行精细化管理。一方面，细化执法行为规范，颁布了一系列的规章制度，规范执法行为；另一方面，细化执法依据，对各项执法依据进行了筛选和梳理，细化到具体条款和标准，缩小执法人员自由裁量权的行使范围。

第四，鼓励公众参与。广州市城管部门开展了"城管开放日"，让广州市民跟随城管队员到商业中心区进行综合巡检，当一天的城管队员体验城管工作，从而拉近普通民众和城管的距离，增加市民对城管执法的认识和理解。

第五，推行文明执法。山东济南、河南安阳、湖北襄樊（今襄阳）等城市设立了"城管执法委屈奖"，对在执法过程中受到谩骂、殴打，但坚持"打不还手、骂不还口"的执法队员给予一定的物质奖励，以鼓励执法人员文明执法。江苏南京市、浙江杭州市桐庐县、山东禹城市、云南昆明市、四川绵阳市在2008年相继成立了女子城管执法队，力求通过女性柔情的温和执法思路，改变城管给人的暴力形象，也希望通过女性城管队员的细致和耐心，避免产生激烈的冲突，消除暴力抗法的隐患。

除此之外，全国其他地方城市也都根据自身的情况加强了城管执法改革，创新了很多执法方式。但由于很多改革措施都是首次引入城管执法，也引发了很多争议。

（三）各地城管部门间的交流日益频繁

各地城管除了专注于自身的改革外，还注意加强彼此间的交流合作。2007年9月21日在江苏淮安由全国近百位城管（执法）局长自愿发起创立"全国城管（执法）局长联席会"，旨在通过定期召开联席会议的形式，加强各城市之间的联系与沟通，相互学习借鉴城市管理和城管执法经验，研究探索城市管理和城管执法的新经验、新方法。目前召开了两次年会。在2008年4月25日山东聊城第二届年会上，针对湖北天门城管打死人事件提出谴责，号召牢固树立亲民理念，坚持文明执法。同时还启动了"2008全国城管执法队伍形象建设年"活动，着手统一城管标志和职业服装。"首届和谐城管论坛"也于同日举行。

（四）城管执法的理论研讨开始增多

城管执法改革产生的问题也引起了法学家们的高度关注。城管实务部门联合法学界积极开展理论研究工作。中国法学会行政法学研究会专门成立了城市管理执法专业委员会，并于 2008 年 5 月 17 日至 18 日在西安市举行了全国城管行政执法理论研讨会，会议的主题是"倡导文明执法、构建和谐城市"。会议最终达成的"西安共识"提出：城市管理必须坚持以人为本，执法为民，提高执法质量和水平，同时还要把握城市发展的阶段性特征，努力实现执法者与执法对象的和谐，做到执法目的与执法效果的有机统一，为市民营造满意的城市环境秩序。

四　城管执法存在的问题

但是，城管执法近年在发展中也暴露出一系列问题。

（一）城管执法主体资格的合法性不足

《行政处罚法》第 16 条仅赋予集中处罚权的合法性，但并没有为设立集中行使行政处罚权的行政机关提供合法性依据。权力的合法和主体的合法显然不是一个问题。一个行政机关的设立和存在是否合法，这是行政组织法解决的问题。如果城管执法机构的设立没有履行相应的报批和备案程序，会造成综合执法机构的名不正言不顺，继而城管执法机构的性质及执法人员的编制和身份也备受质疑。

（二）执法依据不够充分

如前所述，城管综合执法的主要依据是《行政处罚法》第 16 条，但这仅仅为城管执法向综合执法转变提供了合法性的授权，并不能为城管综合执法提供足够的实体法依据。截至 2008 年底还没有一部全国性的法律专门规范城管执法。有的只是国务院的一些规范性文件（还不能称之为法）的一些原则性规定和各地制定的地方政府规章，更多的还是政府的各类其他规范性文件。在实践中，城管执法除了依据《行政处罚法》外，只有"借用"其他法律法规，即所谓的"借法执法"，很多城市甚至是地方政府发布的一些规范性文件。在这些依据中经常出现管理事项的交叉、冲突和执法真空，因此，在实践中如何选择适用执法依据就相当困难。

（三）执法体制不顺

一是城管执法机关没有统一的主管部门。虽然许多城市成立了城管执法机构，但国家至今尚未有专门机关统一进行管理。结果是城管体制混乱：首先是名称不统一（如前所述）；其次是归属不统一，管理上有垂直管理的，也有分级管理的，致使城管执法机构建制、编制、经费等方面都较为混乱，其职能不能有效发挥，大大制约了城管综合执法的发展。

二是城管执法机关和其他部门关系依然不顺。虽然城管执法是集中了市政、市容、城建、环保、卫生、交通等部门的处罚权，但在具体的执法过程中，如何处理移交处罚权后这些部门与城管机构的关系又成为一个新的问题。因为《行政处罚法》规定集中的仅仅是行政处罚权，而其他正常的行政管理权仍属于原部门，这样行政管理与行政处罚相分离，造成二者职责不衔接，相互协调困难。有的行政机关认为，处罚权的移交导致管理权被削弱，因而放松甚至放弃对这部分事项的管理，不主动配合城管的工作，致使城管孤军奋战，造成行政处罚与行政管理的职责混淆。还有的部门从自身利益出发，擅自行使已被集中行使的行政处罚权，致使处罚权分散与混乱，集中处罚权难以统一行使。因此，多头处罚和重复处罚的问题在一定程度上还没有完全解决。

（四）执法方式粗暴、单一，导致暴力抗法事件时有发生

在传统的行政管理和行政执法模式中，行政机关往往依赖行政处罚、行政强制等强制性手段，此类刚性监管方式好似重拳出击，立马见效、立显权威，但也易于激化矛盾，加剧行政机关与行政相对人之间的对立和冲突。一部分城管执法人员在城市管理执法过程中态度蛮横，相对人的人身权利经常得不到应有的尊重和保护，此类事件经常见诸媒体。

同时，城管执法手段主要是没收和罚款，以达到制止相对人违法行为的目的。对执法对象而言，被没收的物品往往是其一家赖以生存的保障，

因此，他们往往会以暴力对抗执法行为，甚至铤而走险，酿成血案。而作为罚款这种手段，既没有考虑到执法对象的生活状况，也无法真正达到执法的目的，更多的时候是给一些地方城管创收打开了方便之门。这就造成城管执法机构与相对人的尖锐对立，陷入暴力执法与暴力抗法的恶性循环。

（五）执法程序不规范

程序违法不当的问题，是一个颇有争议、广受关注的新课题。在城管执法过程中，部分执法者没有严格遵守《行政处罚法》规定的处罚程序，如不向相对人表明合法身份，不告知处罚的原因和依据，不告知相对人所享有的申辩权和救济渠道，不提供所需的信息资料和陈述申辩机会，不遵守时间、步骤和顺序方面的要求等。

（六）执法人员素质参差不齐

目前城管执法队伍最让人诟病的乃是一些执法者本身素质不高。一些地方的城管执法队伍由于编制原因，人员严重不足，从社会上招聘了不少闲散人员作为城管协管员参与执法，而这部分人员文化程度不高，招聘进来又没有经过培训，以人为本意识和法治意识淡漠，执法时一味迷信强力，这是造成暴力执法和暴力抗法的一个重要原因。

正因为城管执法在实践中存在诸多问题，很多人质疑城管存在的合法性和必要性。各地政府也针对本地实际和城管执法的需要，采取了很多改革措施，促使城管执法能契合行政法治、建立和谐社会的要求。

五　城管执法创新发展的路向

城管领域实行相对集中行政处罚权和综合执法制度，解决了城市管理中长期存在的多头执法、职权交叉重复和行政执法机构膨胀等问题，提高了行政执法水平和效率，降低了行政执法成本，初步建立了"精简、统一、效能"的行政管理体制，促进了整体的城市管理水平提高。各地政府也在近几年的实践中积累了丰富的改革经验。在以后的发展中，应当总结这十几年来的经验和教训，内部要加强制度建设，外部要创造一个和谐的执法环境。具体而言，至少要从以下几个方面重点加强建设。

（一）加强立法，完善执法依据

加强城管立法，完善执法依据。一是尽快出台统一的城市管理法，对执法机构（包括执法人员准入）、执法体制、执法规范、执法协作、法律责任都要作出规定，结束各地各自为政的做法。即使目前由全国人大常委会制定还存在困难，至少应由国务院制定出城市管理条例。二是要清理和梳理城管执法的其他法律依据，使城管执法部门在"借法执法"时能够避免法律规范冲突。

（二）更新执法理念，改革执法方式

1. 树立以人为本的执法理念，构建和谐城管

维护一个城市的形象和秩序固然重要，但是公民的基本权利更加重要，没有对公民基本权利的切实保障，城市的形象和秩序最终也无法得到维护。城管执法人员必须遵循以人为本的科学发展观和民主法治观，增强人权观念，慎用手中权力，在行政执法过程中自觉尊重和依法保护公民的基本权利。同时，随着政府职能转变，建设服务型政府成为行政法治的要求，城管执法人员应当树立服务意识、改进管理方式，顺应由管理行政、秩序行政、指令行政转向服务行政、发展行政、指导行政这一时代潮流，积极向行政相对人提供信息、政策、专业技术等方面的指导以及各种公共服务，建立政府与公民、与企业、与市场、与社会的健康和谐关系。

2. 民主参与，信息公开

应在城管领域建立民主参与模式。首先，在立法上，要让相对人有机会充分表达其意见和建议。为此，要通过举行各种座谈会、论证会，公布草案广泛征求意见，符合条件的要举行立法听证会。其次，在执法上，以《政府信息公开条例》的施行为契机，按照其要求，所有的执法依据都要公开，未经公开的文件不得作为执法的依据，尊重并保障行政相对人的知情权。执法过程中要充分听取当事人的陈述和申辩，切实履行告知义务，符合条件的要进行听证。相对人不再被纯粹当作管理客体，而是能充分参

与到执法过程中，执法才能取得较好的效果。

3. 创新执法方式，重视非强制性执法手段

城管执法机关和执法人员应以科学创新精神，积极探索新型适用且符合法律规定和法治精神的城管执法方式和方法。在城管执法中，各级城管执法机关除采取行政处罚、行政强制等传统的强制性管理方式以外，还应积极灵活地采用行政合同、行政指导、行政奖励等非强制性的管理方式，实施双方协商性的合同型管理，为行政相对人提供专业技术性的指导型服务和转移支付性的帮助型服务。此外，还应注重采用说服教育的方式，以此引导其行为方向。通过说服教育促使相对人履行义务也是现代行政管理的发展趋势。

现在已有许多地方，主动尝试转变行政执法方式并收到积极效果，如北京市城管执法实行的行政指导，有利于统筹协调各方利益关系，化解社会矛盾，保持社会安定和谐。现代社会是多元、复杂的利益博弈过程的集合体，特别是中国目前正处于深化改革、社会转型之际，利益矛盾与冲突迭起，这对行政执法能力提出了新的更高要求。柔性的执法方式，能使城管执法实现刚柔相济，有利于实现执政为民的政府理念，契合构建和谐社会的基本要求。可以预料，以后还会有更多的柔性执法方式在实践中得到应用。

（三）加强和媒体的互动，塑造城管正面形象，开创良好的执法外部环境

媒体作为社会的"第四权"，在社会中发挥着越来越重要的监督作用。在城管领域，近几年几乎所有的重大事件都是通过媒体才得以为社会所关注，尤其是网络这个新兴媒体。虽然媒体本着客观公正的原则进行监督，但城管的形象负面化也是不争的事实。普通民众对城管执法的误解和执法者对媒体产生抵触，拒绝接受媒体监督的现象并存。

在这种舆论环境中，执法者应该意识到，媒体有权监督城管执法，城管执法通过接受监督能得到改进，城管执法的公信力有赖媒体向民众灌输和宣传；城管执法只有在广为社会和民众知晓并认同的情况下，才具公信力，才能体现其在社会生活和城市管理工作中的价值和功效。只有在创新和改革城管执法体制的同时和媒体形成良性的互动，才能通过媒体使城管执法改变外部形象，获得广泛的舆论支持和社会认同。城管执法在这样的环境下才能取得更好的效果，这也是行政民主化潮流的要求，是建设法治政府和服务型政府的要求。

（参见法治蓝皮书《中国法治发展报告 No.7（2009）》）

行政诉讼与救济

第十九章 2005年中国行政诉讼
与国家赔偿

摘　要： 首先，本文介绍了 2005 年我国行政诉讼与国家赔偿案件的基本情况。其次，围绕 2005 年发生的具有典型意义的五个案件，总结了我国行政诉讼与国家赔偿的主要发展情况。最后，对行政诉讼与国家赔偿的未来发展进行展望。

2005 年全国法院依法履行宪法和法律赋予的审判职责，积极稳妥地审理行政案件和审查非诉行政执行案件，行政诉讼和国家赔偿继续保持良好的发展势头，案件类型多，收案数量大，上升幅度快，并且有些案件还涉及某种政策的实施。

一　2005 年中国行政诉讼与国家
赔偿案件的基本情况

2005 年全国行政诉讼和国家赔偿案件继续上升，行政一审案件、二审案件、行政赔偿案件均不同程度地上升，下面结合近三年来特别是 2005 年全国法院审判行政案件情况进行分析。

（一）行政一审案件收结案较上年同期稳中有升

2005 年全国法院受理一审行政案件 96178 件，较 2004 年同比上升 3.85%，结案 95707 件，较 2004 年同比上升 3.81%。从 2003 年以来的三年里，全国法院行政案件收结案一直处于上升趋势，但一审行政案件占全国各类一审案件（包括民事、刑事、行政）比例并不高，2005 年全国一审行政案件占全国各类一审案件比例为 1.86%（见表1）。这一方面说明全国一审行政案件虽然数量在上升，但是案件总数并不太多；另一方面说明全国各类案件数量也在不断上升，且案件总数较高。

表 1 三年来（2003~2005）全国法院行政一审案件情况统计

单位：件，%

年份	收案	与上年同比上升	结案	与上年同比上升	占全国各类一审案件比例
2003	87919	8.91	88050	3.66	2
2004	92613	5.34	92192	4.7	1.83
2005	96178	3.85	95707	3.81	1.86

资料来源：《中华人民共和国最高人民法院公报》2004 年第 3 期、2005 年第 3 期、2006 年第 3 期。

（二）行政二审案件较上年同期有所增加

2005 年全国法院受理行政二审案件 29448 件，审结 29176 件。2003~2005 年，全国法院受理的行政二审案件处于小幅上升态势。从上诉率来看，全国法院行政一审案件裁判上诉率持续上升，2005 年全国法院裁判的一审行政案件中有近三分之一的上诉，上诉率达 30.77%（见表2）。行政一审案件上诉率高，一方面说明目前行政诉讼当事人诉讼意识强，希望通过上诉继续寻求司法救济；另一方面说明，大量行政纠纷在一审程序没有得到化解，大量的上诉案件增加了二审法院的案件负担。从全国法院行政二审案件占全国各类二审案件比例来看，较行政一审案件高。这说明由于上诉率高，行政二审案件数量大，同时也说明其他类型案件，如民事一审案件在一审程序中由于通过调解等诉外纠纷解决机制进行了有效化解。

表 2　三年来（2003～2005）全国法院行政二审案件情况统计

单位：件，%

年份	收案	结案	上诉率	占全国各类二审案件比例
2003	25134	25045	28.55	5.9
2004	27495	27273	29.82	5.47
2005	29448	29176	30.77	5.65

资料来源：《中华人民共和国最高人民法院公报》2004 年第 3 期、2005 年第 3 期、2006 年第 3 期。

（三）城建、资源、公安、劳动和社会保障类案件上升幅度大

2005 年全国法院受理行政一审案件中，居于前列的案件类型是城建、资源、公安、劳动和社会保障行政案件。其中，受理城建案件 19197 件，审结 18864 件；受理资源案件 18974 件，审结 18835 件；受理公安案件 9514 件，审结 9602 件；受理劳动和社会保障案件 7171 件，审结 7152 件（见表 3）。从近三年来全国法院一审行政案件来看，城建案件始终居于首位，数量约占当年全国行政一审案件总数的 20%。城建类案件主要包括城市规划行政案件、城镇房屋拆迁案件、房屋登记案件等。这说明近些年来我国城市化步伐在不断加大，在城市化进程中引发的规划、拆迁、房屋登记案件数量在不断上升。与城市化进程密切联系的资源类案件也处于上升趋势，且案件数量大。资源类案件主要包括土地、地矿、林业、草原以及其他案件，其中土地案件占有较大比重。在 2005 年受理的资源类案件 18974 件中，土地案件达 16515 件，约占资源类案件的 87%。这说明目前随着城市化进程加快，征收、征用土地引发的行政案件数量很大。近三年来，公安案件数量也居行政一审案件的前列，平均每年收案在一万件左右，其中治安案件占有较大比重。近三年来，劳动和社会保障案件呈逐年上升趋势，2005 年收案 7171 件，较 2004 年同比上升 29%。目前劳动和社会保障案件中，涉及工伤保险、养老保险、劳动监察等方面案件较多。这说明，随着我国劳动和社会保障制度的完善，社会公众越来越关注自身

的劳动和社会保障权益。

表3 城建、资源、公安、劳动和社会保障类案件情况

单位：件

年份 \ 类别	城建		资源		公安		劳动和社会保障	
	收案	结案	收案	结案	收案	结案	收案	结案
2003	19811	19793	16750	16804	10816	10950	4047	4060
2004	18973	18970	17582	17390	11199	11247	5559	5496
2005	19197	18864	18974	18835	9514	9602	7171	7152

资料来源：《中华人民共和国最高人民法院公报》2004年第3期、2005年第3期、2006年第3期。

（四）行政机关执法水平有待进一步提高

2005年全国法院审结行政一审案件95707件，其中判决维持的15769件，占16.48%。行政机关败诉率较高，以法院判决撤销行政机关具体行政行为、判决行政机关履行法定职责、判决确认行政机关具体行政行为违法或无效、判决行政赔偿来计算，达17319件，约占18.1%（见表4）。换言之，通过法院判决直接判决行政机关败诉的就达18%左右，如果再把在诉讼中被告行政机关改变具体行政行为、原告撤诉的情况算进去，败诉比例可能更高。因此，行政机关行政执法水平有待进一步提高。

表4 2005年全国法院审理行政一审案件以判决方式结案统计

单位：件，%

结案方式	维持	撤销	履行法定职责	确认违法无效	赔偿
结案总数	15769	11764	2511	2237	807
所占比例	16.48	12.29	2.62	2.34	0.84

资料来源：《中华人民共和国最高人民法院公报》2006年第3期。

（五）行政赔偿案件收案、结案均有较大幅度下降

2005年全国法院受理行政赔偿案件4723件，同比下降19.73%，其中单独提起行政赔偿的占58.54%，附带提起行政赔偿的占41.46%，审结4120件，下降21.86%。其中法院判决赔偿的807件，判决不予赔偿的144件。

（六） 当事人撤诉比例较高

2005 年全国法院审结的一审行政案件中，法院裁定准许当事人撤诉的达 28539 件，占结案总数的 29.82%。从近三年的情况看，当事人撤诉率平均在 30% 左右（见表 5）。换言之，在法院受理的案件中，有近三分之一的案件是由当事人通过撤诉方式结案的。当事人选择撤诉，其原因多种多样，主要包括诉讼目的达到撤诉、受到外在压力而撤诉，也有在诉讼中因被告行政机关改变具体行政行为原告撤诉的。

表 5　当事人撤诉情况统计

单位：件，%

年份	结案	撤诉	撤诉率
2003	88050	27811	31.59
2004	92192	28246	30.64
2005	95707	28539	29.82

资料来源：《中华人民共和国最高人民法院公报》2004 年第 3 期、2005 年第 3 期、2006 年第 3 期。

（七） 二审改判和发回重审率下降，一审裁判正确率逐步提高

2005 年全国法院审结行政二审案件 29176 件，在审结案件中，判决维持 16416 件，维持率为 56.27%；改判和发回重审行政案件 4710 件，改判和发回重审率为 16.14%（见表 6）。以当事人撤诉、驳回以及调解等方式结案的占有一定比重。一审案件经二审审理改判和发回重审的案件占一审结案的 4.92%，一审裁判正确率达 95.08%。

表 6　全国法院行政二审案件结案情况统计

单位：件

年份	结案	维持	改判	发回重审
2003	25045	14012	2872	1585
2004	27273	15581	2942	1624
2005	29176	16416	3082	1628

资料来源：《中华人民共和国最高人民法院公报》2004 年第 3 期、2005 年第 3 期、2006 年第 3 期。

二 2005 年中国行政诉讼与国家赔偿的主要发展

2005 年全国法院受理的行政诉讼案件类型呈现多样化趋势，这些案件的审理对推动政府依法行政，依法保护公民、法人以及其他组织的合法权益均具有重要意义。这些诉讼案件主要在以下方面推动了中国行政法治的发展：一是推动某一项政策的调整和完善，如全国有关法院受理的限制小排量汽车通行案、进沪费案、进津费案；二是随着国家相关法律的出台，伴随着新法的实施，属于新法调整范围的行政行为被诉至法院，如行政许可案件、政府采购案件；三是针对个别地方、部门实行的政策提起的诉讼，如当事人以地域歧视、年龄歧视或者就业歧视提起的诉讼；四是行政登记案件反映出来的问题，如离婚登记过程中登记机关应该履行什么审查职责；五是国际贸易行政案件。这些诉讼案件，多数是以普通的行政行为体现出来，如行政处罚、行政许可、行政强制等，但是通过这些案件的审理确实推动了行政法治的发展。2005 年全国法院审理的具有典型意义的案件主要包括以下几个。

（一）杜宝良不服交通管理部门行政处罚案

近年来，全国各地公安交通管理部门借助现代科技手段"电子眼"实行非现场执法。应该说，非现场执法手段符合当今科技化时代的需要，有利于节省大量的人力、物力、财力，节约执法成本，同时还有利于避免现场执法中人为因素造成的不利影响。但是，由于非现场执法在我国毕竟时间不是很长，实践中确实还存在诸多亟待完善之处。2005 年 6 月在北京发生的一起看似普通的公安交通行政处罚案件却引发交管部门的大整顿，在全国产生了重大影响。该案的缘起是外地来京菜农杜宝良被"电子眼"拍摄连续违章受到罚款处罚。2004 年 7 月至 2005 年 5 月，杜宝良在驾驶小货车运菜时，在每天必经的北京市西城区真武庙头条西口被"电子眼"拍下闯禁行 105 次，5 月 23 日，杜宝良收到一张 10500 元的罚单，他被北京市西城区交管部门认定，交通违法 105 次。2005 年 6 月 1 日，杜宝良前往北京西城交通支队执法站接受了巨额罚款。此事在媒体和公众中引起强烈反应，"杜宝良万元罚单事件"迅速成为政府部门在行政执法过程中管理与服务是否失衡的热点话题。6月13日，杜宝良将北京市西城区交通支队西单队告上了法院，以交通管理部门执法程序违规、禁令标志是无效标志、少送达81次违法记录的处罚决定书、未及时告知违法行为为由，请求法院依法确认北京市公安交通管理局西城交通支队西单队行政处罚违法，并撤销西单队对他作出的行政处罚决定，退还他已经缴纳的罚款。北京市西城区法院经审查依法受理了"杜宝良案"。7月13日，北京市交管部门向社会公布了交管局规范执法行为的八项具体措施，包括进一步完善规范执法告知制度，规范交通标志设施，规范固定违法监测设备的设置以及规范移动违法监测设备的使用等。7月27日，北京交管部门根据《人民警察法》及《公安机关内部执法监督规定》，以内部执法监督的方式，对西单队的执法行为予以纠正，杜宝良撤诉。这个案件，一方面推动了行政机关进一步规范执法行为，促进执法公正；另一方面，也推进了行政机关在执法过程中执法理念从管理转变为服务，以人为本，体现人文关怀，人性化执法，进一步密切了行政机关与公众的关系。

（二）李刚不服"进津费""进沪费"收费行政诉讼案

国家近几年来对贷款修路收费还贷政策作出了进一步规范，国务院纠风办、国家发展改革委等部门对净化收费环境要求也不断提高。因此，迫切需要对城市贷款道路建设车辆通行费收费方式进行改革，撤并压缩收费站点，从而降低社会成本。2005年5月、6月李刚驾驶北京牌照汽车，经由（天）津蓟（县）高速宝坻南站、丹（东）拉（萨）高速西青站时，分别被收取"天津市贷款道路建设车辆通行费"各20元。2005年7月6日，李刚以天津市市政工程局收取"进津费"违法侵害自己合法利益为由，向天津市第一中级人民法院提起行政诉讼。2005年9月7日，天津市第一中级人民法院一审裁定，天津市贷款道路建设车辆通行费征收办公室向李刚收取天津市贷款道路建设车辆通行费行为不是具体行政行为，不属于行政诉讼受案范围，驳回原告李刚的起诉。9月14日，李刚向天津市高级人民法院提起上诉。2005年11月18日，天津市高级人民法院经书面审理，以贷款道路建设车辆通行费的收费性质确定为经营性收费，不属行政诉讼受案范围，驳回李刚的上诉请求，维持一审裁定。2005 年 8 月 11 日，李刚驾驶江苏牌照汽车进入上海，在沪嘉高速公路上海出口收费站被收取 30 元"上海市贷款道路建设车辆通行费"。2005 年 11 月 3 日，李刚以上海市政工程管理局未依法披露收费公路信息和违法收取贷款道路建设通行费为由，向上海市卢湾区人民法院提起行政诉讼，请求法院保护公民的政府信息知情权和信息公开请求权，认定上海市市政工程管理局的收费行为违法并退费。上海市卢湾区法院经审理依法判决驳回了李刚认为"进沪费"收费违法并要求退费的诉讼请求，同时确认被告上海市政工程管理局拖延履行答复义务的行为违法。李刚没有上诉。

（三）车辆管理所因汽车交通违章记录不予核发车辆检验合格标志行政诉讼案

对机动车安全检验行政许可而言，《道路交通安全法》的规定是："对提供机动车行驶证和机动车第三者责任强制保险单，机动车安全技术检验机构应当予以检验，任何单位不得附加其他条件。对符合机动车国家安全技术标准的，公安机关交通管理部门应当发给检验合格标志。"而公安部 72 号令《机动车登记规定》则规定，"机动车涉及道路交通安全违法行为和交通事故未处理完毕的，不予核发检验合格标志"。2005 年 5 月 31 日，车主谭驰携带其小型客车的行驶证、汽车安全检测报告和第三者责任保险单正本到广州市公安局交通警察支队车管所属下的东山分所申请汽车检验合格标志，但车管所发现该车有 4 次违章尚未处理，于是拒绝办理，并给他一份退办通知书，要求他把违章处理完毕，再回来办理核发检验合格标志业务。谭驰以广州市公安局交通警察支队车辆管理所没有法律依据为由向广州市天河区人民法院提起行政诉讼。2006 年 2 月，天河区人民法院经审理认为，《机动车登记规定》与《道路交通安全法》规定相抵触，依照《立法法》规定，应当适用效力高的《道路交通安全法》的规定。车管所以原告尚有违章没有处理为由，不同意发给原告的机动车检验合格标志，属适用法律错误。原告的交通违章行为属另一法律关系，可由相关交通警察大队依法处理。法院判决确认车管所拒发车辆检验合格标志行为违法，责令车管所对原告申请小车检验合格标志的行为重新审核并作出具体行政行为。

（四）郝劲松举报北京铁路局拒开列车餐车就餐发票引发行政诉讼案

　　2004 年 10 月 21 日，郝劲松以其 2004 年 9 月 16 日乘坐北京铁路局下属 T109 次列车，在餐车上消费 100 元，却被告知没有发票，列车员只给其收据为由，以邮政特快专递的形式向北京市地方税务局举报原北京铁路分局下属客运列车销售饭菜、商品等拒开发票，涉嫌偷税漏税的违法行为。北京市地方税务局将举报件转至东城区地税局，东城区地税局于 2004 年 12 月 14 日决定立案检查。经检查，东城区地税局认定 2004 年 9 月 16 日 T109 次餐车营业收入核算未发现郝劲松举报的问题，原北京铁路分局发票使用及缴纳税款情况未发现问题。基于上述检查结果，东城区地税局下属税务违法案件举报中心于 2005 年 6 月 15 日对郝劲松作出税务违法案件查处结果答复单，认定郝劲松所反映的问题不属实。郝劲松不服东城区地税局 2005 年 6 月 15 日所作的上述答复，于 2005 年 9 月诉至北京市东城区人民法院，请求：撤销该答复，责令东城区地税局重新查处并作出书面答复；责令东城区地税局履行法定职责，对原北京铁路分局下属列车餐车销售饭菜拒开发票的行为作出行政处罚以及责成北京铁路局给其开具发票，使其能够报销，以保护公民财产权不受侵犯；责令东城区地税局对其提出的问题"北京铁路局下属列车销售商品饭菜，到底有没有交过税？如交过税，是从哪年哪月开始交的？"作出书面答复。东城区法院经审理，认为东城区地税局有权按照属地管辖原则，在国务院规定的税收征收管理范围内，对公民举报、北京市地方税务局转办的拒开发票、涉嫌偷税漏税的违法行为进行查处；东城区地税局收到郝劲松的举报材料后，及时立案并对被举报单位原北京铁路分局使用发票及涉税情况展开检查，经查证认定被查单位不存在郝劲松举报的拒开发票涉嫌偷税漏税的税务违法行为，并以答复单的形式告知郝劲松查处结果，该查处程序及结果并无不当；郝劲松虽对原北京铁路分局纳税情况表示怀疑，但其未能提供原北京铁路分局确有拒开发票、偷税漏税违法行为而东城区地税局未能查实的证据；东城区地税局在法定期限内提交的证据结合北京铁路运输中级人民法院生效判决认定的事实，可以证明被诉答复认定事实的合法性；原北京铁路分局下属列车餐车将餐券甲联交给用餐旅客用以换取发票的行为并不违反法律强制性规定，既然餐券甲联可用以换取发票，也就不存在《发票管理办法实施细则》规定的以其他单据或白条代替发票开具的未按规定开具发票的行为，故东城区地税局据此认定原北京铁路分局不存在拒开发票的行为，在法律适用方面并无不当。据此，东城区法院判决维持东城区地税局所作答复，并驳回郝劲松的其他诉讼请求。郝劲松不服，提起上诉，请求撤销一审判决，责令东城区地税局对其举报重新查处并答复举报人。北京市第二中级人民法院经审理，判决驳回上诉，维持一审判决。

（五）全国首例因超龄未取得公务员报考资格引发的行政诉讼案

2004 年，当时 36 岁的刘家海报名参加了广西壮族自治区人事厅组织的广西 2004 年下半年录用国家机关公务员和机关工作者考试。他先后在指定的网上报名系统填报资料，均被网上报名系统以未通过招考单位的审核、年龄超过国家人事部《国家公务员录用暂行规定》和《广西考试录用国家公务员实施办法》所规定的 35 岁以下的报考条件为由，不同意给予考试资格。2005 年初，刘家海以《国家公务员录用暂行规定》和《广西考试录用国家公务员实施办法》设定 35 岁以下的公务员强制性报考"门槛"违反宪法，是"年龄歧视"。被告没有以任何方式告知原告补救权利的行政行为程序违法为由，向南宁市青秀区人民法院提起行政诉讼，请求确认人事厅拒绝原告报考公务员的具体行政行为违法。青秀区人民法院经审理认为，被告制定的《2004 年下半年广西壮族自治区国家公务员和机关工作者考试录用简章》是依据《国家公务员录用暂行规定》等有关规定制定的，其中所设定的 35 岁以下报考条件合法有效，原告不符录用简章提出的报考公务员年龄条件，被告通过网上报名系统对原告作出的反馈意见，事实清楚，证据充分，被告作出不同意原告参加本次公务员录用考试是合法的，判决驳回原告的诉讼请求。刘家海不服一审判决，向南宁市中级人民法院提起上诉。南宁市中级人民法院经审理认为，人事厅作出不同意刘家海参加公务员录用考试的决定事实清楚，依法有据，程序合法，刘家海上诉的理由不成立，予以驳回，维持一审判决。

三 行政诉讼与国家赔偿的未来展望

2006 年，随着中国经济社会的持续发展，中国行政诉讼和国家赔偿依然会保持较好的发展态势。一是随着中国城市化进程的不断加快，特别是全国很多地方采取的城市环境整治，2006 年以及今后一个时期内，城建类行政案件数量在全国法院受理行政一审案件中仍然会居于首位。城建类案件中以规划、拆迁、房屋登记案件为主，且案件数量也会很大，同时也极易引发群体性诉讼案件。二是随着中国社会主义新农村建设政策的实施，人民法院依法稳妥处理资源类案件，特别是涉农行政案件，具有非常重要的意义。在资源类案件中，土地行政案件仍然会居高不下。2006 年是中国"十一五"规划的开局之年，同时也是中国社会主义新农村建设的重要一年，人民法院应加强对资源类案件的审理力度，特别是城镇房屋拆迁、农村集体土地行政案件，为社会主义新农村建设提供有力的司法保障。三是随着 2006 年 3 月 1 日《治安管理处罚法》的实施，公安类行政案件，特别是治安行政案件数量会稳步上升。与原《治安管理处罚条例》相比，《治安管理处罚法》具有宽严更适度，程序更严格，处罚更规范，监督更有力的特点。《治安管理处罚法》将受治安处罚的违反治安管理的行为，由原来的 73 种增加到 238 种，同时新法律剔除了违反交通法规、消防法规和违法使用居民身份证三大类行为。《治安管理处罚法》取消了复议前置的规定，治安管理被处罚人对治安管理处罚决定既可以申请行政复议，也可以直接向法院提起行政诉讼，这样一些被处罚人可能会选择直接向法院提起行政诉讼，治安案件数量在原来基础上会进一步增加。四是劳动和社会保障行政案件会持续上升，目前具有中国特色的社会保障法律体系已经建立起来，养老保险、工伤保险、劳动监察等涉及老百姓切身利益的行政案件会稳中有升。五是《公证法》《审计法》等一些法律的实施，赋予当事人提起行政诉讼的权利。根据《审计法》第 48 条的规定，被审计单位对审计机关作出的有关财务收支的审计决定不服的，可以依法申请行政复议或者提起行政诉讼。当事人会选择通过行政诉讼来依法保护其合法权益，行政诉讼案件类型也会有所增加。六是行政机关执法水平会稳步提高，败诉率会有所降低。随着国务院办公厅下发《关于推行行政执法责任制的若干意见》，目前一些中央国家行政机关和本市的行政机关也都相继出台了行政执法责任追究办法。全国各地正在开展"规范执法行为、促进执法公正"活动，这在客观上有利于促进行政机关依法行政，切实提高执法水平，进一步减少或者避免行政机关在诉讼中败诉。

（参见法治蓝皮书《中国法治发展报告 No.4（2006）》）

第二十章　2006年中国行政诉讼与国家赔偿

摘　要：本文主要阐述了2006年我国行政诉讼与国家赔偿的案件处理和主要进展情况，并对行政诉讼与国家赔偿取得的进展进行了展望。

2006年，全国法院依法履行宪法和法律赋予的审判职责，积极稳妥地审理行政案件和审查非诉行政执行案件，行政诉讼和国家赔偿继续保持良好的发展势头，案件数量大、类型多，审理难度越来越大，有些案件还涉及国家政策的实施。

一　2006年全国法院行政诉讼与国家赔偿案件情况

2006年，全国法院收、结案较2005年同期略有上升。全国法院新收各类案件和执行案件8092152件，审结8105007件，分别比2005年上升1.34%和2.07%。而2006年，全国法院行政诉讼和国家赔偿案件略有下降，行政一审案件、二审案件、行政赔偿案件均不同程度地下降，全国法院审结一审、二审、再审行政案件125976件，同比下降0.54%。2006年，全国法院行政诉讼和国家赔偿案件主要情况和特点如下。

（一）案件情况

1. 一审案件情况

2006年，全国法院受理行政一审案件95617件，审结95052件，较

2005 年的 96178 件和 95707 件同比下降 0.58% 和 0.68%，未结案 6538 件，上升 9.20%。在全国法院一审案件中，2006 年行政案件占 1.84%，较 2005 年的 1.86%下降 0.02 个百分点。

2006 年全国法院审理的行政一审案件中，资源类案件跃居收结案首位，增幅较大。2006 年全国法院受理资源类行政一审案件 20752 件，审结 20643 件，分别较 2005 年的 18974 件和 18835 件同比上升 9.37%和 9.60%。在资源类收结案件中，以土地行政案件占绝对多数，特别是土地征用引发的行政案件较多。

2006 年全国法院审理的城建类案件退居第二，受理和审结城建类案件 20693 件和 20334 件，分别较 2005 年的 19197 件和 18864 件同比上升 7.79%和 7.79%。城建类案件持续上升，表明全国一些地方的城市化建设仍在进行，由此引发的城镇房屋拆迁、城市规划、城市房屋登记等行政案件增多。

2006 年全国法院审理的公安类案件处于收结案的第三位，受理和审结公安类行政案件 9313 件和 9215 件，较 2005 年的 9514 件和 9602 件同比下降 2.11%和 4.03%。公安类案件下降表明，随着《治安管理处罚法》的实施，公安机关的治安管理行为日益规范，产生行政争议的数量在减少，进入法院的行政案件数量相应下降。

2006 年全国法院审理的劳动和社会保障行政案件仍居第四，受理和审结劳动和社会保障行政案件 7411 件和 7410 件，较 2005 年的 7171 件和 7152 件同比上升 3.35%和 3.61%。劳动和社会保障行政案件是当前的一个热点问题，国家和社会也越来越关注社会保障问题。

2006 年全国法院审理的行政一审案件中，其他案件数量较大的案件类型依次为交通、工商、乡政府、计划生育、卫生以及其他。

从 2006 年全国法院审理的行政一审案件结案方式来看，法院判决维持 16779 件，占一审结案总数的 17.65%；法院判决撤销 9595 件，占 10.09%；法院判决履行法定职责 1457 件，占 1.53%；法院判决确认违法无效占 2.40%；法院判决赔偿 492 件，占 0.52%；法院裁定驳回起诉 11562 件，占 12.16%；法院裁定准许当事人撤诉 31801 件，占 33.46%。2006 年行政机关败诉的案件约为 14.54%，如果把行政机关改变具体行政行为，原告向法院申请撤诉的比例加上，行政机关败诉比例会更高。当事人撤诉数量约占结案的 1/3，这其中很大一部分属于法院在诉讼中通过协调和解的方式促使案件妥善解决。

2. 二审案件情况

2006 年全国法院各类二审案件收案、结案、未结案全面上升，服判息诉率为 89.72%。全国中级以上法院共收各类二审案件 532427 件，占全部诉讼案件的 9.24%，审结 529527 件，同比上升 2.07% 和 2.20%，未结案 44919 件，上升 6.60%。其中，行政案件占各类二审案件总数的 5.44%，较 2005 年的 5.65% 下降 0.21 个百分点。2006 年，案件上诉率为 10.28%，比 2005 年上升 0.13 个百分点，其中行政案件上诉率为 30.46%，居刑事、民事、行政各类案件上诉率首位，较 2005 年的 30.77% 下降 0.31 个百分点。

2006 年全国法院审理行政二审案件略有下降。全国法院受理二审案件 28956 件，审结 29054 件，分别较 2005 年的 29448 件和 29176 件下降 1.67% 和 0.42%。改判和发回重审率下降，全国法院审理行政二审案件改判和发回重审 4054 件，占行政二审案件结案总数的 13.95%，较同期全国各类二审案件改判和发回重申率 21.21% 低 7.26 个百分点，较 2005 年的 16.14% 同比下降 2.19 个百分点。这说明，一审裁判正确率在逐年提高。2006 年，全国法院行政一审裁判正确率达 95.73%，较同期全国各类一审案件正确率 97.83% 低 2.1 个百分点，较 2005 年的 95.08% 同比上升 0.65 个百分点。一审案件经二审审理改判和发回重审的案件占一审结案的 4.27%，较 2005 年的 4.92% 同比下降 0.65 个百分点。上述统计数字说明，这些年来全国法院行政审判能力不断增强，行政审判人员的素质不断提高，当然，与全国同期一审案件相比，行政一审裁判正确率还有进一步提高的空间。

3. 再审案件情况

从 2006 年全国法院再审案件总体情况看，收案、结案、未结案数量全面上升。2006 年共受理再审案件 48214 件，占全部诉讼案件的 0.84%，审结 47226 件，同比分别上升 0.65% 和 1.63%，其中行政案件上升 2.96%；未结案 13039 件，上升 8.19%。经审判监督程序审理的再审案件

改判的占 32.92%，发回重审的占 7.32%，与 2005 年比较分别下降 1.23
个百分点和 0.14 个百分点。生效裁判正确率达 99.63%。

从 2006 年全国法院行政再审案件情况看，收案 1950 件，结案 1870
件，较 2005 年的 1894 件和 1780 件同比上升 2.96% 和 5.06%。经审判监
督程序审理的行政再审案件改判 459 件，占 24.55%，与 2005 年的
28.20% 比较，下降 3.65 个百分点；发回重审 149 件，占 7.97%，与 2005
年的 6.63% 比较，上升 1.34 个百分点。

4. 行政执行案件情况

2006 年全国法院审查行政非诉案件 138919 件，同比上升 11.47%，
其中裁定准予执行的占 94.93%，不予执行的占 5.07%，分别较 2005 年上
升 0.4 个百分点和 0.04 个百分点。这从一个侧面说明行政机关作出的具
体行政行为越来越规范。2006 年全国法院行政案件执行收案 13717 件，
执结 14163 件；行政非诉案件执行收案 230648 件，执结 229826 件。

5. 行政赔偿案件情况

2006 年全国法院行政赔偿案件收案、结案均有较大幅度的下降。受
理行政赔偿案件 3620 件，同比下降 23.35%，其中单独提起行政赔偿的占
61.38%，附带提起赔偿的占 38.62%；审结 3236 件，同比下降 21.46%。

（二）案件特点

**1. 案件涉及领域广，资源、城建、治安、劳动和社会保障类案件一
直占较大比重**

2006 年全国法院审理的行政案件，包括工商、税务、财政、教育、
治安、房屋土地、商标、专利、国有资产、药品定价、出入境管理、证券
监管、城市规划、海关、考试教育、政府采购、国际贸易行政案件等 50
余类，几乎涉及所有行政管理领域。2006 年全国法院审理的行政案件，
主要集中在资源、城建、治安、劳动和社会保障等行政管理领域。

**2. 新类型案件、案件中的新情况层出不穷，政策性、政治性较强的
案件增多，处理难度越来越大**

一是涉及类似公益诉讼的案件增多。这类案件的原告往往以自己微薄
的利益受到损害为由，对涉及抽象行政行为等政策性文件的适用问题提出

质疑。二是随着政府职能转变，机构改革的速度加快，当事人对改革后的机构在行政法上的地位、权力的界定等问题不十分清晰，导致诉讼中被告主体资格难以确定。三是重大、疑难案件多，敏感性强，社会影响大。有些案件涉及的经济、社会、法律关系十分复杂。四是一些案件涉及国家政策调整，政治敏感性强，处理难度大。五是民事权益争议转化为行政争议的情况增多，越来越多的民事权益当事人在争取民事权益时，从其他角度找出一个行政争议点，并提起行政诉讼。

3. 群体性诉讼案件多，审判压力大

群体性诉讼案件主要涉及征用土地、拆迁补偿裁决、拆迁许可行为、规划行政许可行为、强制拆除以及腾退行为、劳动和社会保障以及相关行业准入审批类案件等。城市房屋拆迁、征用土地、强制拆除等均是在某一地区大规模进行，涉及市政或者当地重点建设项目，并切实关系到原告自身重大财产及其他利益。这类案件往往涉及众多群众的切身利益，与社会稳定因素密切关联，处理起来难度大。

4. 知识产权行政案件上升幅度大，涉及的国家和地区多

适应入世的要求，2000 年、2001 年我国对《商标法》和《专利法》进行了修改，将商标、专利的终局行政确权改为可由法院进行司法审查。自 2001 年以来，北京市法院受理的知识产权行政案件大幅度上升。这些案件的当事人涉及 20 多个国家和地区，涉及一些世界知名公司。知识产权行政案件专业性强，法官不仅要有深厚的行政法学功底，还要对案件涉及的技术领域有所涉猎，审理难度大。

二　2006 年全国法院行政诉讼与国家赔偿的主要发展

行政诉讼作为解决行政争议、协调政府与人民群众关系的一项司法制度，对保障公民合法权益，监督促进依法行政，推进民主法治进程，落实依法治国基本方略，具有特殊重要的职能作用。在中国当前建立和完善社会主义市场经济体制、实现政府职能转变的过程中，由于利益关系的变化和复杂以及因行政行为违法或不规范引发行政争议和诉讼的情况在所难免，妥善处理政府与人民群众、行政机关与行政相对人之间的关系至关重要。行政诉讼的特有功能在于：通过依法受理和审判行政诉讼案件，引导各个利益群体以合法、理性的方式表达自己的意愿和要求；通过依法维持合法的行政行为，纠正违法和显失公正的行政行为，协调公共权力与公民权利的关系，促进社会公平和正义，从根本上减少社会不安定因素，充分发挥"减压阀"和"化解器"的作用。因此，行政诉讼是解决行政争议、协调政府与人民群众关系的有效机制，在促进和保障社会和谐中发挥着不可替代的特殊作用。2006 年，全国法院行政诉讼和国家赔偿主要在以下方面取得进展。

（一）充分保护当事人的诉讼权利

行政诉讼是人民群众寻求司法救济、解决行政争议的有效途径和机制。2006 年，全国法院坚持"公正司法、一心为民"的指导方针，坚持以人为本，高度重视行政诉讼案件的立案受理工作，充分保护当事人的诉权。对符合起诉条件的要及时立案；对不属于法院管辖的历史遗留问题，充分告知起诉人解决问题的途径；对涉及重大改革政策、难以单纯通过行政诉讼解决的纠纷，依靠有关方面综合协调处理。2006 年，全国法院在保护当事人诉权方面取得了新的进展，一些疑难、复杂、新类型案件被法院依法受理。

比如，2006 年，北京市朝阳区人民法院审理了"月球大使馆"CEO因销售"世界杯空气"未获得经营许可状告朝阳区工商分局的案件①。朝阳法院经审理认为，依照《公司登记管理条例》第 15 条的规定，公司的经营范围用语应当参照国民经济行业分类标准。据此可以认定《国民经济行业分类标准》是工商部门在核定经营范围时确定经营范围用语的参照依据。同时，该标准也是市场经济秩序相应监管部门如税收、质监等部门确认相关事项的参照依据。本案中，原告申请增加的经营事项为"销售特定地区的特色空气"，该申请内容指向的销售对象具有明显的不确定性，且经营行为所属行业无法参照《国民经济行业分类与代码》（GB/T

---

① 石岩：《月球大使馆 CEO 为售世界杯空气状告工商败诉》，中国法院网，2006 年 12 月 13 日。

4754-84）予以确认。据此，被告作出驳回登记申请的决定符合前述法规的规定，是有利于维护现阶段我国市场经济发展条件下的市场经济秩序的。依照《公司登记管理条例》第 54 条的规定，被告朝阳区工商局在受理原告变更经营范围的申请后，在合理期限内进行审核符合相关法律法规的规定。原告关于登记机关只要对申请人提出的申请予以受理后即应当不分情形当场作出准予登记决定的主张是对法规的误解。因此，法院认为，原告北京月球村公司要求撤销被告朝阳区工商局作出的"登记驳回通知书"的理由不能成立，并最终判决驳回原告北京月球村新能源科技有限公司要求撤销北京市工商行政管理局朝阳分局作出的"登记驳回通知书"的诉讼请求。

又如，2006 年河南省洛阳市西工区人民法院受理了首例司机状告交警部门交通标志侵权案[①]，原告郝某以被告洛阳市交通警察支队在该市中州路、九都路等主要道路的交通标志牌背后设置大量商业广告分散驾驶人注意力、严重影响行车安全、侵犯了原告安全行车权为由向西工区人民法院起诉，请求法院确认被告在市区交通标志背面设置广告的行为侵犯原告安全行车权，并判定被告拆除以上设置的商业广告。洛阳市交通警察支队收到西工区人民法院送达的起诉状后，派员拆除了市区所有交通标志设置的商业广告。原告认为诉讼目的已经达到，向法院申请撤回起诉。西工区人民法院经审查，裁定准许原告撤回起诉。

（二）妥善处理群体性行政争议

近年来，因农村集体土地征收、城镇房屋拆迁、城市规划许可、劳动和社会保障、相关行业准入审批、药品食品安全、自然资源配置、环境保护等社会热点问题引发的群体性行政争议较为突出。这些争议事关群众切身利益，往往涉及面广，人数众多，矛盾尖锐，一旦处置不当，极易酿成重大群体性行政争议，严重影响社会稳定，必须高度重视。在案件处理中，要综合考虑和权衡各方面的利益关系，正确处理好政策与法律、国家

---

① 陈有根、魏志卿：《首例司机索要安全行车权案、交警纠错、司机撤诉》，《法制日报》2006 年 7 月 18 日。

利益和个人利益、局部利益和整体利益的关系，耐心细致地做好疏导和解释工作。全国法院在处理群体性行政争议中，通过依法审理和公正裁判，耐心细致地做好疏导、解释和协调工作，既注重保护人民群众的合法权益，又注重将这些争议纳入法制轨道，使当事人通过正当途径、正确方法表达诉求，力争做到"案结事了"。尽可能通过协调和解的方式解决矛盾和纠纷，力争将案件的负面影响减少到最低限度，防止和避免因工作方法不当激化矛盾引发群体性行政争议。

比如，孔某某等 82 家养殖户诉国家环保总局不受理行政复议一案①。2005 年 6 月 15 日，孔某某等 82 家养殖户向浙江省环保局投诉，反映滨海园区没有落实环评报告书和该局提出的环保措施，要求对滨海园区配套环保措施未建成即投入使用等违法行为进行查处。浙江省环保局接到投诉后，没有在法定期限内作出处理决定。2005 年 8 月 29 日，养殖户们向国家环保总局提出了复议申请，要求国家环保总局责令浙江省环保局限期作出处理决定。9 月 16 日，国家环保总局作出不予受理行政复议申请决定。2005 年 9 月 27 日，养殖户们将国家环保总局告上法庭，请求北京市第一中级人民法院判令国家环保总局限期受理养殖户们的复议申请。2006 年 6 月 14 日，北京市第一中级人民法院作出判决，撤销国家环保总局不予受理的复议申请决定，判令国家环保总局在判决生效后 60 日内对养殖户们的复议申请重新作出决定。6 月 16 日，国家环保总局受理了养殖户们的复议申请。

（三）正确处理法律适用与政策指导的关系

根据《行政诉讼法》和《立法法》的有关规定，人民法院审理行政案件，依据法律、行政法规、地方性法规、自治条例和单行条例，参照规章。目前，中国的法律体系虽然正在形成，但面对形势的发展，现有的法律规定还不能完全适应现实的需要。对法律尚无明确规定而又必须加以规范的，国家有关部门为指导法律执行或者实施行政措施，不可避免地要作

---

① 郄建荣：《将环保总局告上法庭并胜诉，浙江养殖户行政复议有结果》，法制网，2006 年 11 月 26 日。

出具体应用解释和制定其他规范性文件进行调整。行政机关往往将这些具体应用解释和其他规范性文件作为具体行政行为的直接依据。这些具体应用解释和其他规范性文件虽然不是法律、法规、规章，不是正式的法律渊源，对人民法院不具有法律规范意义上的拘束力，但在当前复杂的社会形势以及相关立法尚不健全的情况下，却是行政权行使的现实情况，是对现有法律、法规、规章进行的立法性补充，其灵活性、先导性对推动依法行政起着重要作用。因此，全国法院行政审判法官在司法审查时，经审查只要被诉具体行政行为依据的具体应用解释和其他规范性文件合法、有效并合理、适当的，在认定被诉具体行政行为合法性时就应当充分考虑其内容和精神并承认其效力。

比如，2006 年 9 月，常州市天宁区法院受理了国内首例由养路费征收引发的行政诉讼案。该案中，常州律师章某某不服常州市公路管理处征收养路费而提起诉讼①。原告章某某诉称，2005 年 12 月，原告买了一辆私家车后，常州市公路管理处向原告收取了 2005～2006 年 12 月的公路养路费计 1560 元。之后，原告发现，1999 年 10 月 31 日修正后的《公路法》已明确取消了对车辆所有人征收公路养路费的规定，并将其修改为"国家采用依法征税的办法筹集公路养路费"等内容，且修正后的《公路法》一经通过立即生效。原告据此认为，江苏省常州市公路管理处征收公路养路费的行政行为违法，故诉至法院，要求撤销被告向其征收公路养路费的具体行政行为。常州市天宁区法院经过审理认为，被告江苏省常州市公路管理处征收原告公路养路费 1560 元的行政征收行为事实清楚，证据确凿，程序合法，适用法律、法规及规范性文件正确，法院应予支持。法院认为，原告购买和使用车辆，在中国目前尚未出台燃油税的前提下，依法缴纳公路养路费是其应尽的义务，因此，判决维持被告江苏省常州市公路管理处征收章某某所有的车辆养路费 1560 元的行政行为。章某某不服，提起上诉。常州市中级人民法院经依法审理，判决维持了一审判决。应当说，在本案的一、二审过程中，法院妥当处理了法律与政策之间的关

① 商栋、天行：《常州律师"叫板"养路费案开庭，原告败诉》，中国法院网，2006 年 10 月 18 日。

系。在本案中，根据《公路法》第36条的规定，国家采用依法征税的办法筹集公路养护资金，具体实施办法和步骤由国务院规定。根据《公路法》的规定，国务院有关部门共同制定了《交通和车辆税费改革实施方案》，2000年10月经国务院批准后发布。《交通和车辆税费改革实施方案》规定："在车辆购置税、燃油税出台前，各地区和有关部门要继续加强车辆购置附加费、养路费等国家规定的有关政府性基金和行政事业性收费的征管工作，确保各项收入的足额征缴。"之后，国务院在批转的通知中又声明：为加快交通和车辆税费改革步伐，国务院决定于2001年1月1日开征车辆购置税取代车辆购置附加费，燃油税的出台时间将根据国际市场原油价格的变动情况，由国务院另行通知。由此可见，《公路法》授权国务院制定具体的征税实施办法和步骤，国务院也拟将以燃油税取代公路养路费。交通税费改革根据《公路法》的授权，由国务院决定分步骤进行，在燃油税没有出台前，各地仍按照现行规定征收公路养路费等交通规费，符合法律规定。但在中国有关燃油税相关法律规定尚未出台的情况下，国务院制定要求继续征收养路费等交通规费的2号和34号规范性文件，既是国务院行使《公路法》授权性规范的具体体现，符合《公路法》立法原意，又顺应了中国目前征收公路养护费用的实际情况。国务院的这些改革措施正是依照《公路法》的授权作出的，因此常州市公路管理处据此向章某某征收公路养路费的行政行为符合法律规定。

（四）注重运用协调和解手段化解行政争议

从行政案件审理情况看，2006年，全国法院裁定准许当事人撤诉的案件31801件，占33.46%。总体而言，原告撤诉一般有三种情况：一是原告起诉后，认识到行政机关作出的处罚或处理决定正确，因而主动申请撤诉；二是诉讼过程中，被告改变原行政行为，原告同意并申请撤诉；三是法院在案件审理过程中，通过协调和解，原告申请撤诉。在上述三种情况中，第二种情形一般作为行政机关败诉来对待，第三种情形一般就是通常所说的行政诉讼协调和解。现行《行政诉讼法》规定审理行政案件不适用调解，但从立法精神上看，并没有禁止当事人和解。随着形势的发展，《行政诉讼法》也应予以修改和完善。实践中，虽然行政诉讼中禁止调解，但自《行政诉讼法》实施以来，人民法院在审理行政案件中，实际上做了大量的协调工作，这种协调工作的性质，与民事诉讼中的调解有很多相似之处。此外，案外和解的现象也是大量存在的。《行政诉讼法》实施以来，行政诉讼中的撤诉率一直居高不下，在这些撤诉案件中，除部分案件确属原告自愿撤诉外，有相当部分案件都属于协调或案外和解使原告放弃诉讼而提起撤诉。对此，专家学者们对建立行政诉讼和解制度的呼声越来越高，对行政诉讼是否必须排除和解提出的质疑从理论层面和实际操作层面都提出了比较明确的意见，其主要理由可以从两个方面概括。从理论方面说，和解是解决诉讼纠纷的重要方式，尤其在中国，和解制度处理民事纠纷是中国的一项优良传统，同样可以适用于行政诉讼。行政诉讼在许多情况下是针对行政自由裁量权提起的，因此，存在和解的基础。另外，行政争议从本质上来说属于人民内部矛盾，与民事争议存在许多相似之处，所以，在行政诉讼中，借鉴民事诉讼的和解制度从理论上来说并不是不可行的。从实践的角度说，法院审理行政案件，采取协调的方法，或做"工作"，这种做法的本质仍与民事诉讼的和解极为相似。与其把这种"不规范"的做法延续下去，倒不如将其规范起来，在行政诉讼中，规范地引入和解制度。

近年来，全国部分法院普遍探索建立了行政诉讼协调和解制度，规定具备下列情形之一的行政诉讼案件，法院可以进行协调：被诉具体行政行为违法，但撤销该具体行政行为将会给国家利益、公共利益或其他人的合法权益造成重大损失的；行政相对人的诉讼请求难以得到法院支持，但由于种种原因又切实存在需要解决的实际问题的；当事人矛盾突出、容易激化，案件审判中可能存在影响社会稳定因素的；案件当事人申请进行协调的；等等。

行政诉讼和解制度在实践中虽然被广泛运用，但应遵循以下原则。一是自愿原则，这是行政诉讼和解的首要原则。人民法院应当充分尊重当事人特别是原告方的意见，只有在当事人完全自愿的前提下，才能进入行政诉讼和解程序，毕竟自愿才是实现协商一致的前提。自愿原则包括两个方面，既自愿进行和解和自愿作出和解协议，前者是程序上的自愿，后者是实体上的自愿。因此，在行政诉讼中，和解的适用必须体现当事人自愿的意志，人民法院绝不可以采取"以权促调""以拖压调"等违背当事人意志的做法主持和解。二是合法原则，这是行政诉讼和解必须坚持的重要原则。行政诉讼和解的本意是为了更好地解决行政诉讼纠纷，但是，法院促成当事人之间进行和解并不是无原则的，而是必须在掌握案情、分清是非的基础上进行和解，否则，就极有可能侵害社会、集体或者第三人的合法利益，这是法律所不允许的，也违背了行政诉讼制度的初衷。三是有限原则，这是指行政诉讼中适用和解的案件范围应当是有限的。从行政机关权力的特有属性来看，行政诉讼中并非任何有争议的行政行为都可以适用和解，依法行政的法治原则要求行政机关不得任意处分行政权能，不同性质的具体行政行为和不同类型的行政诉讼案件使行政诉讼的和解受到限制。另外，如果不对行政诉讼和解的范围作出限制，可能会导致和解权的滥用，这样很容易损害国家和集体利益。实践证明，对于行政诉讼案件，在查明事实、分清是非的基础上，在不损害国家利益、公共利益和他人合法权益的前提下，在双方当事人自愿的基础上，争取协调和解解决，实现办案的法律效果与社会效果的有机统一，增进有关当事人与行政机关之间的相互理解和信任，促进社会和谐是符合当前形势发展需要和切实可行的，也是需要进一步探索和完善的。

三　行政诉讼与国家赔偿的未来展望

和谐社会离不开稳定的社会环境，在所有影响社会稳定的因素中，政府与人民群众的关系最为重要，而行政审判的核心功能就是保护行政相对人的合法权益，监督和支持行政机关依法行使职权，从而协调公共权力与公民权利的关系。从这个意义上讲，构建和谐社会，对行政审判工作而言责任更为重大，构建和谐社会要求行政审判发挥不可替代的作用。在这样的背景下，中国行政诉讼和国家赔偿必将在以下方面取得进展。

（一）建立多元化行政争议解决机制

中国当前争议解决机制存在诉讼争议解决机制与非诉讼争议解决机制

不能有效衔接，社会公众倾向于选择非诉讼的信访机制和诉讼机制来解决争议，而对于其他机制，如人民调解、仲裁、行政复议等机制却存在选择量不大的问题。社会公众愿意选择诉讼作为解决争议的机制，一方面导致大量的争议涌进法院，案件数量接连攀升，加大了法院的诉讼压力，加剧了人民群众的司法需求与人民法院的司法资源有限性之间的矛盾；另一方面，又由于诉讼并不能如人们期望的那样能够解决所有争议，结果出现"案了事未了"的情况，引起人们对司法的抱怨，也影响到司法权威的树立。因此，中国行政诉讼和国家赔偿未来的发展方向就是要建立多元化行政争议解决机制，既有诉讼争议解决机制，又有非诉讼争议解决机制，这些机制都能得到应有的重视，都能够充分发挥作用。最大限度地回应社会对行政争议解决机制的不同需求，尽量提供体现不同价值取向的行政争议解决机制供当事人选择。这些相互平行的争议解决机制之间并无效力等级上的差别，也无管辖上的冲突，在争议是否通过相应方式解决方面，唯一的决定性因素是当事人的合意①，从中国现行的法律制度看，凡是符合《行政诉讼法》受案范围的，均可以通过诉讼渠道求得司法救济。同时，中国也规定了较明确的行政申诉信访和行政复议制度，有关法律也都进一步规定了行政申诉信访制度救济的方式，行政管理相对人可以完全按照自己的意愿选择不同的救济途径和救济渠道。

（二）充分发挥行政复议在化解行政争议方面的作用

从行政复议案件情况看，2003～2005 年三年时间里，全国各级行政复议机构受理和审结行政复议案件 6 万多件，远远低于同期全国法院受理和审结的行政诉讼案件数量。从 2005 年全国行政复议案件审结情况来看，申请人撤回申请的 13020 件，占 18.57%；行政复议机关复议维持原具体行政行为的 41732 件，占 59.54%；经复议后撤销原具体行政行为的 9107 件，占 12.99%；经复议后变更原具体行政行为的 1606 件，占 2.29%；经复议后确认原具体行政行为违法的 527 件，占 0.75%；经复议后责令被申

---

①　柯阳友、高玉珍：《诉讼内外纠纷解决机制的分流、协调与整合》，《河北法学》2006 年第 8 期。

请人履行职责的 700 件，占 1.00%；经复议后采用其他方式审结的 3403 件，占 4.86%①。这说明，经过行政复议后，有 18.57% 的复议申请人撤回复议申请，其中有一部分是复议机关进行了有效调解、被申请人与申请人进行了协调和解，申请人认为已经达到复议目的，从而撤回复议申请。经复议后，复议机关对原具体行政行为作出撤销、变更、确认违法、责令履行的占 17%。由此可见，行政复议程序解决行政争议发挥的作用越来越大，当然还有很大的提升空间。"我国现阶段的行政管理状况尚不尽如人意，行政复议制度又具有便民、快捷、不收费的特点，行政复议案件至少应当保持在行政诉讼案件的 2~3 倍，才算基本上达到制度设计的本来目标。但是，行政复议法实施三年多来的结果证明，行政复议制度的功能远未发挥到理想状态，相反此前行政复议条例曾经经历的由初期短暂的社会期望到后期长久的社会失望的困境，又渐渐显露端倪。"② 大量行政争议并没有在行政复议程序中被解决，原因可能是多方面的，其中一个很重要的因素就是行政复议并没有如人们所期待的那样充分发挥作用，没有形成类似于诉讼程序的公正、高效、权威的行政争议解决机制。因此，在行政诉讼中，一是要对行政复议决定进行合法性审查。人民法院要进一步通过有效确认行政复议机构的案件受理范围，维护行政复议决定的权威性，积极宣传行政复议解决行政争议的特点及优势，从而充分发挥行政复议在多元化争议解决机制中的作用。对行政复议进行司法审查与监督，要遵循有利于保护当事人合法权益、有利于促进行政机关依法行政的指导思想，依照全面审查、适度审查的原则，促进行政复议的健康发展。二是要进一步加强对行政复议的监督，对具有法定撤销情形以外其他影响行政复议准确性的问题，应当向行政复议机关提出司法建议。三是要进一步加强与行政复议机关的沟通联系，通过定期共同举行业务交流研讨、举办法律法规司法解释培训等方式，在法律适用、工作程序操作等方面取得共识。对应撤销行政复议决定或应重新作出行政复议决定的，在判决后与行政复议机构做好沟通，从而有效提高行政复议的质量。

---

① 《中国法律年鉴（2006）》，中国法律年鉴出版社，2006，第 1009 页。

② 方军：《论中国行政复议的观念更新和制度重构》，《环球法律评论》2004 年第 1 期。

（三）建立公正、高效、权威的行政诉讼制度

随着计划经济向市场经济、单位人向社会人、权力社会向权利社会的转变，利益主体呈现多元化，社会矛盾增多，中国的行政争议近年来剧增，法院日益成为国家、社会与公民团体及个人纠纷的解决者。随着经济的发展和社会的进步，中国法院的功能也发生了变化，即从传统意义上依法强制性地解决当事人之间的争议，到当前除了解决争议这一基本功能外，还具备了控制社会、制约权力、解释法律等延伸功能，并且其内容仍在不断完善中。必须认识到，法院不是万能的，应科学定位法院的功能。当然，法治是解决社会矛盾的最佳途径，司法则是解决社会矛盾的最终途径。人民法院的根本职责是化解社会矛盾，维护社会稳定，保障经济发展，促进社会和谐，实现公平正义。在中国，刑事、民事和行政诉讼共同构成了人民法院完整的审判权，在三大诉讼中，行政诉讼调整的是不平等主体之间的行政法律关系，行使审查监督各级行政机关具体行政行为的合法性的重要职责，体现的是司法权对行政权的监督与制约机制。因此，行政诉讼通过对政府行政行为合法性的审查，监督、规范行政机关的行政行为，对推进依法行政具有重要作用。随着《行政诉讼法》的修改和完善，中国在公正、高效、权威的行政诉讼制度方面必将取得重要进展。

（四）促进行政复议制度与信访制度、行政诉讼制度的衔接

中国现行的《行政复议法》在制度规定上较为原则，不具有可操作性，许多制度有待细化。例如，在复议审查后的结案方式上，目前的维持、撤销、变更、确认违法、责令履行法定职责的结案方式，远不能适应纷繁复杂的各类复议案件的处理要求。行政复议程序制度的规定不完善，不符合现代法治的正当程序原则，因此，应加快《行政复议法》的修订工作，包括丰富行政复议决定的种类，加强行政复议程序制度的制定与完善，等等。

应协调处理好行政复议与信访工作的关系。各级行政复议机关要认真研究行政复议与信访工作的衔接办法，建立健全行政复议与信访工作协调

机制，使行政复议与信访工作形成合力，共同解决行政争议，有效化解社会矛盾。

《行政诉讼法》在受案范围、审查原则、审查范围等方面与《行政复议法》相脱节，前者在这些方面的规定明显要窄于后者，造成实践中对不属于行政诉讼受案范围的事项作出复议决定，复议决定却赋予相对人诉权等问题，影响了复议机关审查与法院审理的权威性。因此，必须尽快修改《行政诉讼法》，使其在受案范围、审查范围、审查原则等方面与《行政复议法》相协调、相对应，如将部分抽象行政行为纳入行政诉讼受案范围，扩大合理性审查范围，等等。

（五）探索建立行政诉讼和解制度

协调、和解、调解是中国特色的化解矛盾纠纷的有效途径。当前中国正处于社会转型、体制转轨和矛盾凸显期，行政案件情况复杂，必须建立多元化的行政争议解决机制。既要依靠党政组织、司法机关，又要发挥群众自治组织、社会组织的作用；既要运用法律手段解决矛盾纠纷，又要大力弘扬"和为贵"的传统文化，更加注重运用协调和解手段化解行政争议。应当说，行政诉讼是解决行政纠纷的一个重要途径，但不是唯一途径，法律赋予法院的监督手段也是有限的，在一些特殊情况下，法院依法独立行使审判权应当与加强同行政机关的协调结合起来，在不违反法律规定的情况下，从"官了民也了、案了事也了"的角度，选择对保护相对人合法权益最有利的方式解决纠纷，而绝不能简单地以一纸判决结案。中国现行《行政诉讼法》规定，人民法院审理行政案件不适用调解。这一规定的基本含义是：法院在审理行政案件中，应当对被诉具体行政行为是否合法依法作出明确判断并进行裁判，不能违反法律随意处分公共权力和当事人的合法权益。这在行政诉讼制度建立之初，无疑具有积极意义。但随着形势的发展，特别是中共中央提出的构建社会主义和谐社会的重大战略决策，行政案件不适用调解已不能适应形势发展的需要，也不利于政府与人民群众和谐关系的建立。行政诉讼对公民、法人及其他组织等相对人来说，是一种不可或缺的司法救济制度，其作用的发挥在于维护公民、法人及其他组织的合法权益，监督和规范行政行为。随着和谐社会理论的提出，行政审判应以密切"官"民关系，解决行政争议作为一项重要职能。既要运用法律手段解决矛盾纠纷，又要更加注重运用协调、和解手段化解行政争议。判决强调的是诉讼程序的严谨、周密，诉讼实体的非此即彼，但实践证明，判决并不是解决纠纷的唯一手段，而且在某些情况下，诉讼的效果并不理想，往往形成"官了民不了、案结事未结"的局面，而协调、和解和调解作为中国特色化解矛盾纠纷的有效途径，相比判决则具有灵活、便捷、高效的特点，既能节约诉讼成本，又能缓和矛盾，消除或减少对抗。现行《行政诉讼法》虽然规定审理行政案件不适用调解，但从立法精神上看，并没有禁止当事人和解。这是以人为本、维护广大人民群众利益的根本要求，也是构建社会主义和谐社会的必然要求。当然，随着形势的发展，现行《行政诉讼法》应予修改和完善，将协调和解作为行政诉讼的一项基本制度予以确认。

（参见法治蓝皮书《中国法治发展报告 No. 5（2007）》）

第二十一章 2006年中国行政复议及行政诉讼应诉

摘　要：本文主要从行政复议案件情况、行政诉讼应诉情况和行政复议配套制度建设三个方面对 2006 年行政争议工作情况进行评价、总结、分析。

根据对 2006 年度全国 31 个省、自治区、直辖市和国务院 60 个有行政复议和行政应诉职责的部门有关行政复议统计数据的综合分析，2006 年度全国的行政复议工作在 2005 年增长的基础上，保持了平稳上升的趋势，行政复议案件总数达到新高。本文按照行政复议案件情况、行政诉讼应诉情况和行政复议配套制度建设三个专题综述如下。

一　行政复议案件情况

（一）案件受理情况

2006 年，全国 31 个省、自治区、直辖市和有行政复议职责的国务院部门合计收到行政复议申请 91667 件，其中受理 81197 件，不予受理 7429 件，作其他处理 3041 件。从地方和部门的案件总体分布情况看，31 个省份共收到行政复议申请 89664 件，其中受理 79847 件，不予受理 7174 件，作其他处理 2643 件。60 个国务院部门中，39 个部门共收到行政复议申请 2003 件（另外有 21 个部门未收到行政复议申请），其中受理 1350 件，不予受理 255 件，作其他处理 398 件（见表 1）。

表 1　2006 年度行政复议申请分布情况

单位：件

省、自治区、直辖市收到行政复议申请情况

省份	件数	省份	件数	省份	件数	省份	件数
广东	9263	湖南	3517	安徽	2639	内蒙古	966
河南	8255	上海	3354	北京	2529	海南	775
山东	6288	广西	3265	云南	1885	山西	640
江苏	5021	湖北	3265	黑龙江	1803	甘肃	584
辽宁	4832	河北	3240	陕西	1749	宁夏	336
浙江	4190	四川	3151	新疆	1564	青海	258
江西	3912	福建	2888	天津	1543	西藏	91
重庆	3598	贵州	2785	吉林	1478	合计	89664

国务院部门收到行政复议申请情况

部门	件数	部门	件数	部门	件数	部门	件数
国税系统	496	食品药品监督管理局	33	安全生产总局	9	广电总局	2
海关总署	335	司法部	26	教育部	9	旅游局	2
知识产权局	166	财政部	22	信息产业部	9	银监会	2
工商总局	162	公安部	21	外汇局	8	国管局	1
国土资源部	153	质检总局	21	新闻出版总署	7	监察部	1
劳动保障部	111	民政部	19	交通部	6	烟草局	1
建设部	92	人事部	18	农业部	6	—	—
人民银行	68	保监会	17	民航总局	4	—	—
卫生部	55	铁道部	14	科技部	3	—	—
发展改革委	38	商务部	13	水利部	3	—	—
证监会	37	环保总局	11	国防科工委	2	合计	2003

2006 年，各省、自治区、直辖市和国务院部门收到的行政复议申请数量比 2005 年的 90624 件略有增加，增幅为 1.15%。其中各省份收到的行政复议申请比 2005 年的 88630 件增加 1.17%。西藏、北京、广东、江西、江苏、青海、云南、山东、内蒙古、新疆、甘肃、湖南、河北 13 省

份收到的行政复议申请均比 2005 年有所增加，其中西藏、北京、广东、江西 4 个省份增长幅度分别达到了 89.58%、55.92%、42.97% 和 23.45%。同时，其他 18 个省份行政复议申请下降，其中大部分省份的下降幅度较小。从总体情况看，全国行政复议申请数量保持稳定，略有增加（见表 2）。

表 2 2005~2006 年各省、自治区、直辖市收到行政复议申请数量及增减情况

单位：件，%

省份	2005 年	2006 年	增减幅度	省份	2005 年	2006 年	增减幅度
西藏	48	91	89.58	湖北	3336	3265	-2.13
北京	1622	2529	55.92	广西	3355	3265	-2.68
广东	6479	9263	42.97	河南	8700	8255	-5.11
江西	3088	3812	23.45	贵州	3007	2785	-7.38
江苏	4396	5021	14.22	辽宁	5256	4832	-8.07
青海	229	258	12.66	宁夏	369	336	-8.94
云南	1739	1885	8.4	重庆	3958	3598	-9.1
山东	5846	6288	7.56	浙江	4637	4190	-9.64
内蒙古	911	966	6.04	陕西	1953	1749	-10.45
新疆	1499	1564	4.34	黑龙江	2014	1803	-10.48
甘肃	574	584	1.74	上海	3785	3354	-11.39
湖南	3466	3517	1.47	安徽	3030	2639	-12.9
河北	3224	3240	0.5	吉林	1690	1478	-12.54
天津	1549	1543	-0.39	山西	782	640	-18.16
福建	2911	2888	-0.79	四川	4390	3151	-28.22
海南	787	775	-1.52	合计	88630	89664	1.17

2006 年全国行政复议案件较 2005 年略有增长，仍然保持在 9 万件以上，但是发展还很不平衡。从行政复议案件呈现增长势头的地方看，案件上升的主要原因如下。一是随着国务院大力推进依法行政进程，各地方、各部门对行政复议工作的重要性认识有所增强，行政复议机构不断健全，行政复议队伍整体素质不断提高，行政复议办案程序不断完善，特别是一些地方和部门围绕公正复议作了一些机制创新的尝试，强化了行政复议的中立性、专业性和公开性，明显提升了行政复议的质量，大大增强了行政复议的社会公信力。二是随着社会主义市场经济体制的逐渐完善，行政相

对人的利益主体意识和依法维权观念日益增强，社会公众学法、知法、懂法、用法的能力已经达到相当水平。在发生行政争议时，一些行政相对人越来越多地倾向于通过行政复议、行政诉讼等法律救济渠道反映诉求，而不再迷信传统的信访等非正式渠道。其中，行政复议具有较强的专业性、成本比较低廉、方式比较灵活、双方当事人不破"面子"等特点，成为越来越多的公众的首选之道。三是由于行政管理体制改革尚不到位，一些基层政府和部门依法行政的意识和能力都还不够到位，违法行政、行政侵权的现象在一些地方和部门还屡屡发生，造成某些领域的行政争议居高不下。主要是某些地方和部门领导对行政复议的地位和作用认识不到位，不重视充分发挥行政复议制度的作用，有些市、县两级政府尤其是县级政府行政复议机构仍然不够健全，行政复议人员不到位、队伍不稳定，行政复议的效率和质量还不够高，这些因素导致行政复议的权威受到公众质疑，影响了行政相对人申请行政复议的意愿。

（二）申请人的分布情况

2006年全国各级行政复议机关收到的91667件行政复议申请中，公民作为申请人的68957件，占总数的75.23%；法人或者其他组织作为申请人的22710件，占总数的24.77%（见表3）。与历年情况类似，公民仍然是行政复议的主要申请主体。

表3　2006年行政复议申请人情况

单位：件，%

申请人	件数	占行政复议申请总数比例
公民	68957	75.23
法人或者其他组织	22710	24.77
合计	91667	100

（三）被申请人的情况

在2006年发生的91667件行政复议申请中，被申请人是乡镇政府的6436件，占行政复议申请总数的7.02%；被申请人是县级政府的9694

件，占 10.58%；被申请人是县级政府部门的 41386 件，占 45.15%；被申请人是市（地、州）级政府的 1619 件，占 1.77%；被申请人是市（地、州）级政府部门的 19484 件，占 21.25%；被申请人是省部级机关的 1165 件，占 1.27%；被申请人是省级政府部门的 3553 件，占 3.88%；被申请人是其他机关或者组织的 8330 件，占案件总数的 9.09%。被申请人中，县、乡政府和县级政府部门占 62.75%，市、县两级政府部门占 66.4%，县级政府部门就占 45.15%（见表 4）。

表 4　2006 年行政复议被申请人分布情况

单位：件，%

行政机关	乡镇政府	县级政府	县府部门	市级政府	市府部门	省部级机关	省府部门	其 他	合 计
案件数量	6436	9694	41386	1619	19484	1165	3553	8330	91667
所占比例	7.02	10.58	45.15	1.77	21.25	1.27	3.88	9.09	100

（四）行政复议申请事项分类

2006 年全国各级行政机关收到的 91667 件行政复议申请中，对行政处罚决定不服申请行政复议的 38981 件，占总数的 42.52%；对行政许可决定不服申请行政复议的 6133 件，占总数的 6.69%；对行政强制措施不服申请行政复议的 9287 件，占总数的 10.13%；对行政收费不服申请行政复议的 1897 件，占总数的 2.07%；认为行政机关不作为申请行政复议的 3096 件，占总数的 3.38%；其他情况 32273 件，占总数的 35.21%（见表5）。从案由看，近半数行政复议案件因行政处罚引起，其他案由依次为行政强制措施、行政许可、不作为和行政收费。

表 5　2006 年行政复议申请事项分类情况

单位：件，%

事　项	行政处罚	行政许可	行政强制措施	行政收费	不作为	其　他	合　计
件　数	38981	6133	9287	1897	3096	32273	91667
比　例	42.52	6.69	10.13	2.07	3.38	35.21	100

（五）行政复议案件审理结果

2006 年，全国各级行政复议机关共审结行政复议案件 72029 件，占受理案件总数 81197 件的 88.71%，审结率比 2005 年提高了 3.31 个百分点；未审结的 9168 件，占受理总数的 11.29%。已审结案件中，维持原具体行政行为的 43645 件，占审结案件总数的 60.59%；撤销原具体行政行为的 8014 件，占审结案件总数的 11.13%；变更原具体行政行为的 1336件，占审结案件总数的 1.85%；确认原具体行政行为违法的 560 件，占审结案件总数的 0.78%；责令被申请人履行法定职责的 656 件，占审结案件总数的 0.91%；申请人撤回申请的 13627 件，占审结案件总数的 18.92%；作其他处理的 4191 件，占审结案件总数的 5.82%（见表 6）。与 2005 年全国行政复议案件审理结果相比，2006 年行政复议维持率上升了 1.05 个百分点，撤销率下降了 1.86 个百分点。连续三年，行政复议维持率上升，撤销率下降。

表 6　2006 年行政复议案件审结情况

单位：件，%

处理结果	撤回申请	维持	撤销	变更	确认违法	责令履行	其他	合计
件数	13627	43645	8014	1336	560	656	4191	72029
比　例	18.92	60.59	11.13	1.85	0.78	0.91	5.82	100

二　行政诉讼应诉情况

（一）案件受理情况

2006 年，全国合计发生 52792 件行政诉讼应诉案件，其中，31 个省份共发生行政诉讼应诉案件 52502 件，52 个报送行政诉讼应诉案件统计报表的国务院部门中，26 个部门共发生行政诉讼应诉案件 290 件（见表7），其余 26 个部门没有发生行政诉讼应诉案件。

表7　2006年行政诉讼应诉情况

单位：件

各省、自治区、直辖市行政应诉案件情况

省份	件数	省份	件数	省份	件数	省份	件数
山东	9647	黑龙江	2084	湖南	1095	甘肃	340
河南	6620	安徽	2064	贵州	975	内蒙古	291
广东	4071	上海	1719	河北	908	海南	208
浙江	3089	重庆	1633	福建	810	山西	172
辽宁	2463	广西	1570	陕西	742	宁夏	115
江苏	2288	湖北	1324	江西	525	青海	104
北京	2112	吉林	1324	云南	506	西藏	21
四川	2109	天津	1119	新疆	454	合计	52502

国务院部门行政诉讼应诉情况

部门	件数	部门	件数	部门	件数	部门	件数
国税系统	146	卫生部	5	公安部	2	环保总局	1
海关总署	36	财政部	5	证监会	2	国土资源部	1
知识产权局	30	铁道部	5	新闻出版总署	2	农业部	1
司法部	9	银监会	5	民政部	2	工商总局	1
人民银行	8	食品药品监管局	4	发展改革委	2	商务部	1
水利部	7	保监会	3	国防科工委	2	—	—
质检总局	6	劳动保障部	3	安全生产局	1	合计	290

（二）被告情况

在2006年发生的52792件行政诉讼应诉案件中，被告是乡镇政府的2986件，占案件总数的5.66%；被告是县级政府的8869件，占16.8%；被告是县级政府部门的21517件，占40.76%；被告是市（地、州）级政府的2558件，占4.85%；被告是市（地、州）级政府部门的11437件，占21.66%；被告是省部级机关的634件，占1.2%；被告是省级政府部门的1694件，占3.21%；被告是其他机关或者组织的3097件，占案件总数的5.87%。被告中，县、乡政府和县级政府部门占63.22%，市、县两级政府部门占62.42%，县级政府部门就占40.76%（见表8）。

经过行政复议的应诉案件 13842 件，占 2006 年行政诉讼应诉案件总数 52792 件的 26.22%，比 2005 年的 30.35% 下降了 4.13 个百分点；占 2006 年已审结行政复议案件总数 70863 的 19.53%，比 2005 年的 22.31% 下降了 2.78 个百分点；其中，以行政复议机关为被告的 2444 件，占 2006 年行政诉讼应诉案件总数的 4.63%，占 2006 年度已审结行政复议案件总数 70863 件的 3.45%（见表 8）。

表 8　2006 年行政诉讼应诉被告分类情况

单位：件，%

行政机关	乡镇政府	县级政府	县府部门	市级政府	市府部门	省部级机关	省府部门	其他	合计	复议机关
案件数量	2986	8869	21517	2558	11437	634	1694	3097	52792	2444
所占比例	5.66	16.8	40.76	4.85	21.66	1.2	3.21	5.87	100	4.63

（三）行政诉讼应诉案件的审理结果

从审理结果看，全国 52792 件行政诉讼应诉案件中，已审结 43706 件，占总数的 82.79%；未审结的 9086 件，占总数的 17.21%。已审结案件中，判决维持的 18288 件，占审结案件总数的 41.84%；判决撤销的 4276 件，占审结案件总数的 9.78%；判决变更的 526 件，占审结案件总数的 1.20%；限期履行职责的 570 件，占审结案件总数的 1.30%；原告撤诉的 13374 件，占审结案件总数的 30.6%；其他处理的 6669 件，占审结总数的 15.26%（见表 9）。

表 9　2006 年行政诉讼应诉案件审理情况

单位：件，%

审结情况	撤诉	维持	撤销	变更	限期履行职责	其他	合计
件数	13374	18288	4276	526	570	6669	43706
占审结总数比例	30.6	41.84	9.78	1.20	1.30	15.26	100

（四）复议后应诉案件的审理情况

经过行政复议后应诉的 13842 件案件中，已审结 11576 件，占总数的

83.63%；未审结的 2266 件，占总数的 16.37%。已审结案件中，判决维持的 6854 件，占审结案件总数的 59.21%，经过行政复议后应诉案件的维持率比未经过行政复议的高 23.61 个百分点；判决撤销的 1260 件，占审结案件总数的 10.88%；判决变更的 148 件，占审结案件总数的 1.28%；限期履行职责的 87 件，占审结案件总数的 0.75%；原告撤诉的 2147 件，占审结案件总数的 18.55%；其他处理的 1080 件，占审结总数的 9.33%（见表 10）。

表 10　2006 年复议后应诉案件审理情况

单位：件，%

审结情况	撤诉	维持	撤销	变更	限期履行职责	其他	合计
件数	2147	6854	1260	148	87	1080	11576
占审结总数比例	18.55	59.21	10.88	1.28	0.75	9.33	100

三　行政复议动态

2006 年，国务院自身的行政复议机构建设取得重要进展。在《行政复议法》赋予国务院承办行政复议案件职责六年多之际，经中央机构编制委员会批准，国务院法制办公室组建了行政复议司，具体承办国务院行政复议事项。根据国务院法制办公室官方网站的资料，行政复议司的职责主要包括：接收行政复议申请人向国务院提出的行政复议申请书，负责初步审查和立案工作；拟定不予受理决定；向有关组织和人员调查取证，查阅文件和资料；审查申请行政复议的具体行政行为是否合法与适当，拟定行政复议决定；处理或者转送对《行政复议法》第 7 条所列有关规定的审查申请；对行政机关违反《行政复议法》规定的行为依照规定的权限和程序提出处理意见；指导、督促全国行政复议应诉工作；对全国行政复议、行政应诉案件进行统计分析；提出完善行政复议、应诉制度的建议，承办《行政复议法》具体应用问题的解释；与行政复议有关的信访工作；办理国务院法制办公室领导交办的其他事项。

2006 年 9 月，为适应建设和谐社会的要求，国家有关方面对做好行政争议化解工作、健全行政争议解决机制提出了一系列要求。2006 年 12月，国务院在重庆召开了全国行政复议工作座谈会，对新形势下做好行政复议工作、促进和谐社会建设作出了重要部署。国务委员兼国务院秘书长华建敏代表国务院作了重要讲话。有关方面和这次会议把行政复议工作首次提到了执政能力建设的重要位置，同时，也要求把加强行政复议工作作为各级政府的一项重要议事日程。其中一些基本思路对行政复议制度的发展具有重要意义。

第一，加强了对行政复议工作的领导力度。有关方面提出，要注重发挥行政复议方便群众、快捷高效、方式灵活、专业性强的突出优势，力争把行政争议主要化解在基层、化解在初发阶段、化解在行政机关内部。这意味着要把行政复议确立为中国解决行政争议的一条主要渠道。

第二，加大了行政复议机构建设的力度。各级行政复议机关特别是市、县两级政府要切实依法履行好行政复议职责，采取建立行政复议人员资格制度等有效措施，加强行政复议机构和队伍建设，在本地区行政编制总额限度内抓紧调剂、充实行政复议工作所需要的办案人员，认真解决因机构、人员不落实造成的有案不受、有错不纠、超期办案等群众反映强烈的问题。这意味着行政复议人员的专业化建设迈出新的步伐。

第三，要按照合法、公正、公开、及时、便民原则的要求，大力推进各级政府机关的行政复议能力建设，不断强化行政复议人员的政治素质和业务素质，确保行政复议工作的质量、效率和效果。要制定并严格实行政府机关履行行政复议职责的工作考核和责任追究制度，把愿不愿意、能不能够发挥好行政复议解决行政争议的功能，作为考核各级政府机关及其领导干部工作绩效的一项重要指标。这意味着行政复议将作为政府的一项核心工作，不再被置于边缘化的境地。

第四，要继续完善行政复议工作制度，进一步规范行政复议程序，积极探索符合行政复议工作特点的新机制和新方法，对重大复杂、影响较大、群众关注的案件以及带有群体性因素的案件，可以逐步引入公开听证、当面辩论等多种方式，提高行政复议的办案透明度和群众公信力。建立健全行政复议工作的保障和激励机制，实行行政复议权利告知制度，努力畅通政府机关履行行政监督和自我纠错的法律渠道，依法积极稳妥地处理好行政争议各方当事人的利益诉求，切实维护好基层群众的根本利益。这意味着行政复议制度将朝着适度"司法化"的方向稳步迈进，行政复议将作为一项准司法制度予以定位。

第五，加强对全国行政复议工作的督促指导，加大对征地、拆迁、企业改制、劳动社会保障等行政复议热点、难点和重点领域矛盾争议的对策研究，充分发挥行政复议在解决行政争议、化解人民内部矛盾、维护社会稳定中的重要作用。这意味着行政复议将会着眼于解决最复杂、最尖锐、最突出的问题，真正站到解决行政争议的第一线。

（参见法治蓝皮书《中国法治发展报告 No.5（2007）》）

第二十二章　2015年《行政诉讼法》修改及实施展望

摘　要： 新修订的《行政诉讼法》与配套司法解释在 2015 年 5 月 1 日正式施行，新修订的《行政诉讼法》在受案范围、管辖权制度、规范性文件审查、判决类型等方面作出了具体且重要的变革，同时增设了复议机关作共同被告以及被诉行政机关负责人出庭应诉等诸多新制度，这将对行政诉讼未来的发展带来深远影响。从这些规范条款的形成中也可以看出中国行政诉讼从地方试验到中央立法承认的特殊过程。

一　《行政诉讼法》及其司法解释之修改

作为行政法领域最为重要的一部法律，2014 年 11 月新修订的《行政诉讼法》于 2015 年 5 月 1 日正式施行；与新修订的《行政诉讼法》相配套，2015 年 4 月 20 日，由最高人民法院审判委员会第 1648 次会议通过的《最高人民法院关于适用〈中华人民共和国行政诉讼法〉若干问题的解释》（法释〔2015〕9 号）亦同时施行。《行政诉讼法》及其配套司法解释的修改，标志着民告官将从 2015 年起正式进入 2.0 时代。

2015 年 11 月 2 日，十二届全国人大常委会第十七次会议第二次全体会议听取了人民法院行政审判工作情况的专项汇报，这在《行政诉讼法》实施 25 年来尚属首次。报告指出，"2015 年 1~9 月，各级人民法院受理各类行政案件 40 万件，同比上升 47.6%，仅 2015 年 5 月份一个月期间，各级法院就受理行政诉讼案件 2.6 万件，同比上升 221%"。行政案件数量的飙升意味着公众对行政诉讼的制度信任感提升，而这种制度信任感的提升，很大程度上源自《行政诉讼法》自身程序装置的更新换代与政策创新。从《行政诉讼法》的条款创新中，可以看出从地方司法政策试验到中央立法吸纳的过程，而这些司法政策的创新在 2015 年以及今后将发生怎样的制度效果，是否能够满足权利救济以及合法性审查的双重需求，尚需司法实践的进一步检验。

二 《行政诉讼法》中的政策创新条款

（一）行政诉讼受案范围的进一步扩大

行政诉讼区别于其他诉讼的一个重要制度特征在于受案范围的有限性，这意味着并非所有的行政争议均可以进入法院的审查视野，只有行政争议类型在法律规定的受案范围之内，适格原告才可以向法院提起行政诉讼，而旧《行政诉讼法》常为人所诟病的一个缺憾，便是受案范围过于狭窄且列举事项不够明确。与之前运行二十余年的旧《行政诉讼法》相比，2015 年新修订实施的《行政诉讼法》作出诸多重大制度创新，最为显著的是对受案范围进行细化与扩张。新修订的《行政诉讼法》对之前已在受案范围之内的行政处罚、行政强制、行政许可与行政给付等行政行为类型进一步予以细化明确。譬如，行政强制行为中增加了"行政强制执行"，行政许可行为中增加了"有关行政许可的其他决定"，行政给付行为中在"抚恤金"之外增加了"最低生活保障待遇"与"社会保险待遇"。另外，在侵犯经营自主权的行政行为条款中增加了"侵犯农村土地承包经营权、农村土地经营权"的内容。尽管这些条款的细化补充并不涉及对受案范围的实质性扩张，但依据现有行政诉讼的制度能力，新修订的《行政诉讼法》对受案范围的进一步细化充实，有助于防止地方法院迫于各类政治压力，故意对某些规定不够明确的案件类型不予受理，从而更好地维护行政诉讼当事人的合法权益。

除了对受案范围条款的细化充实之外，新修订的《行政诉讼法》对受案类型亦有实质性扩张。新修订的《行政诉讼法》增加列举了"确认土地、矿藏、水流、森林、山岭、草原、荒地、滩涂、海域等自然资源所有权或使用权的行为""滥用行政权力排除或限制竞争的行为"以及"涉及特许经营协议、土地房屋征收补偿协议等行政协议的行为"等事项，明确列举这几项行政行为首次明确进入受案范围。问题在于，尽管新《行政诉讼法》将自然资源确权行为纳入受案范围，但按照《行政复议法》第30条的规定，"根据国务院或者省、自治区、直辖市人民政府对行政区划的勘定、调整或者征用土地的决定，省、自治区、直辖市人民政府确认土地、矿藏、水流、森林、山岭、草原、荒地、滩涂、海域等自然资源的所有权或者使用权的行政复议决定为最终裁决"。这部分自然资源确权行为在《行政复议法》中被规定为行政终局行为，这与新《行政诉讼法》受案范围规定之间的矛盾如何解释，还需要全国人大及其常委会予以进一步明确。同时，尽管行政协议行为被首次明确进入受案范围，但新《行政诉讼法》仅仅明确了特许经营协议与土地房屋征收补偿协议两种类型，对其他的行政协议类型，如国有土地使用权出让协议，由于之前存在民事合同与行政合同的性质争议，此次修法是否意味着其毫无异议地进入行政诉讼受案范围，尚需要今后司法实践的进一步观察。

不仅如此，新《行政诉讼法》将旧规定受案范围中的兜底条款"侵犯其他人身权、财产权"的行为修改为"侵犯其他人身权、财产权等合法权益"的行为，这将行政诉讼救济的权利类型不再仅仅局限在人身权、财产权两类，"合法权益"在理论上甚至将包括劳动权、受教育权、文化权利、政治权利等权利类型，这可以视为对旧规定中受案范围的重大实质性扩充。但在司法实践中，法院真正能将字面意义上的"合法权益"类型全部纳入行政诉讼受案范围，仍然是一个极为漫长的发展过程。

（二）跨行政区域管辖制度的政策创新

十八届四中全会作出的《中共中央关于全面推进依法治国若干重大问题的决定》指出，"最高人民法院设立巡回法庭，审理跨行政区域重大行政和民商事案件。探索设立跨行政区划的人民法院和人民检察院，办理跨地区案件。完善行政诉讼体制机制，合理调整行政诉讼案件管辖制度，切实解决行政诉讼立案难、审理难、执行难等突出问题"。

与之相呼应，新修订的《行政诉讼法》第18条新增规定："经最高人民法院批准，高级人民法院可以根据审判工作的实际情况，确定若干人民法院跨行政区域管辖行政案件。"行政诉讼跨行政区域管辖的这一制度创新，直面二十余年来行政诉讼司法实践中的最大困境——地方政府对行政诉讼的干涉控制，而这一条款的设立也为今后地方层面进一步的政策试验提供了规范依据。

其实早在2013年1月最高人民法院就在发布的《最高人民法院关于开展行政案件相对集中管辖试点工作的通知》（法〔2013〕3号）中指出："行政案件相对集中管辖，就是将部分基层人民法院管辖的一审行政案件，通过上级人民法院统一指定的方式，交由其他基层人民法院集中管辖的制度。各高级人民法院应当结合本地实际，确定1~2个中级人民法院进行试点。"最高人民法院旨在通过政策试点的方式，在全国范围内探索行政案件跨行政区划集中管辖，而更早在多年前，浙江、广东等地区就已存在管辖制度改革的地方试点。

但必须指出的是，与其他政策试点模式不同的是，《行政诉讼法》并没有通过具体条款来明确规定跨区域管辖的制度设置，新修订的《行政诉讼法》第18条关于跨行政区域管辖制度的条款，仅仅肯定了近几年跨区域管辖政策试点的探索方向。这意味着对跨行政区域管辖制度的地方政策试验，尚没有最终形成值得全国统一推广的制度范式，今后仍将处于地方试验摸索的状态。毕竟由于跨行政区域管辖制度改革牵涉法院组织架构、人事任命、财政资金来源等一系列重大议题，这些难题并非单凭《行政诉讼法》的条款修改就能解决。新修订的《行政诉讼法》能够将跨行政区域管辖制度改革实践吸纳至具体条款之中，已然值得充分肯定。

（三）行政机关负责人出庭应诉义务的法定化

针对行政诉讼实践中长期存在的"告官不见官"现象，新《行政诉讼法》增设了行政首长出庭应诉条款。新修订的《行政诉讼法》第3条明确规定，"被诉行政机关负责人应当出庭应诉。不能出庭的，应当委托行政机关相应的工作人员出庭"。尽管修订前的《行政诉讼法》中并没有明确的条款规定，但从地方司法实践中观察，行政负责人出庭应诉的诉讼实践早已运行多年，并且各地规范性文件就出庭应诉的案件类型、出庭应诉程序、指标考核、法律后果等诸多方面进行了详细规定；《行政诉讼法》新增设的该项条款，尽管并未明确行政机关负责人未履行出庭应诉义务的法律责任，但在地方层面早已运行多年的规范细则中，行政机关负责人未能出庭应诉的法律责任均有细化规定。

其实早在修订前，在《行政诉讼法》缺乏任何具体条文规定的背景下，各地就已经出台了诸多规范性文件，对行政首长出庭应诉的案件类型、应诉程序等事项作出殊异化的界定。在这一政策试验与地方竞争的过程中，各地关于行政首长出庭应诉的规定也相互模仿借鉴，逐步表现出趋同化的特征[①]。值得注意的是，这类政策试验的发起者绝大部分并非司法机关，绝大多数是由地方行政机关倡导推行的，并且该政策创设得到了国务院的高度认可。

行政首长出庭应诉政策尽管已然在全国得到全面推广，但只有获得《行政诉讼法》的明确规定才算真正取得合法化的地位。然而《行政诉讼法修正案（草案）》一审稿中并没有涉及行政首长出庭应诉的内容，直到二审稿才增加一项规定："被诉行政机关负责人应当出庭应诉"，该项规定在三审稿中得以保留并获得最终通过。就此，行政诉讼中的行政首长出庭应诉制度作为一种由地方自发主导的试验性政策，其制度实践最终获得新修订的《行政诉讼法》的吸纳并予以法定化，这种变迁模式仍然依循了当代中国从地方政策试验到中央立法承认的常规演化路径。但是新《行政诉讼法》确立的行政首长出庭应诉制度，在实践中究竟能有多大的功能价值，抑或仅仅是法制建设的形象工程，还需要通过今后的司法实践来进一步观察。

（四）简易程序与调解条款的修订

旧《行政诉讼法》中没有简易程序的规定，而司法实践中日益增多

---

① 　章志远：《行政诉讼中的行政首长出庭应诉制度研究》，《法学杂志》2013 年第 3 期。

的案件数量与类型，使得仅仅依赖普通程序已经无法迅速解决行政争议，并造成了诉讼效率的低下以及司法资源的浪费。因此，新修订的《行政诉讼法》第82、83、84条对简易程序的适用类型、裁判程序等事项作出了规定，以适应行政诉讼案件不断增长的现实需求。其实，行政诉讼简易程序的改革试验早已存在多年，早在2010年最高人民法院发布的《最高人民法院关于开展行政诉讼简易程序试点工作的通知》（法〔2010〕446号）中，就已对行政诉讼简易程序的改革试点进行了部署，并要求"各高级人民法院可以选择法治环境较好、行政审判力量较强和行政案件数量较多的基层人民法院开展行政诉讼简易程序试点，并报最高人民法院备案"。新修订的《行政诉讼法》中简易程序的这几项条款可以视为立法吸纳政策试验的结果。

但是，由于简易程序在《行政诉讼法》中仅有3项规定，而司法实践急需进一步细则化的规范指引，在新《行政诉讼法》已有的3项条款基础上，部分地方法院通过细化规则的方式，对行政诉讼简易程序进行了进一步的详细规范。最为典型的，如2015年11月5日上海市第三中级人民法院出台的《一审行政案件适用简易程序审理规则（试行）》（以下简称《简易程序规则》），该《简易程序规则》对适用范围、电子送达方式、压缩举证期限、庭审方式改革以及裁判文书的简化等方面作了详尽规定。尤其对《行政诉讼法》中较为笼统的简易程序适用范围，《简易程序规则》第1条便以肯定方式列举了可适用简易程序的案件类型，第2条则进一步以否定方式列举了实践中不适宜采用简易程序的案件类型，包括"一方当事人众多、要求一并解决民事争议"等类型案件。这一《简易程序规则》的出台与实践为其他地区行政诉讼简易程序的运作提供了借鉴文本。

同样，对于行政诉讼调解，旧法仅有第50条规定："人民法院审理行政案件，不适用调解"，这一禁止条款在司法实践中遭遇了诸多困境，新《行政诉讼法》对此进行了部分修正。新修订的《行政诉讼法》第60条规定："人民法院审理行政案件，不适用调解。但是，行政赔偿、补偿以及行政机关行使法律、法规规定的自由裁量权的案件可以调解。调解应当遵循自愿、合法原则，不得损害国家利益、社会公共利益和他人合法权益。"这一规定将之前《行政诉讼法》中的禁止调解原则变更为有限调解，并对调解的案件类型与适用原则进行了严格限定。行政诉讼早年确立的禁止调解原则，旨在防范法院与被诉行政机关私下随意处置公权力，从而损害行政诉讼合法性审查的重要功能。尽管之前行政诉讼中调解被明文予以禁止，然而司法实践中一直存在大量换了称谓的"协调和解"现象[①]，这种"协调和解"模式在矛盾容易激化的群体性行政纠纷中运用最为广泛。《最高人民法院关于妥善处理群体性行政案件的通知》（法〔2006〕316 号）中专门强调："对于农村土地征收、城市房屋拆迁等领域的群体性行政纠纷，各地法院尽可能通过协调方式予以解决。"行政诉讼调解这种规范与实践层面的巨大差异，鲜明体现了国家期望通过行政诉讼机制实现合法性审查之功能，然而在现有的地方发展型政府模式下，行政诉讼却缺乏相应制度能力的矛盾窘境[②]。

在新修订的《行政诉讼法》中，"禁止调解"的条款仍然予以保留，但对于行政赔偿、补偿以及自由裁量权案件予以网开一面。但不免令人疑问的是，司法实践中仍将继续存在的"协调和解"现象，显然超越了行政赔偿、补偿以及自由裁量权案件的范畴，也就意味着"协调和解"机制仍然继续被新《行政诉讼法》所忽视或默许，使得新《行政诉讼法》第 60 条的实际功能与价值被大大削弱。

（五）引入规范性文件附带审查与司法建议条款

长久以来的司法实践中，按照旧《行政诉讼法》的规定，行政诉讼仅能审查具体行政行为的合法性，法院对规范性文件等抽象行政行为没有审查的权限，新《行政诉讼法》在一定程度上突破了这一局限，通过附带审查的方式扩张了法院对抽象行政行为的审查范围与强度。新修订的《行政诉讼法》第 53 条规定："公民、法人或者其他组织认为行政行为所依据的国务院部门和地方人民政府及其部门制定的规范性文件不合法，在

[①] 行政诉讼中"协调和解"的法律定位分析可见胡建淼、唐震《行政诉讼调解、和解抑或协调和解——基于经验事实和规范文本的考量》，《政法论坛》2011 年第 4 期；林莉红：《论行政诉讼中的协调——兼评诉讼调解》，《法学论坛》2010 年第 5 期。

[②] 汪庆华：《中国行政诉讼：多中心主义的司法》，《中外法学》2007 年第 5 期。

对行政行为提起诉讼时，可以一并请求对该规范性文件进行审查。"同时第64条规定，"人民法院在审理行政案件中，经审查认为本法第53条规定的规范性文件不合法的，不作为认定行政行为合法的依据，并向制定机关提出处理建议"。同时，2015年4月通过的《最高人民法院关于适用〈中华人民共和国行政诉讼法〉若干问题的解释》（法释〔2015〕9号）第21条进一步规定："规范性文件不合法的，人民法院不作为行政行为合法的依据，并在裁判理由中予以阐明。作出生效裁判的人民法院应当向规范性文件的制定机关提出处理建议，并可以抄送制定机关的同级人民政府或者上一级行政机关。"该项规定可以视为新修订的《行政诉讼法》第64条的进一步具象化，指明了法院可在裁判理由中表明其对规范性文件合法性与否的个案效力判断，并明晰了司法建议所指涉的适用对象。尽管法院对规范性文件只能行使附带审查权，而且审查的对象限于规章以下的规范性文件，但相比之前的规定无疑已经是巨大的进步，并且这一条款也扩张了司法建议在行政诉讼中的制度功能。

但是必须指出的是，无论是新修订的《行政诉讼法》抑或是《最高人民法院关于适用〈中华人民共和国行政诉讼法〉若干问题的解释》中均没有进一步说明，如果制定机关不予理睬法院所作出的司法处理建议将会承担何种法律后果，尤其是司法解释中抄送同级政府或者上级机关的程序设置，其实也就间接暗示了这类司法建议的法律效力仍然缺乏强制力的支撑。

总体而言，司法建议制度在新修订的《行政诉讼法》具体规范中有了进一步的功能扩展，或者更准确地说，新《行政诉讼法》第64条是对司法建议事实功能的一种法定化确认；自此之后，司法建议将成为规范性文件审查的重要政策工具，但这种扩展与确认亦是有相当局限性的，新《行政诉讼法》对司法建议的拘束效力仍然缺乏精确定位，也并没有设定行政机关针对司法建议的法定回应权，这使得司法建议能否发生拘束效力完全取决于行政机关的自我裁量。新修订的《行政诉讼法》中关于司法建议的条款仍存有大量空白，司法建议的制定程序规范与效力保障机制等具体化的实践运作，仍然将主要依赖地方司法政策的进一步创新试验，这种制度留白也可以视为立法者刻意留出的政策试验空间。

（六）新《行政诉讼法》中的其他政策创新机制

除上文提到的几项政策创新之外，新《行政诉讼法》还在立案登记制、复议机关作共同被告、起诉时限、先予执行、撤销判决的适用范围、证据规则以及再审程序等事项上有重要的制度革新。另外，新修订的《行政诉讼法》还在第73~78条增加了给付判决、确认判决、赔偿判决等多种判决形式，将适应行政国家的现实发展需求，更有利于当事人的合法权益获得充分救济，并且《行政诉讼法》第96条还新添了"罚款、公告、拘留"等执行机制以确保行政判决真正得到遵守。

这些政策创新机制鲜明反映了当代中国行政诉讼实践中面临的现实难题，带有明显的问题导向色彩。首先，新《行政诉讼法》中立案登记制的制度设置，明显就是针对修法之前"立案审查制"模式下大量纠纷争议在立案阶段就被法院排除在外的情形，立案登记制的创设有利于为当事人提供更为方便的救济途径，防止地方法院迫于各类压力，拒绝接收本应由其受理的行政争议。其次，如新《行政诉讼法》第96条第5款规定，"拒不履行判决、裁定、调解书，社会影响恶劣的，可以对该行政机关直接负责的主管人员和其他直接责任人员予以拘留；情节严重，构成犯罪的，依法追究刑事责任"，这一条款无疑是针对地方政府相关负责人经常无视败诉行政判决这一普遍现象。再如，新《行政诉讼法》第26条第2款规定，"经复议的案件，复议机关决定维持原行政行为的，作出原行政行为的行政机关和复议机关是共同被告；复议机关改变原行政行为的，复议机关是被告"。这一条款确立的复议机关作共同被告的制度，就是针对修法之前复议机关避免作被告而充当"维持会"这一不良现象，然而这种问题导向的条款创新，必须充分考虑制度的法理基础，以及与行政诉讼其他程序设计之间的体系配合，否则就有可能产生意料之外的负面效果①。

---

① 章剑生：《关于行政复议维持决定情形下共同被告的几个问题》，《中国法律评论》2014年第4期。

三 新修订《行政诉讼法》之未来展望

（一）地方政策试验模式的进一步深入开展

尽管新《行政诉讼法》在受案范围、规范性文件审查、司法审查强度等方向的改革力度似乎没有达到之前预期，但必须承认的是，《行政诉讼法》的本次修订实施将进一步起到维护行政相对人合法权益、实现监督政府合法行政的目的。同时，从《行政诉讼法》的这次修订实施中亦可以窥探，中国行政诉讼从地方试验到中央立法承认的特殊政策过程，这种司法政策试验模式在行政诉讼简易程序、司法建议、行政首长出庭应诉制度以及管辖权条款中体现得极为明显。这种政策试验机制今后仍将是《行政诉讼法》进一步发展的主流模式，尤其在跨行政区域管辖等政策条款中，《行政诉讼法》刻意留下诸多制度空白，留待今后政策试验成熟以后予以进一步补充。就此亦可以推断，新《行政诉讼法》的修订只是一次阶段性总结，诸多制度政策仍然处于进一步试验探索阶段。

（二）行政诉讼与其他救济机制的制度竞争

新修订的《行政诉讼法》未来仍然面临各类纠纷解决机制的制度竞争，增设的诸多政策条款其功能尚有待实践检验，尤其是深嵌在地方发展型政府的模式下，行政诉讼究竟能发挥多大的合法性审查制约功能，仍然存在巨大疑问。

对普通公众而言，尽管《行政诉讼法》的修订，尤其是集中在程序装置、判决类型等方面的改革有利于维护当事人的合法权益，但与信访等救济机制相比，行政诉讼仍然存在救济程序冗长、经济成本高昂、判决类型与救济需求不相匹配等弊端。最为重要的是，正如新《行政诉讼法》第 1 条之规定："为保证人民法院公正、及时审理行政案件，解决行政争议，保护公民、法人和其他组织的合法权益，监督行政机关依法行使职权，根据宪法，制定本法"，行政诉讼机制担负着行政争议解决、权利救济与合法性审查、监督行政机关的多重制度使命，而这多项制度任务在实践操作中不免会产生矛盾与冲突，这在"禁止调解"条款与判决类型设置中体现得尤为明显。这种多重制度目标造成的价值冲突，将极易成为行政诉讼的制度劣势，在很大程度上也会将纠纷当事人排斥出行政诉讼程序，而选择信访等其他救济渠道。

　　尽管十八届四中全会作出的《中共中央关于全面推进依法治国若干重大问题的决定》指出，应当"健全社会矛盾纠纷预防化解机制，完善调解、仲裁、行政裁决、行政复议、诉讼等有机衔接、相互协调的多元化纠纷解决机制。……把信访纳入法治化轨道，保障合理合法诉求依照法律规定和程序就能得到合理合法的结果"，然而，在实践运作中，信访、行政复议与行政诉讼等救济制度之间往往处于一种貌合神离、相互竞争排斥的状态。行政诉讼要充分发挥制度功能，就需要在多重制度目的中作出合理取舍，提供更多的政策创新机制，以体现自身竞争优势。

（参见法治蓝皮书《中国法治发展报告 No. 14（2016）》）

Abstract

Since the establishment of the objective of constructing a law-based government, especially since 2012, China has made unprecedented achievements in administration by law and, by deepening the reform of the administrative approval system, improving mechanisms for law-based decision-making, strictly regulating enforcement of law activities, and enhancing government transparency, laid a solid foundation for the construction of a transparent, law-based, and service-oriented government with legally prescribed functions and powers, scientific decision-making mechanisms, and strong law-enforcement capability. Meanwhile, many administrators, influenced by traditional bureaucratic culture, still do not have a correct understanding of the source and nature of administrative power. Their understanding of the rule of law remains superficial and they still lack true respect for rights and the law. In the future construction of law-based government, China should strengthen the top-level design in some fields and ensure that such design is truly implemented in all areas, so that there is less "the rule of law on the paper" or "empty talks about the rule of law" and more genuine practices of the rule of law.

Contents

Introduction: A Law-Based Government in a New Era

Abstract: The core of and the key to ruling the country by law in an all-round way is that the government, which hold the public power, must abide by law and act within the framework of law. Speeding up the transformation of government functions is a precondition of the construction of a law-based government. It is for this reason that China has steadily advanced large-department reform, continuously deepened the reform of the administrative approval system, explored the reform of the commercial registration system, implemented in an all-round way the system of power and responsibility lists, and focused its efforts on the cultivation of social forces in the past several years. Decision-making is the starting point of the operation of administrative power. To ensure that administrative decision-making is scientific, China has introduced procedures and mechanisms for public participation in, expert argumentation, risk assessment, review of legality, and collective discussion of, as well as the investigation of accountability for, major administrative decision-makings. The construction of a law-based government inevitably requires the reform of the ossified administrative law-enforcement system, the implementation of a comprehensive law enforcement system, the establishment of strict law-enforcement procedures, the strengthening of the contingent law-enforcement personnel, and the regulation of the administrative law-enforcement behavior in key fields. Comprehensive advancement of the openness of government affairs is an inevitable choice made by China in the construction of a law-based government in the new era. China has already made breakthroughs in major fields of openness of government affairs, with government information service platforms becoming increasingly three-dimensional and plural and the mode of openness gradually transforming from that of one-way openness towards that of interactive openness.

Part 1: Development of a Law-Based Government

Chapter 1   Development of Chinese Administrative in 2002

Abstract: In 2002, the State Council was faced with many new tasks and demands in its legal work: firstly, because of the complicated and volatile international situation, China was faced with more uncertainties and difficulties in its international relations, although there were more opportunities than challenges; secondly, in the international economic community, three major economic entities in the world-the US, Japan and EU-had fallen into recession at the same time and China was faced with an international economic situation grimmer than that of Asian Financial Crisis; and thirdly, China's accession to the WTO had raised new and higher demands on the construction a law-based government, requiring China to carry out deep-going reforms on the existing ideas, systems, and methods of administration, and to remove institutional obstacles to the development of productive forces. With respect to its legal system, China needed to carry out careful studies on the question of how to fulfill its commitments to the international community while at the same time utilize the WTO rules to protect its own interest and promote its own development. This chapter analyzes the legal work of the State Council in 2002 in the fields of legislation and administration by law.

Chapter 2　Development of Chinese Administrative in 2003

Abstract: In 2003, the implementation of the system of administration by law was placed high on the agenda of the State Council. This chapter analyzes the legal work carried out by the State Council in 2003 in the fields of administrative legislation, administrative management, administrative supervision and innovation of administrative theories.

Chapter 3　Development of Chinese Administrative in 2006

Abstract: In 2006 China continued to improve the government organizational structure, and explored the establishment of cautious decision-making, fast execution, efficient and responsible administrative operation structure and operation mechanism. China actively innovated government management mode, reformed administrative examination and approval system, and made full use of economic and legal means to implement administrative management. China improved law enforcement procedures, scientific and democratic decision-making mechanism, implementation of information disclosure, strengthening the construction of e-government and the transparency of government work. China established administrative supervision and accountability system and administrative dispute settlement mechanism according to Implementation Outline for Comprehensively Promoting Administration according to Law. China continued the scientific transformation and fulfilled the functions of the government, to adapt to the socialist market economic system and administrative system gradually formed.

Chapter 4　Development of Chinese Administrative Law in 2007

Abstract: In July, 2007, the State Council convened a national meeting to push forward administration according to law in local governments at the levels of municipality and county. The State Council adopted the Regulation on the Organization Establishment and Staffing Administration of Local People's Governments at All Levels and the Regulation on the Punishment of Civil Servants of Administrative Organs. The Rules on the Settlement of Personnel Disputes was also enacted. These regulations and rules improved Chinese legal systems of administrative organization and civil servants. The legislative affairs department of the governments cleared up the outdated, unlawful, and improper administrative rules, and some local congresses or governments enacted supervision procedures of administrative rules. The State Council required the discretion guidelines for administrative punishment be established, and some local governments have met the requirement. The reform on comprehensive administration of law was furthered actively. In order to construct open and transparent governments, the State Council issued the Regulation on the Disclosure of Government Information. The Regulation on the Implementation of the Administrative Reconsideration Law was adopted by the State Council as well. The administrative law enforcement responsibility system and the administrative accountability system were pushed forward. The Report to the Seventeenth National Congress of the Communist Party of China pointed out the future direction of reform of administrative system and administrative law. But some cases and events showed that there were still many difficulties and problems in constructing governments ruled by law in China.

Chapter 5　Development of Chinese Administrative Law in 2008

Abstract: With great progresses in the deepening of administrative reform, in the promotion of administration by law at the county level, in the strengthening of administrative accountability system, and in the improvement of administrative procedural system and emergency management system etc. , the year 2008 had witnessed considerable development in administrative rule of law. However, with new situations and tasks ahead, greater efforts need to be made in promoting administrative rule of law, deepening the administrative reform, improving the administrative law system and the administrative law enforcement system, reinforcing administrative supervision and accountability, enhancing the consciousness and capacity of administration by law, and accelerating the theoretical probe into administrative rule of law. Only through these efforts can the goal of building a government by law be achieved on schedule.

Chapter 6 Development of Chinese Administrative Law in 2009

Abstract: This article mainly focuses on the achievements made and challenges faced by China in the fields of administrative legislation and administrative law enforcement in 2009. The achievements include: laws and regulations adopted by both the central and local governments that are well-targeted and highly creative; a new round of institutional reform initiated by local governments; and the progress in the construction of "accountable government" and "service-oriented government" pushed forward by both internal and external forces. Meanwhile, the article points out some problems in the construction of the administrative legal system, including those in administrative examination and approval, disclosure of government information, and the overall level of rule of administrative of law.

Chapter 7 Comments on *Implementation Outline for Comprehensively Promoting Administration according to Law* Issued by the State Council

Abstract: In March 22, 2004, the State Council issued the *Implementation*

Outline for Comprehensively Promoting Administration according to Law, which is a programmatic document to guide governments at all levels to manage according to law and to build a government under the rule of law. It established the goal of building a government ruled by law, and made clear the guiding ideology, basic principles, basic requirements, main tasks and safeguard measures to comprehensively promote the administration according to law in the next 10 years. This paper reviews the background of the introduction of the outline, the main content of the outline, the significance of the outline and the implementation of the outline.

Part 2: Government Service and Administrative Examination and Approval

Chapter 8   Reform of the Administrative Approval System: a Breakthrough Point for the Reform of the System of Administrative Approval

——Analysis of the Experience of Hainan Province in Reforming the Administrative Approval System

Abstract: Based on an investigation on the reform of the administrative approval system carried out by the Governmental Affair Service Center of the People's Government of Hainan Province, this article analyzes the experience of the center in improving the quality of administrative approval service by concentrating the power, items and personnel of administrative approval, strengthening the supervision over the power of administrative approval, and optimizing the procedure of administrative approval, and points out that reforming the administrative approval management system is the key to the reform of administrative approval system, which is, in turn, the breakthrough point for the reform of the administrative system.

Chapter 9　Reform of the Administrative Approval System and Construction of Power List System in China in 2014

Abstract: The reform of the administrative approval system, which has been one of the core tasks of the current administration, continued to deepen in 2014. Compared to that of the previous year, the most prominent feature of the administrative reform in 2014 was the local policy experimentation on the construction of the power list system. This report, through a microscopic interpretation of the construction of the power list system at the local level against the macro background of streamlining administration and institute decentralization, tries to explain the progress made and problems existing in the construction of power list system and the complicated game playing between central and local governments around such issues as the reform of administrative approval system, the construction of power list system, the modes of government regulation and market self-regulation, and mechanisms for prior approval and post supervision.

Chapter 10　Reform of the Administrative Approval System in China: Existing Problems and Approaches to Further Improvement

Abstract: In recent years, the administrative approval system reform efforts and effectiveness was unprecedented. However, this reform will further still face some problems and challenges. In this paper, first, the basic results of the reform of the administrative examination and approval system are described. Secondly, it points out that facing the problems and challenges, including lack of authoritative institutions in charge of the reform, approval clean decentralization is not in place, the relevant laws and regulations lag behind, the overall informatization level is not high, Then put forward to further promote the ways and measures for the reform of the administrative examination and approval system, pointed out the need to from the agency in charge of matters, cleaning, strengthen legislation, mechanism innovation, specification intermediary services, improve the relief mechanism etc. continue to deepen the reform.

Chapter 11   Investigation Report on the "Internet Plus Government Affairs Service" in Guizhou Province

Abstract: This report applies the theories and methods of e-government and government affairs service to carry out investigation on the creation of the "Internet Plus government affairs service" mode in Guizhou Province and, based on a large amount of empirical materials, describes and summarizes the overall situation, the main practices and the effects of implementation of this service mode, analyzes the existing problems in it, and put forward corresponding countermeasures. The Government of Guizhou Province has adopted the following methods in the creation of the Internet Plus government affairs service mode: first, constructing in a concentrated way of the platform through "six unifications"; second, reconstructing the approval procedure through "five solidifications"; third, establishing the approval standard through "five unifications"; fourth, raising the level of disclosure of information through "five musts"; fifth, strengthening actual application through "five improvements"; sixth, improving the functions of physical hall through "three 100%"; seventh, opening up grassroots service through "three plans"; and eighth, strengthening supervision and assessment through "three combinations".

Part 3: Administrative Law Enforcement and Regulation

Chapter 12   Legal Construction of Food and Drug Safety in China in 2008

Abstract: The year of 2008 is of special significance in the history of supervision of food safety in China because of some food safety incidents that have drawn global attention. This report analyzes the current situation of food safety supervision and existing problems in the food safety supervision mechanism in China, introduces the laws and regulations adopted, legislative proposals under discussion, and other efforts on reforming food safety supervision system made by the Chinese government in response to frequent food safety scandals, and puts forward some proposals on the reform and improvement of food safety system in China.

Chapter 13   Legal Construction of Food and Drug Safety in China in 2009

Abstract: In 2009, the legal system of food safety supervision has been further strengthened. The Food Safety Law, and a series of related rules and regulations establishes a Food Safety Committee and provides for the division of work among different government departments, the responsibility of local government and the system of expert committees. Currently the government is trying to realise the goals of food safety supervision through the implementation of food safety risk surveillance and assessment system, food safety standards, food safety licensing and reporting system, system of disclosure of food safety information, food recall system, food safety credit system, and the system of off-limit industry.

Chapter 14   Formulation and Implementation
of Anti-monopoly in China

Abstract：In 2007, the enactment of anti-monopoly law is a major event in the legal construction in China, which is significant for the establishment and perfection of the socialist legal system, and serves as a milestone for economic system reform. Anti-monopoly law will have a major impact on enterprises, consumers and governments at all levels. However, it is very principled in nature, and lacks a unified and independent enforcement agency. Moreover, the widespread administrative monopoly is a tough challenge to the implementation of the law. There is still a long way to go for the anti-monopoly legislation and its enforcement.

Chapter 15   Enforcement of Anti-monopoly
Law in China in 2011

Abstract：This article summarizes the anti-monopoly law enforcement and cooperation carried out by anti-monopoly law enforcement agencies during the past three years since the implementation of the Anti-Monopoly Law, especially in the year 2011, including the prohibition of price-fixing, monopoly agreements other than price-fixing, abuse of market dominance position, excluding and limiting competition by abusing administrative power, and concentration of business operators. The author points out the shortcomings and forecasts future development in the enforcement of anti-monopoly law in China.

Chapter 16   Analysis Report on the Enforcement of
Anti-price-fixing Law in the Field
of Commodity for the Past Years

Abstract: To enforce the anti-price-fixing law, the competent authorities in China have adopted such measures as strengthening supporting legislation, improving law enforcement system, standardizing law enforcement procedure, and boosting law enforcement efforts. They investigated and dealt with in accordance with law a series of typical price-fixing cases in the field of commodity, including the Case of Monopoly of Price of LCD Panel, the Case of Vertical Price Monopoly by Maotai Company and Wuliangye Company, the Case of Vertical Price Monopoly by Milk Power Enterprises, and the Case of Monopoly of Prices of Whole Units and Parts of Automobile in 2014. In 2015, China will continue to firmly propel anti-price-fixing law enforcement, strengthen the publicity of the law, encourage business operators to operate in accordance with law, improve the anti-price-fixing system, and enhance capacity for anti-price-fixing law enforcement.

Chapter 17   The Actuality of the Legal System of
the Use of ID Cards in China

Abstract: ID cards play a positive role in facilitating citizens' social activities, enhancing the government's capability of regulating residence affairs, and achieving the goal of public security. However, the harm to individual rights caused by the abusing of ID cards in practice deserves much attention. This report examines the provisions on the use of ID cards in the relevant laws, explores the status quo of the use of Chinese ID cards as well as the problems existing in Chinese personal data protection system, and puts forward some proposals on the improvement of the regulations on the use of Chinese ID cards.

Chapter 18 The Law Enforcement of Municipal Administration: Making Progress amidst Disputes

Abstract: The law enforcement of municipal administration has become a hot topic and led to a lot of controversies in recent years. Firstly the report briefly reviews the background against which the law enforcement of municipal administration emerged, defines the concept of law enforcement of municipal administration, and, through the analysis of the existing law enforcement mechanisms, pointed out the problems in the law enforcement of municipal administration, which include: the lack of legal basis; imperfect mechanism, simple and crude method of law enforcement; violation of procedure, low quality of law enforcement personnel and so on. Secondly, the report introduces some new progress, especially some innovative measures, in the field of law enforcement of municipal administration during the past year. Finally, the report points out that it is important for the government to improve legislation, adopt new ideas and methods of law enforcement, and promotes the interaction with the media in the future.

Part 4: Administrative Litigation and Remedies

Chapter 19 Administrative Litigation and State Compensation in China in 2005

Abstract: This chapter first gives an introduction to the basic situation of administrative litigation and state compensation in China in 2005, then summarizes the main developments in the field of administrative litigation and state compensation in China through the analysis of five typical cases, and finally looks at the prospect of the development of administrative litigation and state compensation in China in the future.

Chapter 20   Administrative Litigation and State Compensation in China in 2006

Abstract: This chapter reviews main developments and the handling of cases, and looks at the prospect of future development, in the field administrative litigation and state compensation in China in 2006.

Chapter 21   Administrative Reconsideration and Responding to Administrative Litigation in China in 2006

Abstract: This chapter mainly reviews the situation of administrative dispute resolution, including the situations of handling of cases of administrative reconsideration, responses to administrative litigation, and construction of supporting systems of administrative reconsideration, in China in 2006.

Chapter 22   Chinese Administrative Litigation Law: Revision and Prospect of Implementation

Abstract: The newly revised "administrative procedure law" and relevant judicial interpretation on May 1, 2015 officially implemented, the new revision of the "administrative litigation law" in terms of subject scope, jurisdiction system, normative documents review, the type of judgments made specific and important changes, while the addition of the reconsideration as co defendants and the sued administrative organ responsible person to appear respondent and so on many new system, which will for the future development of administrative litigation brought far-reaching influence. This paper first discusses the amendment of "administrative procedure law" and the judicial interpretation, that can be seen from the local judicial policy to absorb the test process of the central legislation; secondly discusses the "administrative litigation law" in terms of policy innovation in, including the scope of administrative litigation, and further expand the cross regional jurisdiction system policy innovation, the administrative organ respondent court legal obligations, the summary procedure and the mediation clause revision and introduction of normative documents and judicial review with the proposed terms and other policy innovation mechanism; then the new revision of the "administrative litigation law" put forward the future, points out that administrative litigation should give full play to the system function, need to make reasonable multiple choice in system, policy innovation mechanism more, to reflect their own competitive advantage.

后　记

政府法治是每卷"法治蓝皮书"浓墨重彩的内容，本书收录了2002～2016年度依法行政及政府法治的专题论文，共计23篇。本书由田禾、吕艳滨总负责，王小梅具体负责并撰写"导论"。各专题文章及作者如下。

《2002年中国行政法治》及《2003年中国行政法治》为徐志群；《2006年中国行政法治》为苏苗罕；《2007年中国行政法治》为李洪雷；《2008年中国行政法治》为韩春晖、袁曙宏；《2009年中国行政法治》为李霞；《国务院〈全面推进依法行政实施纲要〉述评》为穆洪；《行政审批制度改革：行政管理体制改革的突破口——海南省行政审批制度改革经验分析》为中国社会科学院法学研究所法治国情调研组，执笔人：田禾、吕艳滨；《2014年行政审批制度改革与权力清单制度建设》《2015年〈行政诉讼法〉修改及实施展望》为卢超；《中国行政审批制度改革的问题与完善路径》为李军；《贵州"互联网+政务服务"调研报告》为唐正繁；《2008年中国食品药品安全法治建设》为徐景和；《2009年中国食品药品安全法治建设》为宋华琳；《中国反垄断法的制定与实施》为王晓晔；《2011年中国反垄断执法》为黄晋；《近年商品领域反价格垄断执法工作分析报告》为卢延纯；《身份证使用的法律规制和现状》为王小梅；《城管执法：在争议中前行》为莫于川、康良辉；《2005年中国行政诉讼与国家赔偿》《2006年中国行政诉讼与国家赔偿》为程琥；《2006年中国行政复议及行政诉讼应诉》为方军。

本书完稿的时间恰逢党的十九大顺利闭幕，十九大对政府法治建设提出了更为长远的目标，法治政府将与法治中国、法治社会一起成为新时代风景迤逦的生动画卷！

王小梅

2017年11月10日

图书在版编目（CIP）数据

中国政府法治. 2002-2016 / 田禾，吕艳滨主编. --

北京：社会科学文献出版社，2017.11

（法治国情与法治指数丛书）

ISBN 978-7-5201-1867-5

Ⅰ. ①中…　Ⅱ. ①田…　②吕…　Ⅲ. ①国家机构-行

政管理-研究-中国-2002-2016　Ⅳ. ①D035.1

中国版本图书馆 CIP 数据核字（2017）第 287873 号

法治国情与法治指数丛书

中国政府法治（2002~2016）

主　　编 / 田　禾　吕艳滨

出 版 人 / 谢寿光
项目统筹 / 王　绯
责任编辑 / 曹长香

出　　版 / 社会科学文献出版社·社会政法分社（010）59367156
　　　　　　地址：北京市北三环中路甲 29 号院华龙大厦　邮编：100029
　　　　　　网址：www.ssap.com.cn
发　　行 / 市场营销中心（010）59367081　59367018
印　　装 / 三河市东方印刷有限公司

规　　格 / 开 本：787mm×1092mm　1/16
　　　　　　印 张：22.5　字 数：356 千字
版　　次 / 2017 年 11 月第 1 版　2017 年 11 月第 1 次印刷
书　　号 / ISBN 978-7-5201-1867-5
定　　价 / 89.00 元